山茶低语

——中学语文教学研究历程漫述

王一枝 著

全国百佳图书出版单位
时代出版传媒股份有限公司
黄山书社

图书在版编目(CIP)数据

山茶低语 / 王一枝著. —合肥 : 黄山书社,
2019.9
ISBN 978-7-5461-8455-5/01

Ⅰ. ①山… Ⅱ. ①王… Ⅲ. ①中学语文课—教学研究
—文集 Ⅳ. ①G633.302-53

中国版本图书馆 CIP 数据核字(2019)第 214895 号

山 茶 低 语

SHANCHA DIYU

王一枝 著

出 品 人　葛永波
责任编辑　许　峰　刘　羊
责任印制　李　磊
装帧设计　熙宇文化
出版发行　时代出版传媒股份有限公司(http://www.press-mart.com)
　　　　　黄山书社(http://www.hspress.cn)
地址邮编　安徽省合肥市蜀山区翡翠路 1118 号出版传媒广场 7 层　230071
印　　刷　三河市同力彩印有限公司
版　　次　2020 年 6 月第 1 版
印　　次　2023 年 6 月第 2 次印刷
开　　本　787mm×1092mm　1/16
字　　数　325 千字
印　　张　17
书　　号　ISBN 978-7-5461-8455-5/01
定　　价　59.80 元

服务热线　0551-63533706
销售热线　0551-63533761
官方直营书店(https://hsss.tmall.com)

序

一枝老师的《山茶低语》一书即将付梓,她希望我为此书写一点文字。

与一枝老师相识于语文教研,我与她是同行。屈指一数,同行十余载,对她工作、性情、待人接物也是十分了解,风风火火、泼泼辣辣,我称她为“辣妹子”。

“辣”的特点就是热,热情如火,一枝老师做语文教研给人以“火辣辣”之感。做教育教学研究工作,如果仅停留在完成任务的层面上,其工作效率和质量都趋于一般。一个教研员对学科教学,尤其是对学科教师要有满腔热情,要经常性深入学校课堂,与教师“交朋友”,深得教师信任,才有可能开展教研工作,并做出成绩来,一枝老师就是这样一位教研员。一枝老师所在的合肥市包河区,原本是合肥市的郊区,相较而言,中小学教育教学落后于其他区,21 世纪之初,随着安徽省及省会城市的飞速发展,合肥市区规划调整后,将包括原来郊区在内的区域扩展成立包河区,经过十多年的打造,合肥市包河区已发展成为全国综合实力百强区。教育从改变以往的落后面貌到创造全国教育百强区这一过程的突出特点,就是狠抓基础教育、教学质量。一枝老师在中学语文教研中,突出做法就是紧紧抓住青年语文教师的培养,通过开展丰富多样的教研活动,提高青年教师的专业素养,促进他们的专业成长。热情四溢的一枝老师,使她的语文教研工作结出火红的果实。在她的指导下,包河区有不少年轻的教师在市、省和全国中学语文课堂教学大赛中获得一等奖的殊荣。

在我从事安徽省中学语文教学研究工作时,包河区承担举办过长三角语文教育论坛“散文教学内容的确定”主题研讨会,还承担了“首届中国新生代语文名师教学观摩研讨会”暨“语文报杯课堂教学大赛 20 年回顾研讨会”等全国性的教研活动。一枝老师不厌其烦、不顾疲劳地做了大量的工作,她的热情与投入给参会的全国中学语文界的专家和同仁留下了极为深刻的印象。

“辣”的特点不光是热,还是一种刺激。酸、甜、苦、辣、咸五味中,只有“辣”的刺激最为强烈,这种刺激,我以为是辐射的作用。一枝老师教研工作的热情辐射到她周围一大批优秀的老师身上,尽管这些老师的性格各异,如我所了解的沉稳的尹文学老师、深邃的张峰老师、静谧的陈锋老师、灵动的杨道科老师和聪慧的李玉芬老师,等等。在语文教研上无一不受到一枝老师的影响和专业指导。

热情、奔放的一枝老师对中学语文教研工作,实际上有她自己独到的理解和周密的规划。她认为,中国基础教育改革的走向,已越来越逼近学校内部的教育、教学活动。课堂教学的改革是学校改革的攻坚战,之所以这么说,是因为提高学校教学质量的关键是提高课堂教学质量。多年来,我们对课堂教学研究不够,虽然我们善于对国外学派的教学模式进行研究,喜欢强调某一个侧面,而这种研究也有助于我们认识课堂教学,但我们依然缺乏对"课堂教学"作为一个实践活动的整体、师生活动的动态过程作深入的研究。缺乏整合,缺乏对课堂教学的理性而具体的认识。在语文教学上,理论越讲越玄,语文越教越不好教。因此,我们需要对课堂教学做深入研究,通过整合与创造,提高课堂教学质量,这是一项艰巨的任务。而完成这项任务,需要高质量的中学语文教师队伍,这就要求学科教研员要有促进一个区域内中学语文教师专业成长的基本规划,也就是说教研员要通过听课、调研和学科优质课评选等形式,逐步发现一批优秀教师,并通过多种教研方式有目的地培养他们,通过他们的行为示范带动一大批学科骨干教师,从而辐射到全体教师,达到提高区域内中学语文教学质量的目的。多年来,一枝老师就是按照这样的一种思路来影响和指导包河区的一批名师,再通过这些名师的言传身教来辐射一大批中学语文教师,以此来提升语文教学质量的。

谨以此文祝愿一枝老师对语文教学研究一如既往充满着火热和力量。

杨　桦

2020 年 3 月

目　录

第一章

教材·教法·教学

实用文教学存在问题及教学探讨
——以媒体类文本阅读教学为例

高中语文实用文阅读教学的现状可以用这样几句话概括:教师不看重、学生不愿学、教学不够重视、高考不够关注、走向不够明确。如何体现实用文的实用性、科学性、知识性、广泛性和应用性等特点?包河区举办了“包河区中学语文教育论坛”活动,围绕“实用文教学内容的确定”主题,针对实用文教学存在的问题进行探讨,激发教师探索实用文教学热情,拓展实用文教学视野。现以媒体类文本阅读教学为例,梳理主要存在的问题。

一、实用文教学存在问题

(一)教学内容确定不够明确

实用文到底要教些什么?由于混淆了文学文本和实用文本的概念,教师在教学中存在三点误区:其一,只重视媒体类文本实用性,忽视其文学性。其二,与之相反,重视其文本文学性,忽视其实用性。其三,重视新闻结构模式训练,忽视综合运用。因而在确定教学内容时产生了模糊性。怎样才能比较恰当地确定这一类文本的教学内容呢?我以为有三个依据:一是依据《普通高中语文课程标准》的要求;二是依据文本文体特征;三是依据学生的学习情况。一位教师教《别了,“不列颠尼亚”》时作了有益的尝试。他采用读写结合的教学方法,在教学过程中安排了这样一个环节:首先指导学生阅读课文,梳理消息类文本的文体特点,再联系课前下发的另外两篇新闻消息进行归纳,分析“别了,‘不列颠尼亚’”这一标题是怎样拟写出来的;之后,安排即时练习,对另外几篇课前下发的新闻消息,进行拟题训练,引导现场分析评价,并加以修改完善;再安排“一句话新闻拟写”和“用一段话来概括新闻的主要内容”等练习,使学生能够举一反三,获得知识迁移能力。通过这个环节的活动,教师在确定实用文本的教学内容时,突出实用文的文体特点,培养学生对消息类文本拟题的能力,而不是机械地进行写作训练。只有将课标要求、文本特征、真实学情把握准确,才能明确实用文教学内容。

(二)教学目标设置不够准确

由于教师对实用文教学内容不够明确,导致教学目标的价值取向出现偏差。新课标对媒体类文本阅读的要求:一是综合分析,能筛选并整合文中的信息,对各类新闻体裁的基本特征、表现手法、语言风格、结构形式、内容要求进行分析。二是鉴赏评价,能够评价文本的主要观点和基本倾向,评价文本产生的社会价值和影响,对文本的某种特色作深度的思考和判断。三是探究实践,能够从不同的角度和层面发掘文本的深层意蕴，探讨文本反映的人生价值和时代精神，探究文本中的疑点和难点，提出自己的见解。如那位教师对《别了，“不列颠尼亚”》一文设置了三个教学目标：1. 了解一般消息和特写消息的不同，学习特写的技巧；2. 理解将现实场景与历史回顾相交融的写法；3. 通过阅读激发学生爱国情感。这显然是按照文学文本设计的教学目标，究其原因是部分教师认为，高考试卷贴近生活，对于媒体类的文本，如新闻属于记叙文的一种，教学时借鉴记叙文的阅读方法对文本进行解读，没有真正体现媒体类文本的特点。教师在关注这一“类”的同时，还要关注这一“篇”，如《别了，“不列颠尼亚”》和《包身工》同为新闻类文本，但一为消息，一为通讯，两者的区别还是很明显的。从叙事上看：消息概括，通讯详细；从表达方式上看：消息以叙述为主，通讯有叙述、描写、议论、抒情；从语言上看：消息语言简洁、平实、质朴，通讯比较讲究文采；从写作技巧上看：通讯要比消息更注重文学性和生动性，更讲究故事的情节。教师要引导学生体认这些特点，并在对比中培养阅读、辨析能力。教师通常以“读懂”和“理解”作为教学目标，几乎所有课文都是一样的读，都是一样的串讲，阅读的重点放在对文本字词的理解上，并且不遗余力地去抓重点字词和句段的分析和解读，从而忽略了对实用文的布局谋篇和表达方法的指导，这就造成了阅读课只是阅读课，写作课只是写作课的被动局面，违背了实用文本身的教学价值。因此，指导习作时，教师都感到特别吃力。故在确定教学内容后，要明晰文学文本和实用文本的教学目标的价值取向是有所区别的。

（三）表现手法体现不够明晰

实用文本的表现手法不同于文学文本，不少教师把学习表现手法看成是表达技巧，当作写作教学的一个环节。优秀新闻作品的表现手法是鉴赏评价的一个方面，但是技巧不仅仅是写法，不能被简单地还原为章法、句法。“技巧有它自己的位置，它的正确作用是帮助准确传播。”从教学实践看，教给学生表达技巧，实际上被理解为教学生学习某种写法，并将其应用在与新闻报道截然有别的抒情性散文或随笔的写作中，这是当前中学新闻教学的一大误区。实际上在新闻作品中学习表达技巧，是其准确而客观的写实技巧，比如“使用具体的名词和生动的行为动词”“避免滥用形容词，避免滥用大量副词修辞动词”“区分报道语言与评论语言”“在直接引语和转述中寻求平衡”等。教师日常教学中基本没有写作应用，指导没有针对性，只在高三时关注考试考点，如压缩语段、拟写标题等，没有联系社会新闻热点。当然，相对于其他文体，实用文比较平淡，没有生动的情节，也少有优美的词句，因此利用这样的特点，可以把写作实用文的练习活动与生活紧密结合，这样，写实用文就成为生活的一部分，成为有效活动的一个环节，练习效果就会更好。同时，还要提高学生规范写作的能力，在学生明确“写什么”的基础上，进一步以课文中典型的句、段、篇为范例，抓住取材、构思、起草、修改等环节进行指导。比如

《奥斯维辛没有新闻》一文，一名教师的教学过程是这样的。

第一个环节：举出一则新闻的三种表述：1. 宁波倒塌民房系 1989 年竣工，已找到导致楼塌的初步原因。（中国新闻网）2. 宁波一建成仅 23 年居民楼倒塌，专家称非危房。（新浪网）3. 宁波倒塌民房，已经有 20 多年的历史。（腾讯网）导入部分点明新闻写作中作客观叙述和主观性报道的特点。

第二个环节为整体感知，出示三个阅读要求：1. 阅读课文，梳理文中倾注个人情感的句子并作批注。2. 课堂交流批注。3. 讨论：是客观叙述还是主观性报道？教师小结："新闻写作的最高境界是严谨的科学精神、敏锐的个人直觉和强烈的情感指向的高度统一。"

第三个环节是探究技法，并提出三个问题或要求：1. 作者在文中除了流露出自己的主观情感，还写了什么人的内心感受？2. 着眼细节，梳理参观者的行为、神态；做旁批并交流。3. 为什么不写奥斯维辛的惨状，而要去写这些参观者？教师小结："奥斯维辛的惨状被人们讲过很多次了"，作者选择独特的视角是"惟陈言之务去"。然而作者有"一种不安的心情"，"有一种非写不可的使命感"，这是一个新闻工作者的良心，这是作者对生命被戕害的一种"冷静的愤怒"。

第四个环节为延伸部分，学生阅读《蝴蝶——来自奥斯维辛的诗》，自主品读，教师小结：面对生命的凋谢，我们不能保持沉默。最后进行课堂练笔。

要求：改写一则客观叙述的新闻《宁波一民房倒塌，已找到初步原因》，使之带有你的主观情感。

该设计力图突出文体特点和表达技巧，兼顾新闻的社会功能，训练新闻写作能力，但在课堂训练时难度较大，可在课外练习写作，教师指导示范并及时评讲。

（四）教学语言特点不够凸显

实用文中不少文章的文体界限并不清晰。是当作实用文来教，还是当作文学作品来教？是为理解而读新闻还是为鉴赏而读新闻？对于文中的精彩之处，老师常常会让学生体会语言的好处，揣摩语句的内涵，这样就混淆了文学文本和实用文本的语言特点。一位教师在执教《别了，"不列颠尼亚"》这一课时，把教学重点定为鉴赏品味文本庄重、含蓄的语言风格。教师在讲解新闻主要内容时，抓住这一历史事件将两种场景今昔对照，使得现实场景有历史的纵深感，也让人感受到每一次仪式的历史内涵和现实内容，巧妙地将这些镜头组接起来，再现了这一历史性的时刻，突出了这一事件的历史意义，这些都是通过含蓄庄重的语言表达出来的。教学凸显了文本既表达了举国喜悦之情，又喜形不露于色的含蓄庄重的语言特色。

这节课作了积极有益的尝试。首先是对标题的理解：一是活用了毛泽东的《别了，司徒雷登》,二是以英国皇家“不列颠尼亚”号象征英国在香港的殖民统治,三是用“别了”委婉略含讽刺的口气,表达殖民统治的结束。其次为理解而读新闻不是为鉴赏而读新闻。对于文中的精彩之处,老师常常会让学生体会语言的好处,揣摩语句的内涵。在《别了,司徒雷登》文中,很多描述性语言让描述对象生动、形象、可感,让学生品味这些语言,并不是要他们运用形象思维,而是让他们更好地明白事情的因果和事件的始末及意义。尽管选到教材里的新闻作品基本上是文畅辞美的优秀作品,但它们毕竟是新闻,与文学是两个不同的概念,教学时绝不能混淆了新闻和散文的文本体式,误把新闻当散文来教。新闻的常态阅读应该是“把新闻当作新闻来读”,不要把为理解而读新闻教成了为鉴赏而读新闻。我们从《别了,“不列颠尼亚”》一文的语言特色和技巧的角度,对这一课进行了点评,希望对教师有所启发,有所体悟。

(五)课堂教学策略不够灵活

教师们对实用文教学怎么教并不清楚,大多数是凭着感觉而教,考试的知识点倾囊相授,让学生熟记,至于实用文的写作,就找一些范文读本让学生背诵,甚至让学生把文章默写了应对考试。因此,这些为应付考试而采取的教学策略也就严重地阻碍了实用文的有效教学。如一位教师在执教《别了,“不列颠尼亚”》这一课时,采用了合作探究的教学方法,目的是培养学生理清文章思路,发展学生思维,激发学生热爱大自然和培养学生探索科学的精神。因此,教师在教学中主要采用小组合作和创设情境法。因为内容比较简单,教师把这一课的重点问题留给学生,让学生自主阅读新闻,概括新闻文本的主要内容,并进行小组讨论。通过对现实场景和背景材料的有机结合,教师点拨并出示一些背景材料,每一个背景都对应一个现实场景,如写到降旗就联想到155年前英国殖民者初次踏入香港时的升旗。这样的描写语句不是文字描写,是使读者对新闻事件认识更清晰,对其含义的理解更清晰,既含蓄地对殖民者进行了无情的鞭挞,也抒发了中国人民的自信、快乐、自豪与振奋,这一点在教学上我们要非常明确。

(六)阅读方法不够丰富多样

《普通高中语文课程标准》注重发展学生的独立阅读能力,提出了论述文、实用文、文学类三类文本的概念,强调“不同类型文本的阅读和阅读方法,不同类型文本的教学内容,应各有重点”“阅读实用类文本中的新闻,应引导学生注意材料的来源与真实性、事实与观点的关系、基本事件与典型细节、文本的价值取向与实用效果等”。新课标对实用文的教学要求是“明确实用文的阅读目标是培养学生的科学精神和科学思想,发展学生的思考、判断能力”。因此,我们可以这样认为,高中语文教学除了要承担继续传承中国优秀的传统文化,提高学生审美能力的任务之外,还有一个重要目标,就是对学生的逻辑思维进行训练,提高学生的逻辑思维能力,引导学生获取信息、筛选信息,依托文本探究论证信息的逻辑框架,让学生学会思考,提高阅读能力。

许多教师在语文教学方面片面地强化文学类文本的感性阅读,不利于学生理性逻辑思维习惯的形成。应在文本、学生、教师、记者间建立对话,构建有效的阅读方法。教师在上《别了,“不列颠尼亚”》一课时,明确新闻五要素后,让学生抓住文中的特写镜头,捕捉特写镜头背后的含义。按照时间顺序找出5个特写的现实场景和有关历史回顾的句段。场景一:6月30日下午4:30,末代港督告别港督府,降港督旗帜。场景二:下午6:15,添马舰东面广场英国举行告别仪式。场景三:晚7:45,查尔斯王子在军营旁,举行第二次降旗仪式。场景四:7月1日子夜,中英交接仪式上易帜。场景五:0:40,查尔斯王子和彭定康离开。再让同学来讨论特写场景中给他们感受最深刻的词语或句子,学生找到的有“面色凝重”“日落仪式”“雨越下越大”“广场上灯光渐暗”之类的词语或句子,因为这些都是同学们自己找到的,所以他们能够比较清楚地品读出文本的深刻含义。比如,可以从“面色凝重”读出末任港督彭定康心中的失落,由“日落仪式”联想到曾经的“日不落帝国”不复存在,“雨越下越大”“广场上灯光渐暗”都属于气氛的渲染等,这样就能体会作者在特写背后蕴含的感情。媒体文本传达的理念时代化,了解新闻,关注历史,把文本放到活的状态中去学,这样的教学让人有耳目一新的感觉。

二、实用文教学的思考与建议

实用文是真实地描写客观事物,属于科学认识,它的阅读目标在于获取信息、开智启思,发展抽象思维能力,重在实用。从阅读思路看,实用文阅读思路较为简洁,弄清语言结构,理解思想内容,明白社会效用即可;从阅读方法看,实用文阅读旨在求真,获取信息,发展思维;从读者和文本的关系看,实用文阅读是“得其意可以忘其言”,读者关注的是文本中的信息,而不是文本形式。文学作品侧重于感性,形象思维,语言优美,形象生动,实用性文章侧重于理性,逻辑思维,语言朴实简洁。在重视教文学性作品的同时,千万不能顾此失彼,要全面地把握语文教学的规律。

以上实用教学中存在的问题表明,实用文教学应突出语文实践能力、综合能力、运用能力。因此,我个人建议最好把握以下“四个走向”:

一是走向生活。语文教学假如远离了学生鲜活的生活世界,就无法走进学生的内心世界。如《别了,“不列颠尼亚”》在教学中可让学生看一些相关的资料图片,说说自己的感受,让文本更贴近生活。

二是走向实践。语文唯有运用于学生的实践中,融合到学生的血液里,才能真正成为学生永恒的精神财富。如《别了,“不列颠尼亚”》,为了让学生有直观的感受,可以让学生在网上寻找香港被侵占的史料,生成新的课程资源;让学生通过合作、交流的方式来理解记者的观点或情感。同时还能培养他们的实践能力。

三是走向综合。课堂所获得的各项语文能力、语文知识，只有在综合实践中整合起来，并加以积淀，才能成为一种综合素养。

四是走向运用。实用文教学关键是将系统的知识与实际应用结合起来，让学生动起来，这样才能学以致用。

（发表在《语文教学通讯》2019年第6期，刊号：CN14－1017/G4）

统编版自读课文问题探究与实施

——以《昆明的雨》为例

新编教材特别重视阅读教学,各单元课文学习以“教读课文”和“自读课文”为主,辅之以“名著阅读”和“课外古诗词诵读”,共同构建一个从“教读课文”到“自读课文”再到“课外阅读”的三位一体的阅读体系。然而,在实际教学中,众多教师并非真正实施新教材基本阅读教学策略,依然不能区分教读课和自读课的课型。笔者认为要加大两种课型的区分力度,亟待进一步探讨普遍存在的问题,寻找对策并进行有效实施。

一、厘清自读课文与教读课文的关系

著名教育家叶圣陶先生曾经对语文阅读有过这样的描述:“就阅读教学而言,精读是主体,自读与课外读是补充;但是就阅读效果而言,精读是准备,自读与课外读是应用……”自2000年我国启用初中语文课程标准实验教材开始,便有了精读课文与略读课文的说法。当时将精读课文的目标取向大致概括为三个方面:一是得意,即理解思想内容,获得情感意蕴,受到人文熏陶等;二是学言,即学习语言文字,磨炼语言实践能力;三是习法,学会阅读方法,培养独立阅读能力。而略读课文往往只抓住或偏重精读课目标取向中的某一方面。在实际的教学中每篇略读课文用时只有精读课文的一半甚至不到,在教学方式上并没有根本性的变化。直至2016年部编版教材的出现,才有意识地改变了课型混淆的情况,将“精读”改为了“教读”,将“略读”改为了“自读”,并且在编写说明中做了如下解释:教读课文,由老师带着学生,运用一定的阅读策略或阅读方法,完成相应的阅读任务,达成相应的阅读目标,目的是学“法”。由此,不难看出教读课文重在学“法”,自读课文重在用“法”。举一反三,教读课文举一,自读课文则反三。教读课文,教师教,学生学,教师应是学生学习的指导者,教学生怎样读懂一篇文章;自读课文,教师导,学生学,教师只是读书活动的组织者与参与者,给出方向与方法,学生自求答案。自读课文的定位是由教师引导到由学生自主阅读的转变,运用在教读中获得的阅读经验,让学生自主阅读文本,自主建构阅读方法,形成阅读能力,完成相应的阅读任务,达成相应的阅读目标。教读课文重在学“法”,自读课文重在用“法”,最终沉淀为自主阅读的阅读能力。教师必须厘清自读课文与教读课文的关系,方可有效实施阅读自读课中教学策略。

二、审视自读课文在初中语文教学中出现的问题

教读教学和自读教学,很多教师难以准确地把握这两类不同课型课文的教学特点。

下面以包河区开展“生本智慧课堂‘统编教材新增课文’专题评比”中教师关于《昆明的雨》的教学设计和授课情况来看当下自读课文教学中存在的问题。

（一）自读课文教学内容当作教读课文来确定

一位年轻的教师，用以下几个问题来引出要学习的教学内容：1. 令作者念念不忘的有哪些？这个问题就能够感知文章的主要内容，使得学生了解昆明雨季的特点和昆明雨季里的事物，教师概括成念念不忘的便是昆明雨季里的景物、人事，并点明这更是一幅画。2. 在这幅画里，你最喜爱的是哪一幅？谈谈你的理解。学生能够根据自己的情况去课文中找，并分享自己的阅读体会。3. 再次发问作者思念的仅仅是昆明的雨吗？从字里行间，你读出了他怎样的情思？显然，这些问题的设计所涉及的教学内容，没能体现自读课的特点。这位教师为了引导学生更快地进入课堂情境，开课先请学生欣赏了一组汪曾祺笔下有关昆明雨季情景的图片。而后谈话式导入新课，在检查完学生对课文的预习情况后展开了“整体感知—研读赏析—拓展延伸”的教学活动，并在每一个活动中确定了过程性的学习目标，由“寻昆明记忆”到“品昆明生活”再到“悟昆明情结”，力求做到环环相扣，层层推进。尽管教师非常注重培养学生良好的阅读习惯，圈画批注始终贯穿在整个教学过程中，也注重训练学生的语言表达，通过规范的语言格式帮助学生习得语感。但是在这篇自读课文学习之前，本单元中学生已经学习过两篇教读课文——朱自清的《背影》和茅盾的《白杨礼赞》，教读课文中教师难道不曾教学生用到这些常用的阅读方法吗？自读课文中又为何重复性地教呢？那就是教师对于教读课文和自读课文的教学内容确定没有基本区别，混淆了自读课文与教读课文的课型，把自读课文当作教读课文来上了。

（二）自读课文与教读课文教学目标设置等同

自读课文与教读课文的教学内容之所以容易混淆，往往与教师对两种课型的教学目标取向认识不清有关。下面是一位骨干教师对自读课文《昆明的雨》所设定的教学目标：1. 整体感知课文内容，了解昆明的雨的特点；2. 通过多种朗读方式，反复品味昆明的雨中蕴含的情味；3. 学习作者通过拾取生活中的琐细事物以表情达意的写作手法；4. 感悟作者对过往人生的怀念与珍视。纵观这样的教学目标，很难看出教师所教、学生所学的是一篇自读课文，倒是很好的应对了“精读课文”的目标取向——目标一和目标四是得意，即理解思想内容，获得情感意蕴，受到人文熏陶等；目标二是学言，即学习语言文字，磨炼语言实践能力；目标三是习法，即学会阅读方法，培养独立阅读能力。再来看另一位教师的教学目标设置——教师根据课标要求、单元目标，确定这篇散文的教学目标为四个：1. 了解昆明的雨的特点，体会作者对昆明的雨和往昔岁月的怀念；2. 通过朗读，体会文章平淡质朴的语言风格；3. 品味作品包含的丰富内涵，理解作者热爱生活的态度;4. 培养学生关注日常生活细节的习惯,引导他们在平淡的生活中发现情趣。这分明是教读课应该考虑的教学目标,他的教学重点是品味作品包含的丰富内涵,理解作者热爱生活的态度。其教学难点是如何培养学生从“凡人小事”中发现生活的情趣。这恐怕也是很多一线教师普遍存在的问题。显然,自读课文是以学生自我阅读实践为主线,以培养学生自学能力为目标,引导他们自求自得,充分激发学生的主体意识,使教读课文中学习的知识、方法和能力得到有效的迁移与拓展。很多教师却模糊了两类课型阅读教学的性质以及教者与学者在阅读教学过程中的定位,甚至认为两类课文教学总体目标取向仍是一致的,只是在教学过程处理上讲多讲少的区别,这必然会导致自读课文目标取向出现偏差。

(三)教读课文的教学方法在自读课文中沿用

再如一位富有经验的教师,教学基本功深厚,对《昆明的雨》一文的解读,比其他教师明显深入一些,那么,他是怎样处理自读课的呢?在教学过程中依然是教读课的沿用。第一导入环节,“走近观雨人”:通过一段文字介绍汪曾祺美食家的身份,让学生体会文中对昆明菌子、杨梅的描写;引用《人间草木》中的一段话,又能让人们迅速在脑海中勾勒出一个亲切随和、热爱自然的人物形象。第二环节,“初识雨中景”:通过自由朗读完成对问题的思考,解答“昆明的雨是怎样的雨”这一问题,力图达成对昆明的雨的初步印象。第三环节,“品读赏析”:用“我想念昆明的雨,想念雨中的________,你看________”串联起文章主体部分,引导学生说出雨中的四种主要景物仙人掌、杨梅、菌子及缅桂花。如何引导学生自主学习?又如何让他们主动地思考?如何将以生为本的理念落实在自读课教学中?这些仍是我们需要认真思考的问题,而不是囿于教读课的反复品读、赏析和讲解中。另外一位教师采用的教学策略是自主学习法、引导鉴赏法和交流合作法。这三种教学方法看起来体现了自读课特点,但在课堂上实施的教学策略不够合理。我们来看一个环节,由汪曾祺的诗引入:“往事回思如细雨,旧书重读似春潮。白发无情侵老境,青灯有味忆儿时。”浏览课文,圈点勾画,找出记忆中昆明生活“有味”的内容。教师预设:仙人掌、菌子、杨梅、缅桂花、木香花等。接下来让学生读一读卖杨梅的苗族女孩、房东送花、与友人小酌等文段,再进入“品一品”环节,让学生自主讨论,合作探究民俗、物产、风土人情……教师设计这个环节的目的是引导学生自主阅读,从民俗、物产、风土人情等方面,品味文章的内涵情味。教师虽然也安排了学生进行自主阅读,关注到自读课文的课型特点,指导学生用圈点勾画的方法找出作者对雨的情感以及原因……试图引导学生从民俗、物产、风土人情等方面进行自主学习,但是还是预设多、讲解细、分析碎,反复提问,牵着学生走,不敢放手让学生独立思考,实际课堂效果并不十分理想。这样的“自主阅读”恐有其外在形式,而无实质性的效果,甚至与教读课文中的“合作式探究”相混淆。不是说课堂中只要有“自主阅读”环节就是自读课了。本例中教师只关注到“自主阅读”的形式，忽视了自读课是以学生的自读自悟为主，或者说教师不敢放手把课堂交给学生，自读课文与教读课文的教学策略不甚合理。

三、自读课文教学内容的确定与教学策略的实施

（一）自读课文教学内容的确定

自读课文的教学内容该如何确定？新编教材单元目标中明确指出：“学习这个单元，要反复品味、欣赏语言，体会、理解作者对生活的感受和思考，并了解不同类型散文的特点。”再看课后阅读提示：“本文题为《昆明的雨》，却并未用大量笔墨直接写雨，而是从一幅画写起，将记忆中昆明雨季的景、物、事一幕幕展现开来……文章信笔所至，无拘无束，看起来有些‘散’，但其中贯穿着一条感情线索……”教师不妨引导学生结合单元教学目标和课文内容（阅读提示、旁批）来自行确定，自行选择，从进入自读课文学习的第一刻起就将主动权放手交给学生，让学生成为自读课上真正的主人。下面仍以《昆明的雨》为例来看自读课文教学内容的确定：1. 学生自主阅读，概括昆明的雨的特点，体会作者想念昆明雨的深厚感情；2. 学生拟写旁批，把握课文叙写景、事、物的线索，品味语言，感受风土人情。教学内容的确定一方面应注重单元整体意识，另一方面还要具有取舍意识，有所舍才能真正有所得，一课一得，重在引导“用法”。

（二）自读课文教学策略的实施

确定教学内容后，就面临着选择教学策略。组织好自读课文的阅读活动很关键，就是解决自读课怎么上的问题。新编教材中自读课文的助读系统改革力度最大，由“注释”“旁批”“阅读提示”“读读写写”“补白”等组成，不再设置课后练习，着力体现新课标要求的独立阅读、自主阅读理念。而“旁批”的介入从直观上将自读课文与教读课文迅速区分开来，可以作为教师组织阅读活动，引导学生自主阅读的有力抓手，可以引导学生“拟写旁批”，自主赏读文章。鉴于上述教师上《昆明的雨》一课所出现的问题，建议教师将自读课文教学环节设计如下：

环节一：回顾梳理

1. 课前布置学生制作本单元“散文名篇纪要卡”。

2. 课堂反馈。

《背影》——写人记事散文的典范。从一个独特的角度表现父亲对儿子深切的爱和父子之间的切切深情。

《白杨礼赞》——托物言志散文的典范。作者将白杨树的形象特点与抗战军民的“精神和意志”联系，层层深入，揭示白杨树的象征意义。

《散文二篇》——哲理散文的代表。从现象出发，从个人感受出发，挖掘事物背后的深刻意义，向世人展示作者对生命和生活的思考。

环节二:模仿借鉴

1. 借鉴自读课文旁批的方式,引导学生自主设计旁批,自主鉴赏文章。

2. 教师就旁批的类型和作用作适当指导。

提问式旁批——学会提问

点评式旁批——学会品味

拓展式旁批——学会比较

要求:旁批时应注意用语简洁精练、语言通顺,不能太烦琐。

环节三:互动点拨

1. 以部分旁批为主要教学问题,设计教学环节,组织教学活动。

2. 问题群提炼、展示、讨论。

“为何昆明的雨让作者念念不忘?”

“作者想念的只是昆明的雨吗?”

3. 试着找出能够凸显作者“想念”的语段,完善批注,并通过朗读加以品味。

环节四:拓展探究

1. 设置探究题目,引导学生拓展探究。

2. 范例展示。

“带着雨珠的缅桂花使我的心软软的,不是怀人,不是思乡。”

旁批:究竟是什么使作者的心软软的呢?

3. 比较阅读。

将本文与《白杨礼赞》进行比较,体会两篇文章在表达意图和写作手法方面的差异。

自读课文是学生由课内阅读走向课外阅读的桥梁,围绕单元教学要求,运用教读课文的经验,让学生从有疑处自主学习,从有感悟处品读,给予学生足够的独立思考的空间,达到适宜学生学习的目标和任务是当下自读课文教学的重中之重。

(发表在《语文教学通讯》2019 年第 5 期,刊号:CN14－1017/G4)

文本解读是教师必备基本功之一

我们为什么要重视文本解读？因为文本是语文学习的主要资源，文本解读是教学设计和课堂教学实践的基础，不善于解读文本，再先进的教学方法也无济于事。教师的误读会误导学生，对学生的误读也不可能有积极的匡正；教师对文本的语文教育价值缺乏理解，对文本的情思与文笔的精妙缺少敏感，不可能有积极的预设。文本解读从授课的角度来谈，主要指课堂上在教师的指导下学生感知、理解、评价、创获文本的过程，在这一过程中，师生通过观照文本与作者笔下的人、事、景、物进行心灵对话，达到文本解读后确立教学目标和教学效果。教师要指导学生正确地进行文本解读，有效地提高他们的阅读能力、欣赏能力、审美能力。

一、文本解读的常见误区

教师文本解读能力的高下，直接影响学生阅读的效果。在教学实践中，有的教师辛辛苦苦，手捧教参，该讲的都讲了，但学生兴趣不高；有的教师从网上下载课件，以现成的课件来代替备课工作，对文本的理解不透彻；有的教师依靠老经验授课。教师课堂教学缺少高远立意、缺少思维辨析，在于教师的文本解读不到位，下的工夫不够，教学过程中直接造成了“少慢差费”，使学生在课堂学习认知、学科素养、积累沉淀方面失去了应有的提升。比较典型的问题有如下几点：

1. 粗犷浏览，浅尝辄止。许多语文教师教学方式比较粗犷，对文本细节大都视而不见，除教师的个性、水平、学识等因素之外，我以为最重要的原因是教师对文本解读重视不够，研究不多，解读只是浅尝辄止。譬如《昆明的雨》一文细节描写细腻生动，随处可见。如文章开头画下面的题字，引出昆明的雨。又如干巴菌的那一段，分别从颜色、形状、做法和味道进行了细腻的描写。再如房东母女送来的带着雨珠的缅桂花，让人的心软软的，暖暖的，平淡的日子里多了一份感动，一份温馨，写出人情之美。还有雨中那一动不动的鸡，爬满架的木香花，都写得绘声绘色，活灵活现。最为生动的还是对友人小酌的细节描写，喝着白酒，吃着猪头肉，听着绵绵细雨，嗅着芬芳的木香花等细节，写出同窗好友友谊之深厚，以至于40年后都还忘不了那天的情味。教师引导形式需深入到文本之中，教会细读文本的方法，要抓语言，抓理解，要关注思维启迪，既要讲整体感悟，又要咀嚼细节。

2. 解读浅显，缺少深读。教师对教学文本的浅层次解读，没有充分挖掘、提炼出教材文本真正的内在美，没有充分发挥教学内容的应有价值。教师在文本阅读时进行深阅读,就是为了培养学生感受、理解、欣赏和评价的能力,推动学生在阅读时渐次进入文本,而不是浮光掠影地了解文本,从而扩充知识、积淀体验、受到熏陶、磨砺语感,逐渐接近文本内在意蕴和作者思想情感。如《昆明的雨》是语文八年级上册第四单元的最后一篇散文,本单元的散文类型多样,或写人记事,或托物言志,或阐发哲理,或写景抒情,都是不同类型散文的代表,字里行间都饱含着作者深挚的情感和深刻的人生感悟。从散文的这一特质出发,读散文理当要透过语言文字去读作者其人,即读作者的情志,作者对事物独特的理解和独特的表达。

3. 依赖教参,缺少独创。教师参考书对于教材和文本作了较为全面的解读。但是,教师用书对于文本的解读绝不能替代教师自己对文本的独立解读。作为教师,应当在独立解读文本的基础之上,再阅读教参进行补充。教参只代表编者对文本的认识,并不是唯一权威的解读,更不能提供一个读者阅读文本时步步深入的体验过程,不可生搬硬套。当下教学中困扰教师的是在解读"统编版"新增课文时,对新课文的解读没有经验,内容又很陌生,几乎没有可借鉴的方法,加之教材的提示又很笼统。如《昆明的雨》是一篇自读文章,如何理解教材编写的意图,最大化地实现文本的教学价值?其实,昆明雨中情味浓,在文章的开头就点出:"我想念昆明的雨",在文章的结尾处再次强调:"我想念昆明的雨"。这是他的心声,这是他深情的呼唤,作者的情感深情含蓄,充分融在了字里行间。教师在进行课堂教学的设计和教学时,不能套用教参,生搬硬套,不然教学就会落入俗套。笔者提倡一篇文章拿来,先不要急着看教参,搜网络,最好自己先阅读,从字词解释到文脉梳理,从篇章结构分析到主题中心把握,先自己独立分析,自己得出结论,经过教师的全新阅读,以及换位的深入思考后,再看看教参与网络相关资料,可以说教师对所教的文本有了较深刻的理解,再经过课堂教学实践,会有更深一层的理解与感悟。

4. 自主阅读,散乱无章。教师的教不能以"本"为本,简单地把"文本"当成课堂内容,也不能把"文本"当作金科玉律,一味宣讲,更不能人云亦云,而应有所选择,选择文本里的有效内容。如《昆明的雨》,有学生解读汪曾祺是个美食家,像干巴菌这种食物也爱吃。有学生说文章题目是"昆明的雨",而文章通篇没有描写雨的特点,是不是走题了?还有学生认为这篇散文的语言平淡得出奇,显得啰唆而不优美等。我们讲文本解读需要多角度、多方面的解读,但不是散乱无章,任意妄说。《昆明的雨》一文作者的情感无疑是深沉的,但表达情感的景物却琐细,仙人掌、各类菌子、杨梅、缅桂花等都是日常生活所见,作为承载感情的载体,愈发显得爱得醇厚,彰显了汪曾祺对昆明生活的热爱。又如汪曾祺先生是著名的散文家,也是一位美食家,读他的散文,于清淡平和的语调中,总觉得人生百味都尽写在舌尖之上了。这篇文章题目为"昆明的雨",但直接写雨的句段寥寥无几，而是“絮絮叨叨”地写仙人掌、菌子、杨梅、缅桂花、小酒店、木香花，等等生活琐细。写昆明的风物、昆明的人，都是为了表现作者心中昆明美好的风土人情，抒发对于过往人生美好点滴的怀念和珍视，其实写的却是人间之味、人生之味。因此，要让学生读懂文字背后传达出的关于生活、关于味道的情感。教师要把这些见仁见智的自主阅读，有针对性地给学生以指导，指导学生真正掌握个性阅读、独特阅读和深入阅读的方法，让每个学生找到解读文本的途径，自主形成阅读能力。

语文教学不应当把教参或教师自己的见解强加给学生。要做到引导学生进行个性化的自主阅读，就必须了解学生作为一个读者阅读文本的独特感受，充分考虑学生的知识经验和心理特点。有的学生跳出文本随意乱说，生搬硬套某个板块提示，自主阅读便流于形式。以学生的眼光来独立地阅读文本，体验阅读时的感受，无疑能使教师更好地进行课前准备，及时有效地进行课堂调控。

5. 肢解文本，缺乏整体。初中语文阅读教学中运用文本细读法，可以有利于学生养成良好的阅读习惯，提升学生的审美能力以及学生主体的个人认知。但是在进行文本细读时，也应注意始终立足文本，从整体上把握文本。教师在自读课文中琐碎讲解文本，主要是提炼主题思路不够清晰，深度挖掘文本内在意蕴的能力不强。文章写了什么？是怎么写的？为什么这样写？“教什么”和“怎么教”不是随意而为，是要建立在对学生全面了解之上，重视学生对文本的理解程度、兴趣、困惑，抓主要问题来解读，从文本整体把握，做到一线串珠的效果。以《昆明的雨》这篇文章为例，文章写了什么？写了昆明这座旧城，天空中下着停着、停着下着的雨。有画，有诗，有生活，有滋有味，还有那浓而不烈、淡而悠远的想念，是内心情怀的抒发。怎么写的？作者开始写同学巫宁坤要他画一张有昆明特点的画，作者便构思开来，选取了昆明雨季富有代表性的景物仙人掌和几种菌子作为创作素材，还题了几行字以作说明。写实的画一述完，作者直接点出“我想念昆明的雨”，又仅此一句独立成段，引出了昆明雨季的特点，明亮丰满又使人动情。接着详细写了多而极大的仙人掌，还幽默地提到人家用仙人掌作篱笆防猪羊的事。接着写了自己逛菜市场时看到的各种菌子，从价格上、炒菌子的色香味和格调等写它们的相同和不同，读者看了真想一饱口福，又是趣味十足呢。卖杨梅的苗族女孩子，装扮美丽，坐在阶石一角，吆喝的声音那么娇柔，令人心醉。又对比自己吃过别地的杨梅，更说明了昆明此地的物好人美。写花，又是和别处不同的缅桂花，名字的由来也值得猜一猜，房东和她的养女本是卖这种花的，却也时常送来满满的花香，让“我”的内心变得柔软、温润，花香人更美。结尾句的“不是怀人，不是思乡”两个否定，让人联想那又是什么呢，留白之处，情意悠长连绵，富有余味。最后宕开一笔，笔锋一转，又写雨，写它引起的一点淡淡的乡愁。既借李商隐的《夜雨寄北》代抒客居游子的思乡之愁，又写自己和友人看莲花池，因又下雨，一起去小街的酒店小酌，院子里有很大的木香花，木香花被雨淋湿透了的美景，得出思乡怀人的悠悠情味。这段文字画面感极强：有景，有酒，有诗，还有愁绪，都浸透在这昆明的雨里，氤氲，酝酿，深沉，缠绵，永恒，久远。文章末尾吟咏一句“我想念昆明的雨”，再次点题，照应前文。寥寥几字，但尽是丝丝牵挂，缕缕思念，淡淡忧愁化不开，也解不散，即使过了 40 年，情愫已结，刻骨难忘。为什么这样写？幼年勤学，饱读诗书，青年求学，来至昆明西南联大，之后教书育人，率性生活，千山万水，觅己游踪，经年之后，回思慨叹，昆明记忆终生难忘。全文分明透着作者喜爱昆明的景、人、物和事，还有那匆匆而过的青葱岁月。所有表达出来的一切，正说明汪曾祺先生的作品有很强的个人特质。

6. 解读僵化，刻板教条。教师对文本的解读往往僵化和概念化。如《我的信念》中居里夫人的形象意义是什么，很多学生通过阅读，体会到居里夫人这种对工作的一丝不苟，为科学献身的精神，但老师没有引导学生通过学习文本，把这种精神运用到生活和学习中。又如对《春》一文所表现的生命活力的解读，也被部分教师认为是对蓬勃的春天的赞美。中学语文的文本解读在文本之上形成了一套顽固的、强大的概念化解读，它刻板、教条、贫乏、单一，把学生与文本的联系隔开了，如此较教条地解读《风筝》为批判黑暗现实、怒其不争，主题局限在向内反省或者向外批判。文本解读离不开知识结构和文化底蕴，每个教师在课堂上应拿着文本，面对着学生，独特体悟，个性解读，用自己的智慧来创造性地教学，指导学生对文本深入对话，引导学生领略文本的魅力，提高语文综合能力。

7. 多元解读，一盘散沙。在教学中许多教师注重文本解读的多元化，主张张扬学生的个性。但是学生处在未成熟时期，他们的独特体验、多元化表达不一定正确，有时甚至会与文本中的教育价值相脱节，如果教师眼里只盯着多元、独特，一点启发引导的意识都没有，那么有些体验虽然是独特、新奇，课堂虽然是民主、开放，但已背离了文本的价值取向，这种做法是不可取的。教师如果不能正确地把握文本的价值取向，教学中就不能恰当及时地对学生偏颇的甚至错误的多元解读进行引导、点拨、指正。例如，在分析《昆明的雨》中杨梅带给作者美好的时候，其中不仅仅有杨梅本身的甜蜜滋味，更有秀气的苗族女孩子娇娇的吆喝声在作者心上留下的柔和味道。把赏析苗族小姑娘作为重点，发挥想象，丰富画面，勾勒出一幅鲜活的卖杨梅的场景，更能体会作者的心情。教师往往读到的多是共性的东西，没有个性阅读，教出来的都是一种套路，那就很难感动学生，阅读教学也就索然无味了，教师自己要深读细研，学生才能品析到位。

8. 个性解读，放任自流。文本解读是语文交际者语文素养、鉴赏水准、知识能力、人文精神、逻辑思辨，等等综合素质的集中体现，无论是教师还是学生，由于各自的阅历、动机、信念、特质、能力、眼光等的不同,即便是对同一文本也会做出不同的解读。教学文本的解读需要指向教学目标、学生群体。通过教师进行恰当的文本解读,运用巧妙的教学方法,引领学生走进文本深处,享受阅读世界。阅读教学的过程,就是对文本进行解读的过程,解读文本的目标取向。要想做到对文本的个性解读,我们必须首先弄清"解读文本的什么"这个问题,然后在解读时才能做到个性化解读。例如《昆明的雨》一文,教师尽可能地引导学生从描写景物色彩之美、细腻生动细节之妙、底蕴深厚语言之味、字里行间感情之深等四个教学要素去解读文本,也可以抓住作品的内涵和语言两条线同步展开,以"想念"为主线,对汪曾祺想念的对象进行深度挖掘,力求让学生在反复的朗读中品味出文章的情味。而汪曾祺亲切自然、如话家常的平和语调则作为一条暗线,在朗读中让学生自行感知,领会这种拾取生活中小事来抒发情感的写法。

二、文本解读的教学价值

文本解读的价值,即一般文化价值和语文教育价值。文本解读一方面主要是理论问题,另一方面主要是实践问题,靠的是教师自身语文的功力。在文本解读的过程中,他既面对文本,又面向学生,他以课堂教学为媒介,以师生解读、对话生成为材质,将文本中呈现的文学世界和学生的解读水平及个体解读差异联系起来,架起一座往来通衢的桥梁。教师的主导作用就在于给学生导航,以自己的解读过程影响学生的解读,根据文本确定该文本在本册、本单元阅读教学中的教学任务,将教学任务分解学年、学期,而每一个学期教学任务又被分解到每一个单元、每一篇文本上。所以,解读文本内容时,先要将文本解读的重难点准确定位,然后再考虑运用什么样的手法,可以从标题、线索、情节、形象入手,去抓住文本的关键语句等具体语言材料,整合解读文本的思想内核和表现形式。实现其教学价值时,要体现层次性,需要根据教学个体差异的原则来设计教学的重难点、教学方法及教学手段。

文本是语文教学内容的载体,是借以实现语文教学目标、发挥语文教育功能的物质基础,语文教学在加强基础传统文化培养能力、思想教育和情感教育等方面,都离不开文本这一凭借物。文本有其特殊功能,借此,可以让学生形成一些阅读的判断技能。概括文本内容的关键词既可以是双音节词,也可以是四字短语或多音节短语。提炼的基本步骤一般是:压缩内容—提取主干—筛选信息—比较整合。语文教学挑选典型规范的作品作为文本,意在通过定向、规范的语文训练,使学生集中、高效地学习语文知识,培养语文能力,除了课文内容和语言形式的示范功能外,还包括训练的难易深浅在内的示范功能。其一,教育功能。语文是表情、达意、载道的应用性工具,这就决定了学生在学习文本的过程中,离不开情、意、道的内容。教学具有教育性,语文教学的教育功能主要就是凭借文本而实现的,因为文本蕴涵着极其丰富的对学生进行思想情感、道德意志教育和精神陶冶的内容。其二,发展功能。现代教学论认为,教学与发展是互相联系的。如文本为学生语言能力的发展提供了充足的材料,使学生的语言不断从贫乏走向丰富,由幼稚走向成熟,由呆板走向生动。文本作为民族文化和民族精神的载体,对学生的政治品质、思想品质、道德品质,以及情感、意志、性格等个性心理品质的发展,也有着熏陶渐染、潜移默化的作用。因此,要解读好文本,首先要粗读,即解读文题。因为文题的审读突出了思维焦点;通过文题可提炼出作者的写作意图,此外还要弄清文题涉及什么话题,这就需要从文本中去提炼,从关键词语、语句、语段中去提炼,从行文结构、语法逻辑关系中去提炼,从文本相关材料中去提炼。其次是精读。要从文本具体内容解读中实现思维发散,从众多文本的行文思路中确定:文本写了些什么以及文本为什么要这样写,从而实现思维突破。即突破现有思维,在对文本内容的识记、理解中,挑选文本恰当的语言材料,运用到自己对自然、人生、社会的认识中去,由揭示文本的主旨,到自己如何更好地表现主旨,最终实现整合建构。通过自己的新构思,强调创新思维的整合,通过文本合适的结构、安排组织好文章,从而建构个性化的解读。教师要依据文本引导学生自然地走进文本,理解文本,再走出文本,教会学生文本解读方法和措施,这就是教学中解读文本所体现出的探索。

三、文本解读的基本原则

怎样才能做到准确解读文本呢?文本解读需要遵循哪些基本原则?

(一)把握语文的工具性和人文性统一的原则

工具性是指要培养学生理解汉语、运用汉语能力,让学生会听会读、会说、会写。而人文性,是指注重语文学科在提高学生的品德修养和审美情趣,使他们逐步形成良好的个性和健全的人格方面的意义。如果教师在文本解读的过程中不能兼顾语文学科的两个特点,如只注重工具性会在备课中过多关注语言及文本存在的形式,只注重人文性会在备课中更关注内容,深度的备课和文本解读应该是兼容了文本的形式与内容的,只有这样才不会让课程剑走偏锋。

(二)确定"准确、深刻、独到"的标准

如何做到文本解读深刻和独到?教师对文本深刻、独到的解读首先是建立在准确的基础上的。"一千个读者就有一千个哈姆雷特",面对同一文本,不同的人或者说从不同的角度去阅读,其理解是不尽相同的,这就需要我们处理好多元与一元、个性与共性之间的辩证关系。

1.站在作者的角度,考虑作者为什么写。孟子曾经说过:"颂其诗,读其书,不知其人,可乎?是以知人论世也。"要想准确解读文本,首先应当追溯作者的写作目的或写作背景,因为文本解读中,不了解作者就无法把握"作者之思"和"文本之志"。

2. 站在编者的角度，考虑编者为什么编选。我们现在使用的语文教材，单元教学内容都是按主题划分的，每个单元的课文都是按一定的规律体现编者意图的。因此，把文本放入单元教学内容中去考虑，可以更准确地把推文本的教学方向。

3. 站在学生的角度，考虑学生学些什么。教师要学会用学生的眼光看文本，尊重学生的认知心理和学习习惯，要从学生的角度去思考：学生会按照怎样的过程、采用怎样的方法来读懂文本？学生阅读过程中会出现哪些问题、困难？如果遇到问题和困难，可能是什么原因造成的？学生现有的学习水平怎样？在此种情况下，需要教什么？只有这种换个角度看文本的解读，才可以给课堂教学目标作更准确的定位，从而提高语文的课堂教学效率。

（三）找准学生充分阅读文本后产生的兴奋点、疑惑点

评价我们当今的语文课堂，会有不少人认为语文课堂教学效率存在“少慢差费”的弊病。造成这一问题的原因是多方面的，但有一点不可否认：课堂上我们教了许多不必教学的内容。常规的备课，教师多注重教学内容、教学方法，对学生的了解不够充分。我们往往根据自己对教材的理解设计教学内容，而对学生在这一知识领域的学习基础、理解能力缺少必要的思考。教学起点过高或过低，都会影响课堂效率。如笔者以前在教学《皇帝的新装》时，就难以确定长文短教的教学点，便向学生调查他们的兴趣所在，结果“人物经典的对话”这一答案激活了我的思维，也成就了一节成功的课。面对一篇文章需要讲什么、不需要讲什么、什么是教学重点、什么是教学难点，最准确的答案在学生那里。一个高明的老师是以学定教，如在教科学小品文《死海不死》时，就先问学生“地理课上学到的关于死海的知识”，再问“什么知识可以不教”，最后确定哪些知识还需要老师教。教师眼中有学生，学生学得也轻松。

（四）寻求文本字词句、文本形式、文本体裁、文本核心几个突破口

文本的深度解读在主题的挖掘，也在于对文本“怎么写”这一问题的全面把握。我们教一篇文章不是要教共性，而是要教出独有的特点，所以关注形式，发挥作为“唯一性”文本所具有的工具作用大有必要。

1. 关于字词句。语言文字是文本借以表情达意的载体，学语文不能离开字词句。因我们都意识到了字词句教学的重要性，故在课堂教学中“赏析语言”就成了约定俗成的教学环节。反思起来，我们的字词句教学存在的问题在于不系统、不深刻，为赏析语言而赏析语言，为讲字词句而讲字词句，不能将之与教学的终极目标相联系，造成点拨无方向、教学不深刻，不能将字词句放置于全文去思考，零零散散，教学不系统。正确的做法是既要讲透字词句的表层意思，也要将字词句立足于全篇，根据全篇前后的联系，对字词所包含的情感、意蕴加以理解，讲出言语的特殊性，体现语境中的具体性。

教师在对文本深度解读的基础上,往往可以发现一篇文章中会有一个词或一个句子是可以起到串起全篇、撬动全文教学的作用。如在教朱自清先生的散文《背影》时,我们在意识到“缩”“探”“倾”等动词中蕴含的父爱的同时,可以特别关注“黑色”“黑布”“深青色”等词语的教学。“为什么是黑色?”“为什么是黑布?”两个问题就引出文章开头对于家庭背景部分的学习,引申出的是对“父子情深”这一主题的深度理解。

2. 文本形式。“形式是语文的根基。”理解文中人物形象、了解写作时的背景、体会作者的情感固然重要,但如果忽略了对文本形式的把握,语文就失去了特质。比如《邓稼先》一文的小标题形式,就应当成为我们备课的焦点。教朱自清先生的散文《春》一文时,我们也应该关注文章写作的视角,关注文本的结构。文中五幅画面由下而上的写作顺序,所形成的“垂柳式”的文章结构只属于《春》一文,抓住了这一点,便发挥了文本“特例”的教学作用。

3. 关于文体。“阅读离开了文体,必定是不得要领的。”说文体,并不是说教学中一定教文体,而是说教师心中要有文体的意识,因为“文体是体现‘语文’的元素”。说起学生的作文,我们常常说学生作文“四不像”,于是设计语文教学便是习惯了的“整体感知—语言赏析—深度研读”。如此教与学的问题和我们平时教学中文本意识的淡漠不无关系。文体不同,主题的呈现形态便不一样;文体不同,其表达方式、结构形式、题材选择都会不同。文体论解读的主要方法有以下几种:把握不同文体的表现形式;辨别不同文体的结构类型;驾驭不同文体的语言体式;再现不同文体的主题形态。具体到某一篇课文的教学切入,小说可从环境、情节、人物、开头结尾的方式切入;散文可以从托物言志、借景抒情、借物寓人等表现手法切入。比如解读《孔乙己》就不能不剖析孔乙己的性格。阅读教学中,讲清文体,有助于学生更准确透彻地剖析文章的主题思想、布局谋篇和感情的表达。

4. 关于独到。课文无非是个例子,并且从作者写作和编者选择的角度考虑,每一篇文章都带有唯一性,我们的教学就应当发掘每一篇课文独特的“语文价值”,呈现这一篇文章中所隐含的语文核心价值,从而“把语文课上成真正的语文课”。比如我们在教《安塞腰鼓》时就教文章句式与思想感情表达的关系,在教《死海不死》时就教科学小品文的特点。这样的教学设计回答了语文课应该“教什么”这一问题。

四、文本解读的基本要求

文本解读要满足源于文本、指向课标、依托教材、基于学生的基本要求,具体要做到以下几点:

1. 文本解读任务要落到实处。语文阅读教学中的文本解读,是语文课程资源的核心部分,文本是语文阅读教学活动的媒介和载体,文本是广义的语言材料,读者可依据自己的生活经历或阅历进行多元化解读。狭义的文本，即语文课本。重视对语文课本的解读，是语文学习的一个重要途径。通过对文本的具体分析，来理解作者的创作意图；从而通过文本的不同表现形式去理解文本内涵，与作者产生心灵上的共鸣。其“解读”之意在于通过对课文（即文本内容）的具体分析，教师和学生对文本的具体感知、理解、解释、体验、建构、评价和反馈等环节完成具体的教学目标和任务，这是培养学生学会搜集整理信息、认识客观与自我世界、发展思维能力、获得审美体验的重要载体和途径。基于此，将阅读教学中的文本解读落到实处，进而有用、有效地推进阅读教学的文本解读。

2. 文本解读要把握语言材料。只有学生借助文本中的语言文字符号，准确领会了作者的思想内涵，并练就出一定的阅读技能，才能达成阅读课的教学目标。细细品读文本的词句，品味精彩优美的语言文字，不仅可以让学生进一步走进作者内心，触摸作者的心跳，聆听作者的心声，获得与作者、文本的感情共鸣，从而丰富学生的内心世界和情感世界，还可以在对语言文字进行揣摩、推敲、咀嚼、鉴赏中获得美感与语感。同时，品味语言是学生学习语言的过程，也是规范学生语言表达、内化文本语言的过程。这一过程是细腻的、入微的、动态的，对学生来讲是记忆深刻的。学生通过品读感悟而产生了难以言表的愉悦感，就是文本解读有效性的最好见证。在教师的引领下，学生在与文本的对话中，细细咀嚼着语言的魅力，在关注言语内容的同时，习得了言语形式，较好实现了“言”“意”兼得。

作者是通过具体的、有感情的、有色彩的词语、语句向外传递对生活、对人生的感悟和反思的，故梳理文本内涵时，要抓住文本内容中的关键词语、句子等具体的语言材料，结合自己的生活经历，慢慢与文本的语言材料融为一体，在潜移默化中产生新的见解。如汪曾祺的语言风格，文章的“淡而有味”体现在把口语和文学性的语言巧妙融合在一起，雅俗共赏，把长句和短句结合在一起，富有变化，更增加了语言的味道，倾诉着对自然、对昆明的爱，记下自己对往昔生活的怀念。这才是真正找到了提升学生言语智慧、培育学生精神人格的有效策略。

3. 要带领学生深入走进文本。依据文本内容确定恰当的教学目标，最终确定阅读的具体方法和措施。反之，如果游离文本，不去整体把握文本，而抓住文本其中的一点内容就断章取义并无限拔高、升华主题；或者教师以自己对文本的理解，代替了不同层次学生对文本的理解；或者教师把对文本的评价、文学赏析当作对文本的解读，则忽视了文本的教学价值。当然，能适当地运用当今文学鉴赏、文艺批评的方法去解读文本，是很好的解读方法和技巧，但角度选择一定要恰当，定位要准确。站在学生的视角去解读，是语文课堂教学与自我文学欣赏最大的区别。读者往往会用自己的角度和经历重新解读作品，与文本的文字产生共鸣，并对自身产生影响，阅人便是阅己，读文便是读心。而在语文阅读教学过程中，文本解读是一种定向阅读，同样的一篇文本，放在不同的年级，是带有不同阅读任务和不同教学价值的。这就要求教师一定要站在学生的视角去解读，循序渐进，由浅入深，逐渐为学生搭建起解读文本、培养阅读能力的知识架构。但是，许多教师在解读的时候，往往又不自觉地以自己的经历或与文本类似的经历，来替代文本本身的具体情境，从而走进了文本教学的误区，可以说，这是当下学生文本理解能力低下的一个重要原因。走进文本，就是带着情感，按照自己的意愿，以自己独特的体验解读文本。在解读过程中，不要受参考资料的束缚，不要把别人的理解作为定论来接受，不要盲从专家和权威的高见，而是通过仔细地研读文本，独立思考，读出自己的疑问和心得体会。只有读中有疑，才会更进一步走进文本，只有把握好作者和文本，把作者和文本结合起来，知人论世，才能真正读懂文本。

4. 要跳出文本而不能脱离文本。阅读教学中要紧扣文本，但又不能拘泥于文本。同样的文本，在不同的人读来却有不同的感受，同样的教材，在不同的教学方法下呈现出的状态也截然不同，究其根本，就在于各人对文本的解读不同。教师要针对教学对象的不同层次、认知水平，来恰当确定知识与能力培养目标。学生对文本的解读，往往有独到的见解，并以此联系以往的阅历，去拓展、深化自己的视野，这就需要跳出文本，逐步演变成阅读能力和写作能力，即由阅读感悟、模仿领悟，形成能力而循序渐进。但如果教师在解读文本时，脱离文本内容去展示个人才华，天马行空地无限拔高文本主题，或不着边际地旁征博引，以显示自己的文学功底之深厚，那么，教师本身就没有真正走进文本里去，又怎么跳得出来呢？

5. 要细读文本但不可过于关注细枝末节。要深入细致探究，首先，要细读文本，在细读文本的过程中，至少要经过三次以上的反复研读，由浅入深，由表及里，才能把握文本、接近文本的本质。初读时，语文教师最好研读“白本”，即丢掉《教学参考》《教案设计》之类现成的东西，自己先走进文本里去探究。整体把握“是什么”，才能有自己的主见，而不是人云亦云，应付了事，甚至道听途说，以讹传讹，误人误己。其次要精读。深入到文本里去，对敏感的词语、句子要追根溯源，搞清“为什么”。当然，这里会遇到许多疑惑，会发现很多文本背后的意蕴是初读时所不能理解的。此时读者就只有沿着作者的思路，和作者进行心灵沟通、交流乃至碰撞，才能逐渐接近文字的本真。最后才是跳出文本。对文本的理解需要再次反思。初读的阅读积累和精读的考证阅读，使读者的认识根基已经较为深厚，这时就需要再回头去审视文本的内涵和学生理解程度的差异。两相映照之下，文本的教学价值便有了栖息的土地，教师舍去一些，留取一些；学生走近一些，拿走一些。这样的文本解读才是阅读教学的本真。因此，只有经历“把薄书读厚，再把厚书读薄”的过程,才能达到阅读教学中文本解读的最佳境界。

6. 要正确引领文本的多元解读。大部分文学作品都可以进行多元解读,关键是如何把握度。新课标为“多元解读”提供了科学根据和重要前提。但是,在实施过程中,多有对文本价值取向的误解。要关注文本的价值取向的引导,不能随心所欲地误读。要了解作者的为人,要明白作者生活的时代,写作的背景,而学生相对学识不足,缺乏体验,因此学识需要补充,人生体验也需启发。比如,杨绛先生的《老王》的结尾,如何理解“几年过去了,我渐渐明白,那是一个幸运的人对一个不幸者的愧怍”? 这种“愧怍”有两个特点:一是幸运者对不幸者的;二是这幸运者对不幸者的愧怍并不是一下子产生的,而是“渐渐明白”的。就是说作者的愧怍产生是有一个过程的,起初是对“老王”的照顾和同情,后来看到老王的真诚,作者被感动,而震撼作者的还是老王去世前夕对作者一家的惦记和眷顾,正是这件事,使作者后来渐渐明白过来,感到十分愧怍。对他们的愧怍,正是一个有良知的知识分子的道义和责任的表现。对于社会的责任,知识分子理应肩负得更多,应该使社会更平等、更美好,杨绛先生的“愧怍”,正是知识分子良知的发现、反省和批判。作为教师要引领学生对文本进行正确的解读,在注重多元理解的同时,根据教学目标,选择最具权威的、认同度高的观点作为教学的主要依据,在注意价值取向的前提下,尊重学生的独特体验,只有这样才能使多元解读在实施贯彻过程中保持应有的张力。

五、文本解读的教学策略

要在实际教学中把握好文本解读的策略,教师就一定要以教学的眼光来审视文本,以教学的视角来解读文本,以辩证的思维来激活文本,把阅读教学中的文本解读做到更加高效地落到实处。

1. 要与编者对话,揣摩编者之用意。教师在把握和吃透课标的基础上,了解课标的理念和要求,再熟知编者的编写意图,依据文本所在单元的教学要求和目标,进行准确的文本解读,才能把握文本的价值取向,才能合理、有效地使用文本,有的放矢地进行阅读教学。由于文本的具体语言材料是有生命、有温度、有色彩的,因此,解读文本要从文本的整体到局部、由局部到词句去筛选、归纳、整合,缺一不可。

2. 要与作者对话,体会作者之思想。与作者对话是教师品味、探究文本的过程,教师要将自己的情感倾注其内,使自己的思想与作者产生共鸣,只有当教师深入到教材的字里行间去,真正走进作者的情感世界,体会作者的思想以后,才能把握文本意义及实质性的重点内容,给文本价值取向准确定位。阅读文本时要注重多疑和善思,一步步走进文本,领悟了文本,才能在课堂上引导学生合理地解读文本,提高学生的阅读理解能力。

3. 要与学生对话，关照学生之感受。文本解读的最终目标是引导学生走进文本，解读文本首先要不以教师身份，不带教学任务，在每读一篇课文时，我都会从学生的角度去审视课文，尽可能地找出“学生”和“文本”之间熟悉的地方、一知半解的地方和陌生的地方，这样才能在学生与文本之间找到一个平衡点。当我们在备课时，只有这样深入地解读课文，以不同的身份去读课文，用不同的思维去分析课文，学生才能真正地走进课文，走进作者的心灵，进而真正地欣赏作品，获得自然的阅读体验和真实的审美直觉。

4. 要走进课标，把握教材，准确定位。既不能把学生的读书收获全部当作是对文本的正确理解，不顾文本的价值取向；又不能一意孤行，理所当然地把教师的认识和感受强加于学生。从学生的角度解读文本，有利于课堂上及时、有效地引导和调控，使学生能及时调整自己与作者的对话，更正确、全面、深入地理解文本的意义。在直面文本的基础上，从文本中“走出来”，用自己的智慧、文化底蕴再创造一个“我心中”的文本。作为教师，我们要相信自己，专心思考，深入研究。只有走进文本，才能读出发现和感悟，欣赏文本的精妙，触摸文本的灵魂，进而引导学生读细文本，共同完成语文阅读教学的目标。

5. 深入文本，找准阅读切入点。找准阅读教学的切入点，使课堂教学少走弯路，选好切入点，是落实教学目标的有效途径，更是激发学生读、疑、析、议的关键。阅读教学是学生、教师、文本之间对话的过程。从什么地方开始对话，用怎样的话题和方式开展对话，这就是教学的切入点。切入点找准了，就厘清了文章的主线，突出了重点，突破了难点。其实，对文本的解读，在很大程度上，是对一些具体问题的解答过程，这些问题的产生与设计，呈现与表达，必须通过一定的问题来表现。精心设计几个好的问题，是教师备课中关键所在，引导学生整体感知文本意义，精心设计问题，由问题统领全篇，保证学生有足够的自主学习与探究的空间。

6. 对文本内涵的深入挖掘。对教材的处理之巧妙，对文本内涵的挖掘之深入，巧妙的教法本身就是建立在对文本准确解读的基础上的，需要对文本作全方位、多层面、立体式的细究与深读。如余光中的经典散文《听听那冷雨》，从三个方面对文本进行了解读：一是品味悠悠的追忆之情。文本既有对大陆故乡的思念之情，也有对初到台湾早年生活的回顾和眷恋之情，文中有相当篇幅把现在的台北生活和以前相对比，点明现在的台北已无处可听雨，其间还穿插和恋人雨中躲在三轮车油布篷里的风情，回忆或是想象冷雨中初恋的浪漫。二是感悟深深的文化情思。研读文本，不难读出，文中大量的古典诗文的引用和化用，对这些诗文所描绘的听雨境界的倾心和神往，对这种境界不再的感叹和伤感，无不表达了余光中对古典文化的深深情思，对古典文化的赞美和眷恋。三是剖析理念的躬亲实践。《听听那冷雨》以“雨”字为核心，“听”字为线索，“冷”字为情调，上下两千年，纵横十万里，关涉乡愁，锁钥文化，实践作者自己的散文理念。以抒情的语言为肌理，悠悠乡愁为血液，深深的文化情思作灵魂，融人生经历、历史感喟、文学情致、诗般意境、现代散文理念于一体，蕴含着苍凉与感伤，挟带着现代诗的韵律、节奏和灵气，注入读者的心灵深处，淋漓尽致地显示了一个文化大家的风范和气象。

教师要上好每一节课，主要是对文本要有正确的解读，这是语文教师的看家本领。一位教师的专业性，不仅要求教师能准确理解把握文本的意思，还要求教师根据阅读时的理解与体会，对文本重点、难点和突破点加以预判，并把文本初步分解成目标、方法、过程等，为教学方案奠定基础，把文本中有价值的素材挖掘出来，依据教材结构和课程的需要，聚合提炼成教学目标，统领教学基本素材，串联成教学步骤，把文本转化成符合学生需要的学习过程。这不仅靠钻研课文的功夫，还需要教师有自己的读书生活，调动阅读经验和积累，把文章认真诵读几遍，对文本不断思考，获得对教学文本比较深透的理解和把握，使自己的技能、方法和眼光在文本磨砺之下变得娴熟，因此教师迫切需要提高的是扎扎实实的文本解读能力。

（2016 年 5 月获全国初中语文教师教学基本功展评论文评比获一等奖）

“贬官文学”群文阅读教学课例评析

【教学创意】

“贬官文学”是中国古代文学独特的文化现象，这些文章的作者遭贬被逐以后，创作愿望和创作激情反而更为强烈了，作品质量更见功力。“贬官文学”即指官员遭贬被逐期间创作出来的作品，它在我国文学史上占有特殊的地位。统编版教材编选的古诗文中，贬官文学占有大量的篇幅。审视这些作品，其思想情感是如此的多彩纷呈：《陋室铭》中刘禹锡所表达的安贫乐道、洁身自好的高雅志趣和不与世事沉浮的独立人格；《记承天寺夜游》中苏轼流露出的贬谪的悲凉、人生的感慨、赏月的欣喜和漫步的悠闲；《小石潭记》中鱼的生动传神，水的清澈明净，都各尽其妙，意境之深，令人拍案叫绝；《醉翁亭记》中山间朝暮四时之美景、滁人扶老携幼之游乐、太守醺然之醉态恍若图画，呈现在眼前，赏析这些作品，其艺术境界犹如游云惊龙，洒脱自如……贬官文学的作者大都是积极有为的文人士大夫，贬官文学也多佳作绝唱。

本节课的设计和实施，适合初中九年级古诗文的复习指导。立足初中古诗文课堂，整合课内多篇诗文，对古诗文教学进行系列性的梳理，挖掘出一个共同的主题，并围绕《岳阳楼记》中“先天下之忧而忧”这一“课眼”展开，切合文本。教学主题一头牵着教材文本，一头连着古代文化，目标指向现实生活。这种对现实的关照，使这节课的教学有温度、有深度。教学中努力传递社会中向上的力量、传播中华优秀传统文化，引导学生获得面对现实的智慧、把握未来的勇气。充分关注现实，从文本中发掘文化主题，获得真切的启示和现实的意义，更有效地促进学生的精神成长。立足教材，从教材生发开来，由群文阅读的形式向教材内外延伸，拓展迁移，从而带动对经典的深入领会。带领学生走进谪宦文学浩渺的湖海，继承谪宦文化积极精神，积极进取、自强不息。

教学目标：1.通过比较阅读《左迁至蓝关示侄孙湘》《续资治通鉴长编》《西南联大校歌》等，汲取谪宦文化积极精神；2.审视古典，立足当代，领悟新时代的家国情怀。

【教学现场】

一、聆听古风，说说“谪宦”

师生一起欣赏古风歌曲《谪宦悲秋》。学生试解释“谪宦”的含义。教师明确：贬官另任新职；被贬降的官吏。这首古风歌曲《谪宦悲秋》植根于中国传统文化。这节课请大家跟随老师，来一次贬官文化的寻根之旅，我们以《长沙过贾谊宅》为起点，走进谪宦士大夫的精神世界。

二、吟诵古诗，追本溯源

1. 解题 · 追本溯源

师：我们这节课课题是“谪宦栖迟进退以忧”。看到“谪宦栖迟”，同学们联想到了哪句学过的诗？

生（齐答）：三年谪宦此栖迟，万古惟留楚客悲。（屏幕上显示《长沙过贾谊宅》，师生一起诵读）

长沙过贾谊宅

刘长卿

三年谪宦此栖迟，万古惟留楚客悲。
秋草独寻人去后，寒林空见日斜时。
汉文有道恩犹薄，湘水无情吊岂知。
寂寂江山摇落处，怜君何事到天涯。

师：这首诗怀古伤今，自怜自叹。连接着两位相同境遇的古代文人，他们是——

生（纷纷）：贾谊、屈原。

师：对，屈原，是我们能够追溯到的“贬官文学”的最早代表作家，“屈原放逐，乃有《离骚》”；另一位是贾谊，他遭排挤，从中央朝廷里的博士贬为长沙王太傅，他悲叹自己不受重用，写了《吊屈原赋》。一首诗写尽了三个人的谪宦人生，表达了他们共同的思想情感——

生1：怀才不遇。

生2：惆怅感伤。

（教师板书：怀才不遇、惆怅感伤）

2. 诵读 · 感受进取精神

师：“进退以忧”，你又会想到哪个句子？作者是谁？

生（异口同声）：是进亦忧，退亦忧。然则何时而乐耶？其必曰“先天下之忧而忧，后天下之乐而乐”乎。作者是范仲淹。

师：下面我们一起来诵读《岳阳楼记》3—5段，体会古仁人“进退以忧”忧国忧民的宽广情怀。

（生诵读3—5段）

师：描绘了两幅怎样的图景？其中蕴含了迁客骚人怎样的心境？

生1：洞庭风雨图、洞庭春晴图。

生2：洞庭湖阴风怒号时，心怀悲伤；风和日丽时，满心喜悦。

师：写了迁客骚人之后，又提到哪些人？各有什么目的？

（小组讨论后，选定一个小组代表回答）

生：又提到了古仁人和滕子京。目的是为了对比。

师：用古仁人对比迁客骚人，表达作者“不以物喜，不以己悲”的情怀和“先忧后乐”的政治抱负。以此来与好朋友滕子京共勉，传达出积极进取、自强不息的人生态度。

（板书：积极进取、自强不息）

三、品鉴赏析，游目骋怀

（一）题材相关——巴山蜀水凄凉地

师：下面我们来感受一代诗圣登上岳阳楼的万千情绪。

（屏显）

登岳阳楼

杜甫

昔闻洞庭水，今上岳阳楼。

吴楚东南坼，乾坤日夜浮。

亲朋无一字，老病有孤舟。

戎马关山北，凭轩涕泗流。

（师生诵读这首诗，教师解答关键词的意义。）

师：同是登上岳阳楼产生了悲伤之情，诗圣杜甫的悲伤因何而起？

生：与亲人音信断绝；自己疾病、衰老。

师：你读懂了诗歌颈联的意思，能不能再从尾联中寻找另外的原因？

生：国家处在战乱之中。

师：一语中的。这首诗有漂泊天涯、怀才不遇的身世之悲，更有忧国忧民，感时伤世，心系国家安危的家国之悲。同样在唐代，中唐诗人刘禹锡两度被贬，我们来读读他的感怀。（大屏幕显示）

游玄都观

刘禹锡

紫陌红尘拂面来，无人不道看花回。

玄都观里桃千树，尽是刘郎去后栽。

再游玄都观

刘禹锡

百亩庭中半是苔，桃花净尽菜花开。

种桃道士归何处？前度刘郎今又来。

（学生诵读，教师答疑）

师:第一首诗中,诗人为什么要强调这千棵"桃树"是他去后所栽?

生:"桃树"大概是指新上任的人,这些人是在自己走后被提拔、得势的,带有不屑的意思。

师(点头赞许):好,这些似乎了不起的新贵们,也不过是作者被排挤出外以后被提拔起来的罢了,强调了作者轻蔑的嘲讽。第二首诗中,诗人为什么要强调自己又回来了?

生:是在讽刺权贵们不在了。

师:读这两首诗,刘禹锡留给你的是怎样的形象?

生:不屈、乐观。

(板书:乐观旷达、执着刚强)

师:下面是新教材中出现的有关谪宦的文学作品,说说你的阅读体悟。

(屏显)新教材中有关谪宦的文学作品:

李白(唐):《闻王昌龄左迁龙标遥有此寄》《行路难》。韩愈(唐):《左迁至蓝关示侄孙湘》。刘禹锡(唐):《陋室铭》《酬乐天扬州初逢席上见赠》。柳宗元(唐):《小石潭记》。陈子昂(唐):《登幽州台歌》。李商隐(唐):《贾生》。刘长卿(唐):《长沙过贾谊宅》。范仲淹(北宋):《岳阳楼记》。欧阳修(北宋):《醉翁亭记》。苏轼(北宋):《记承天寺夜游》《水调歌头》《卜算子·黄州定慧院寓居作》。

生1:这些作者都是唐、宋人。大概这两个朝代贬官很普遍,作品也最多。

生2:唐朝的这类作品更加悲伤,北宋的这类作品更加积极昂扬。

生3:大都苦闷彷徨,渴望得到重用,实现自己的抱负,有强烈的社会使命感。

师:宋代这类作品更积极,这和宋朝重视文官,给予文官以更多的尊重和社会地位有关,人在饱受磨难的时候往往会写出伟大的作品。李后主经历亡国之痛,才有了:"最是仓皇辞庙日,教坊犹奏别离歌,垂泪对宫娥。"屈原报国无门,才有了《离骚》《天问》和《九歌》。李白被赐金还乡,逐出朝廷,才有了"长风破浪会有时,直挂云帆济沧海"。正是:诗人不幸诗歌幸,赋到沧桑句便工。

(二)情怀相因——安得广厦千万间

师:从屈原开始,中国古代知识分子有着延绵不绝的爱国主义的传统,他们大都悲天悯人,心系黎民苍生。下面这段文字中,范仲淹先天下之忧而忧的情怀体现在哪些具体行动上?

(屏显)

续资治通鉴长编

李焘

泰州海堰[①]久废不治，岁患海涛，冒民田畴。公（范仲淹）言于发运副使张纶，请修复之。纶遂奏请以公知兴化县，总其役。次年，仲淹丁母忧去职，犹以书抵纶，言复堰之利。纶表请身自督役，发通、泰、楚、海四州民夫治之，逾年堰[②]成，民享其利。

生：请求修复海堤总管这项事情。

师（追问）：次年他又做了什么？

生：去职后，仍然写信说这项工程的好处。

师：范仲淹在职为民请命，建议修复海堤；自己担当修复海堤的总指挥；离职后仍然心系这项工程。讲到修堤筑坝，我们会想起另一位在西湖修建白堤的人。

（屏显）

别州民

白居易

耆老遮归路，壶浆满别筵。
甘棠无一树，那得泪潸然。
税重多贫户，农饥足旱田。
唯留一湖水，与汝救凶年。

（师生齐读）

师：白居易在杭州做刺史三年，这是他离开杭州时的告别诗，此时他有欣慰，也有遗憾。他欣慰什么？他遗憾什么？

生：欣慰留下了一湖水，遗憾离开这么热情的乡亲们。老师，我不太明白"甘棠无一树"的意思。

师："甘棠"指地方官，代自己。他谦逊地说自己在任时一无建树，为此而惭愧。遗憾因为税重，贫户很多；旱田多，农民常有饥荒，自己却无能为力；欣慰自己筑堤治理西湖，湖水可以在干旱时救救百姓。像白居易这样的谪宦士大夫心系黎民百姓，为政一方，造福一方，有着强烈的社会使命感。他们的爱民情怀一代代传承，由此你还会想到哪些治理水患造福百姓的人物？

生：修都江堰的李冰父子；造大运河的郭守敬；修筑苏堤的苏轼……

师：流露出绵绵不绝爱民恤民之心，老百姓对这样的好官也是爱戴与难舍，让他们留名青史。（板书：心系黎民，玉汝于成）

（三）文化相承——八千里路云和月

师：官员贬谪使其处于逆境与险境，由此我们想到，个人命运艰难跌宕，祖国的命运何尝不是如此!《周易》曰:天行健,君子以自强不息;地势坤,君子以厚德载物。有着如此精神的民族,面对艰难国运,到底会如何表现?

(屏显《西南联大校歌》歌词和勉词)

满江红(下阕)

罗庸　冯友兰

千秋耻,终当雪。中兴业,须人杰。便一成三户,壮怀难折。多难殷忧新国运,动心忍性希前哲。待驱除仇寇,复神京,还燕碣。

勉词(节选)

冯友兰

西山沧沧,滇水茫茫,这已不是渤海太行,这已不是衡岳潇湘。同学们,莫忘记失掉的家乡,莫辜负伟大的时代,莫耽误宝贵的辰光。

(诵读)

师:请大家说说你所知道的西南联大,一鳞半爪也可以。

生:北大、清华、南开合并,地点在昆明。

师:为什么在昆明创办?有什么成就?

生:抗日战争时期,北平、天津沦陷。从西南联大走出了两位诺贝尔奖获得者、不少"两弹一星功勋"奖章获得者、众多两院院士……

师:在抗日战争烽火连天的年代里,华北被日军占领,为了保存传播民族文化的种子,三所大学西迁至云南昆明后方,成立了西南联大,她的存在不过9年,却成为举世公认的学术重镇,从西南联大的泥墙瓦舍之中诞生一大批杰出人才,是世界高等教育史上的一个奇迹。读了这两段文字,请大家围绕中华文化与国运的关系,谈谈自己的感想。

生:中华文化教育我们心系天下,自强不息。能写出这样大气磅礴的诗句,能有这般文化气象的民族,岂能被外敌征服!(班级爆发出掌声)

师:是的,文化是民族发展的精神血脉,传统文化是华夏文明的精神火种。自强不息的核心是"天行健,君子以自强不息",把国家命运和个人发展紧密联成一个命运体。有自强不息的人民,方有生生不息的民族,这是祖先留给我们的伟大启示。

四、传承经典,感怀时代

(屏显)

合肥大蜀山抗战记(节选)

蜀山苍苍,淝水泱泱。日寇侵华,占我庐阳。

同仇敌忾,浴血重光。创伤铭记,共谱华章。

师:合肥西郊大蜀山曾是中国军队浴血抗敌的战场,大蜀山抗战纪念墙记录了这段壮烈的历史。在民族危难时刻，是自强不息的文化所凝聚起来的民族精神，战胜了强敌。只要我们的教育、文化还在延续，就代表着民族不灭，心系天下、博爱天下的人生观和先忧后乐、奉献天下的价值观，是道德水准最高的思想体系。

五、课外阅读推荐：范仲淹的《严先生祠堂记》（节选）、苏轼的《超然台记》（节选）

【课例评析】

本节群文阅读课的教学价值，主要在教师努力践行统编教材立德树人的宏旨，积极落实阅读教学"三位一体"的理念，力图使当代社会进步与古代经典、现实困境与古代先哲智慧相结合，探索经典古诗文教学有明确的主题意识和可操作性的教学策略，对改进经典古诗文教学传统方式有积极的现实意义。从整个课堂教学实际来看，还需要改进的地方：一是群文阅读的容量和难度要适宜，要考虑学生的接受能力。二是基于先期已经学过的基础上开展，没有必要对已教过的文本再进行细致的讲解，使教学流程更精简。三是教学内容上可以仅就"贬谪文化"展开，让教学点更聚焦，避免课堂内容旁逸斜出，至于写法可以在下一次单独的拓展课上进行探究。四是要更精心地选择拓展材料，选材范围更宽广，内容更具有典型性。继续探寻群文阅读课应该怎么上才更具有完整性、层递性、可操作性与可借鉴性，也体现了对群文阅读教学的一种勇于探究与大胆实践的精神。

（发表在《中学语文教学参考》2019 年第 5 期，刊号：CN61 - 1031/G4）

《湖心亭看雪》的课堂实录与点评

【课堂实录】

（大屏幕显示课题）

师：同学们，今天老师和大家一起学习一篇古文，课题是（教师略顿，手指屏幕）——

生：（齐读）“湖心亭看雪”。

师：老师想请一位同学说说课题是什么意思？

生：作者到湖心亭去看雪景。

师：好的，谢谢你。老师再问一句，你知道湖心亭在哪里吗？（学生摇头）其他同学知道吗？（众生沉默）那我们一起来看大屏幕。

（屏显）

若把西湖比明月，湖心亭似广寒宫。——《西湖》[清]周起渭

师：让我们一起读。

（师生齐读）

师：（再问刚刚对话的学生）你能说说这两句诗的意思吗？

生：这两句诗说如果西湖是一轮明月，湖心亭就是月亮里的广寒宫。

师：非常好，现在知道湖心亭在哪里了吗？

生：在西湖里。

师：是的，湖心亭是观赏西湖美景的最佳去处。在380多年前的一个雪夜，文学巨匠独往湖心亭去看西湖雪景，他看到了怎样的一番美景呢？让我们一起走进张岱的《湖心亭看雪》。（教师板书课题、作者）

师：同学们之前知道今天上什么课吗？

生：（齐答）不知道。

师：好的，没关系，大家看自己手里拿到的影印教材。我们一起来试着读一遍课文。看看这些字音我们能否读准？

（学生试读课文）

师：我想请一位同学给大家读一读，大家推荐哪一位同学呢？

生：语文课代表。

师：好的好的，有请咱们的语文课代表好不好？

生：好！（鼓掌）

（语文课代表朗读课文）

师：嗯，非常棒，不愧是咱们的语文课代表！刚拿到课文就能读得这样流畅，看来课代表的语文功底深厚啊。那老师也想看看咱们其他同学语文功底如何。一起来看大屏幕。

（屏显）

是日更（　　）定矣；余拏（　　）一小舟；拥毳（　　）衣炉火；雾凇（　　）沆（　　）砀（　　）；与余舟一芥（　　）；有两人铺毡（　　）对坐；湖中焉得更（　　）有此人；余强（　　）饮三大白而别；舟子喃喃（　　）曰

师：你能读准加点字的读音吗？谁来试一试。

（学生踊跃举手，教师选择后排的一位学生，该学生读完，正确率较高，“强”读成第二声）

师：声音响亮，很好。其他同学有没有纠正的呢？

生：“余强饮三大白而别”中的“强”应该读第三声吧？

师：很好，“强”读第三声有“尽力”的意思。其他同学还有不同意见吗？

生：没有了。

师：那让我们一起来朗读大屏幕上的语句。

（全班齐读）

师：读古文还得注意断句，也就是停顿。同学们刚才读的过程中关注到这两句的朗读节奏了吗？

（屏显）

①湖中人鸟声俱绝。②一童子烧酒炉正沸。

师：谁来试着读一读？

生：①湖中/人鸟声/俱绝。②一童子/烧酒炉/正沸。

师：有没有不同意见？（环视学生，众生默然）看来大家都同意你的停顿。老师这里补充一个文化常识：“酒炉”即“酒垆”，在明朝一般是指“酒肆、酒店”。同学们现在有没有补充了？

生：老师，第②句我认为是：一童子/烧酒/炉正沸。

师：说说理由。

生：根据刚才您补充的内容，酒炉是专指酒店，那就不能放在一起。可以理解为“一个童子正在烧酒，炉子上的酒正烧得滚沸”。这样更符合文章内容。

师：很好，我也赞同你的意见。其他同学呢？（众生点头）下面我们一起来朗读课文，要求读准字音，读好停顿。

（众生齐读课文）

师：大家读得很棒，当然，想继续读好这篇文章，我们还得进一步了解课文大意。请同学们结合课下注释，疏通课文大意，勾画出你不太明白的词句。

（学生自主译文，老师观察课堂完成情况）

师：看来都完成了。同桌之间将不明白的词句相互交流一下，看能不能解决，如果不能再举手告知老师。

（学生们开始交流，声音渐小，没有学生举手）

师：有不明白的词句吗？（环顾学生，无人应答）看来大家结合课下注释，能够自行看懂课文了，那老师要考一考大家，课下注释中没有的这些词语你能用现代汉语说说它的意思吗？

（屏显）

湖中人鸟声俱绝（　　）；是（　　）日更定矣；惟（　　）长堤一痕；与余舟一芥（　　）；舟中人两三粒而已（　　）；余强（　　）饮三大白而别。

师：你可以说出一个或两个，如果你够厉害，也可以全部说出。

（学生踊跃举手）

生1："湖中人鸟声俱绝"的"绝"是"消失"的意思。

师：正确，你能再举一个含这个词的意思的语句吗？

生1：《三峡》中的"哀转久绝"的"绝"。

师：非常棒。其他字呢？

生2："是日更定矣"中的"是"是"这"的意思；"惟长堤一痕"中的"惟"是"只"的意思；"舟中人两三粒而已"中的"而已"是"罢了"的意思。

师：这位同学很厉害，一下子准确地说出三个词语的意思，看来积累深厚啊！还有剩下的两个词语呢？

生3：老师，你前面说过，"余强饮三大白而别"中的"强"是"尽力"的意思。

师：哦，你真细心。是的，我在纠正大家读音时，说过这个词的意思，这位同学顺手记录在书上，这真是一个好习惯。还剩最后一个。

（众生默然）

师：看来大家都不知道，那老师来告诉大家吧，"与余舟一芥"中的"芥"是"小草，比喻轻微、纤细的事物"的意思。大家批注在这个词的下面。

（学生批注）

师：看来，这些常见的文言词语意思，大家积累得很扎实，我们学习古文还要积累一些与传统文化相关的词语，比如说课下注释中这两个词：

（屏显）

更定：更，古代夜间的计时单位，一夜分为五更，每更约两小时。旧时每晚八时左右，打鼓报告初更开始，称为“定更”。

三大白：白，古人罚酒时用的酒杯。这里代指酒。

师：我们一起来读一读。

（师生齐读）

师：了解这些词的意思，有助于我们了解传统文化常识。比如说“更”，现代汉语里有个成语叫“夜半三更”，大家现在知道“三更”是什么时间段了吗？

生：夜里十二点到凌晨两点。

师：是的。还有“白”，原来是指古代罚酒时用的酒杯。大家还知道古代用来表示“酒杯”的词语有哪些？

生1：樽。

生2：壶。

生3：斗。

师：非常好，还有大家学习过的《月下独酌》中的“酌”，还有“盅”，今天我们依然在用。看来，词语翻译是难不倒大家了，那么句子翻译呢？全文最难翻译的是这一句话：

（屏显）

湖上影子，惟长堤一痕、湖心亭一点，与余舟一芥、舟中人两三粒而已。

师：哪位同学来试着用现代汉语说说这句话的意思？

生1：西湖上的影子，只有长堤上一道痕迹，湖心亭一点点，和我的小船……（顿住）

师：哪位同学愿意帮助他一下？

生2：老师，我觉得把“一痕”“一点”这样的词语翻译时挪到前面更好。

师：哦？那你试试看？

生2：西湖上的影子，只有一道长长河堤的影子，一点点湖心亭，和我的一芥小船，小船上两三粒人影罢了。

师：你翻译得非常好，同时告诉我们一种方法，有时我们要根据现代汉语的习惯调整文言文的顺序。但老师还有点疑惑：我们今天会用“一芥”这个词形容船吗？

生：（齐答）用一叶。

师：是的，所以啊，有的词语我们得换成现代汉语。还有，“一点点湖心亭”意思好像不够清楚，哪位同学来试试翻译得更清楚一点？

生：一点湖心亭的影子。

师：很好，意思正确，但是我感觉前面已经有了“影子”，这里换个什么词可以避免单调感呢？

生1：样子。

生2：轮廓。

师：大家认为哪个词更雅呢？

生：（齐答）轮廓。

师：是的，我也赞同。可见文言文翻译还得注意用词的典雅。我们一起来看教参所给的参考译文：

（屏显）

湖上（比较清晰的）影子，只有（淡淡的）一道长堤的痕迹，一点湖心亭的轮廓，和我的一叶小舟，舟中的两三粒人影罢了。

师：还有其他不懂的语句吗？（众生摇头）看来没有了，让我们再齐读课文，边读边感受文意。

（学生齐读）

师：弄懂了课文大意，我们再看课题“湖心亭看雪”，请你根据文意将题目扩展成完整的一句话。

生1：张岱湖心亭看雪。

师：嗯，他补充了“人物”这一要素。

生2：张岱晚上八点到湖心亭看雪。

师：好，又加了“时间”这一要素。那题目有没有告诉我们文章的主要内容呢？

生3：看雪。

师：很好，让我们跳读课文，快速在文中找一找，张岱写雪景的句子有哪些？（板书：雪）

生：“雾凇沆砀，天与云与山与水，上下一白，湖上影子，惟长堤一痕、湖心亭一点、与余舟一芥、舟中人两三粒而已。”

师：有不同意见吗？（众生摇头）看来大家意见一致啊。这句写得太好了，好到什么程度呢？老师告诉大家，这两句写绝了西湖雪景，后来再无人超越了。有同学疑惑了，美在哪儿呢？我怎么没有感觉到？今天我们一起来欣赏，先请一位同学读这两句。

（一位学生朗读）

师：这位同学朗读很好，读音准确，节奏明确，但缺少一点味道，来看大屏幕。

（屏显）

雾凇沆砀，天与云与山与水，上下一白。

（画横线的用蓝色标注，其他用红色标注。）

师:大家读蓝色字,我读红色字。

(师生分读)

师:老师和大家读得有什么不一样?

生:老师的语速慢。

师:你说得很好,老师边读边想象句中出现的事物,自然就慢了。现在我们换过来读。

(老师读蓝色字,学生读红色字。)

师:嗯,读得也慢了。再连起来读。(学生齐读)

师:读得很好,但老师感觉三个"与"字似乎重复了,去掉后再读一读。(学生齐读)

师:可以去掉吗?

生:不可以,有了"与"字,感觉所有的景物都连在一起,天和地都是白茫茫的。

师:太棒了,这位同学能够用语言描绘自己读到的意境,了不起。三个"与"字将天地连为一体,细心的同学发现了吗?两句话中,只有三个"与"吗?

生:还有一个"与余舟一芥"的"与"。

师:是的,"与"字不仅上下相连,而且远近相连,大小相连,"与"字可谓妙极!把作者也"与"入这茫茫的天地之间。(学生笑)我们再读第二句。

(屏显)

湖上影子,惟长堤一痕、湖心亭一点、与余舟一芥、舟中人两三粒而已。(画线字蓝色标注)

湖上影子,惟长堤一道、湖心亭一座、与余舟一艘、舟中人两三个而已。(画线字红色标注)

(女生读上句,男生读下句)

师:女生读的是原文,男生读的是改文,能否替换原文呢?为什么?

生:不能,原文的词更符合情境。

师:能不能具体说说你感受到什么样的情境呢?

生:是一种朦朦胧胧的感觉。

师:你的感觉很好。(学生笑)原文的几个词将"湖上影子"写得若隐若现,似有似无,营造出如梦如幻的意境。而替换的词过于清晰,不符合实际,意境全无。看来大家都有美的感觉了,老师反而觉得这两句中用了那么多"一",是不是很单调,破坏了美感呢?

(屏显)

雾凇沆砀,天与云与山与水,上下一白,湖上影子,惟长堤一痕、湖心亭一点、与余舟

一芥、舟中人两三粒而已。（“一”用红色标注）

生：不单调。感觉前面的“一”是个整体，后面的“一”是分开的。

师：很好，看来每个人的感觉都好起来了。（学生笑）确实如此啊，前句中“一”字写出天地之间的迷蒙苍茫，后句中“一”字写出了堤、亭、舟的微小，前句极大，后句极小，在极大与极小的对比中，人如沧海一粟。天和人就是通过这“一”合在一起，达到了“天人合一”的精神境界。这就是前面说过的为何张岱“此句一出，无人超越”的原因。（板书：迷蒙苍茫）

师：让我们再齐读课文，感受“天人合一”的美妙境界吧。

（学生齐读）

师：太美妙了，老师也想体验一下，今天我试着用吟诵的方式来读，同学们感受一下不同之处。课下如果你对吟诵感兴趣可以找一找资料来了解一下，这可是非物质文化遗产啊。

（老师吟诵，全场鼓掌）

谢谢大家的掌声，其实古人写文章都是通过边写边吟的方式创作的，所以啊，吟诵最接近作者当时的创作情境。说到这儿，老师突然有个问题，我们遇到美景一般都会运用多种修辞去描述，比如朱自清的《春》，但这两句运用了修辞吗？

生：没有。

师：虽然没有运用修辞手法，却依然美得令人陶醉。这是一种什么手法呢？（众生默然）老师告诉大家，这是一种白描手法。一起看大屏幕：

（屏显）

这种文字简练朴素，不加渲染，不事雕琢，寥寥几笔就勾勒出绝妙的湖山夜雪图的写作手法，叫白描手法。

师：问题又来了（学生笑），我们遇到自然美景时，往往喜欢反复渲染，而作者为什么只用白描手法呢？老师补充一则材料：

（屏显）

无论山水，还是园林，张岱都崇尚清幽、淡远、自然、真朴。这种审美意趣和追求，反映在他的山水小品文中。——《文学教育》

师：我们一起读材料。

（师生齐读）

生：因为张岱崇尚自然，白描就是纯天然的，符合张岱的审美意趣。

师：说得非常好。在别人看到美景极尽渲染之辞时，张岱却喜欢用淡远自然的心境看待美景，这正是他审美意趣异于常人之处。

（板书：淡远自然的审美意趣）

师："一切景语皆情语"，这种审美意趣看出他内心怎样的情怀呢？我们再看标题，齐读。

（学生齐读标题）

师：为什么标题不用"湖心亭赏雪"，而用"湖心亭看雪"呢？解决这个问题前，我们再跳读课文，找一找看雪者有哪些？（学生们看板书）

生1：张岱、舟子、童子、亭子上两个人。

生2：应该还有其他人，通过"舟中人两三粒而已"看出"舟上"不止张岱和舟子两个人，估计还有其他人。

师：你读得很细致。老师的问题又来了，在张岱的眼里，真正看雪的人有哪些呢？同桌之间相互讨论一下。（学生讨论）

师：在张岱眼里，舟子是真正的看雪者吗？

生：不是。

师：为什么这么说？

生：因为文中写道"独往湖心亭看雪"，其实不止张岱一人，但他还说"独"，说明在他眼中舟子不是真正的看雪者。

师：言之有理，那童子是看雪者吗？

生：也不是，他只是来烧酒，做服务工作的。

师：是的，无论是童子还是舟子，都不是心甘情愿来看雪的。谁愿意大雪寒夜，半夜出门的啊，躺在被窝里多舒服啊！（学生笑）可见这些俗世之人都不入张岱法眼，那铺毡对坐的两人张岱是怎么看的呢？大家再讨论。（学生讨论，老师参与其中一组，指导学生）

师：我请这组的这位同学回答。

生：张岱认为他们也不是真正的看雪者。从两点可以看出：首先，张岱"拥毳衣炉火"带"一舟子"，可见他只带了必备物品，非常简单，完全是冲着看雪去的。但这两个人却带着毡子、酒、炉子、童子，装备齐全，可见这两个人不是看雪的，是去享受的，是"赏雪"；第二，张岱说"拉余同饮。余强饮三大白而别。"一句看出，张岱是不愿意和他们喝酒，只不过碍于面子，不得不应付一下，从"白"也看出他不高兴，后面两人的客套话也是答非所问，表明张岱是不喜欢这两个人的，对这两人破坏了自己的雅兴感到不满。

师：回答得非常精彩。（鼓掌）老师刚才看时间不多了，怕问题太难，只是点拨了这位同学一下，没想到回答如此精彩，谢谢你。其他同学有没有不同意见的？

生：我认为张岱遇到这两个人是高兴的，因为从后文"莫说相公痴，更有痴似相公者”一句看出，张岱借舟子之口来表明自己和亭上两人是一样地痴迷这样的雪景。

师：读书有自己见解，不受他人干扰，很好。老师请大家齐读课下注释①。

（生齐读课下注释①）

师：我再补充一则材料，大家一起看：

（屏显）

必也寻三外野人（三外野人：南宋诗人郑思肖在宋亡后隐居吴下，自称三外野人），方晓我之衷曲。——张岱《自为墓志铭》

意思：只得寻找三外野人郑思肖那样的隐士，才能知晓我难以吐露的情怀。

师：现在你的见解有变化吗？

生：有。

师：说说看。

生：说明在张岱看来，只有已故的南宋诗人郑思肖才懂他，当世之人无人懂他。

师：是的，这是张岱自己写的墓志铭。只有经历了亡国之痛，且坚守内心操守的人才懂张岱的内心，在张岱看来，世俗无人能懂他内心的亡国之痛，故国之思。虽然此事发生在明朝，但写作却在明亡之后。事情无需考证真假，张岱内心的情感却是真真切切！这是一种怎样的内心情怀呢？试着用四字词语说说。

生1：亡国之痛。

生2：故国之思。

生3：孤高自傲。

生4：高洁傲岸。

生5：保持操守。

师：我们选择两个词来概括：遗世独立的操守和孤高自赏的情怀。（板书：遗世独立孤高自赏）在张岱看来，舟子乃世俗之人，自然不懂这种文人雅趣；亭中两人虽有雅趣，去只为湖心亭赏雪，不懂他看雪的孤独。这就是独往湖心亭看雪的张岱，纵然对故国有万般的眷恋，也无力扭转乾坤，唯有独隐山林，在日升月落，雨洒雪飘中追忆前朝往事，重温故国的繁华与美丽，这是何等的悲凉与孤独啊！（板书：独）

让我们再次齐读课文，感受三百八十多年前张岱看到的天人合一的雪景，感受孤高自赏的张岱内心深处的亡国之痛吧！

（学生齐读）

师：课后作业请看大屏幕：

（屏显）

1. 熟读成诵；2. 试着从描写手法和表达感情角度比较本文和柳宗元《江雪》的异同。

师:好的,感谢同学们的精彩表现,下课。

附:板书设计

湖心亭看雪

张岱

雪——迷蒙苍茫　淡远自然

独

看——遗世独立　孤高自赏

【教学点评】

此课获第六届“教育艺术杯”全国中小学语文教师课堂教学大赛一等奖第一名,依据上述课堂教学实录,结合之前的教学设计及构想,下面做具体教学评析:

教学创意颇新。陈锋老师的教学创意颇新。首先解读较深,《湖心亭看雪》作者张岱以清闲淡雅的笔墨,把湖心亭的夜间雪景写得气象雄浑、朦胧苍茫,传达出西子雪妆的丰姿神韵,强烈地抒发了遗世独立的操守和孤高自赏的情怀。其次,他在深入文本研读时,在对“湖心亭奇遇”的理解与教参解读有所不同,且能通过词句加以佐证。教参教读为“作者借对方大喜来表现自己欣遇知己的惊喜”,纵观整段文字,无法得出此结论。相反,结合前文写景和后文叙述,定位在作者更多表现的是自己的孤高自赏的情怀和遗世独立的操守。最后,他设计了研讨环节“在张岱眼里,谁是真正的看雪者?”这一问题,将学生引导到作者内心世界的感悟,达到了很好的效果。在整体教学中既有创意,但也没有偏碎,这是一个了不得的功底。

读法多种多样。陈锋老师在教授《湖心亭看雪》整节课中,读法多种多样,就是先通过诵读法,让学生体会出作者在描绘西湖雪景时的审美意趣;再通过品读法,品味“独”字,让学生感受作者在文中流露出的孤高自赏的情怀;最后通过吟诵法,引导学生怎样读懂张岱,怎样才能走进作者的内心,让学生读懂张岱高洁的操守、不懈的追求及独善其身的境界。陈锋老师带着学生一起对这样的美文做一点吟诵的指点,非常值得赞赏,教学中有朗读、默读,也可以有吟诵,这是赏析的一种技能、手段,在音节的美感上具有独特性,用自己理解的吟诵去朗读这样的美文,有一种美感。这一点是一般老师在讲课中不太涉及,或者即便涉及,也不够到位的地方,特别是运用吟诵的方法是这堂课的一个生发点,也是一个激发点,体现了语文教师在中国传统文化上的积淀和感悟,也是一种对学生诵读的引领,学生通过不同形式的朗读,进入文本,真正感受到张岱的内心情感,而不是概念化的记忆。

导入独具特色。陈锋老师的导入可谓别具匠心,他选用了清代周起渭的一首诗“若把西湖比明月,湖心亭似广寒宫”。这种导入并不是简单的引入课题,可见陈老师在课文导入上花费了大量精力。这也给我们很大启示,那就是导入不是肤浅的,它应该能引起注意,它不是简单的教学环节,而是教学学习中深入推进的起始。

教学线索清晰。如果从“新”的角度来看,本课的一条线索贯彻其中,可谓耳目一新。开课时用一首近乎白话的古诗,学生一读就懂,让远在内蒙古的学生一下子找准了湖心亭与西湖的关系。最新奇的是在文意解读的过程中,大家逐渐发现,这首诗的意境与文意越来越切合,尤其是文末,当师生感受到张岱的孤独,是当世无人能懂的孤独时,大家忽然就想起了广寒宫中独处的嫦娥,令人遐思无限。这样的质朴典雅,看似不经意却又串联整节课,可谓匠心独运。

课堂推进有序。整个课文推进过程之中,从读准字音、读好节奏、读懂文意,一直到阅读过程,他在疏通文意中积累与传统文化相关联的词语,之后整体上概括文意再研读课文,特别是到最后把“看”“赏”这样的词语拿出来作比较的过程中,最终带同学们读懂了字,读懂了义,读懂了意境,读懂了作者,读懂了中国文人的那样一种文化气节和精神。推进有序让我们看到陈老师一步一个阶梯,引领学生学习,一点一点迈进,带动学生去研读,最终读懂文化。

把握意境深邃。《湖心亭看雪》作为我们成年人来说,读懂意境不是太难,但是对于一个刚刚上八年级的学生来说,读懂意境是有一点困难的,陈锋老师在这一点上投入精力,特别关注,悉心指导,让学生能够深刻领悟。能够在教学中突出这一重点,看得出陈锋老师在课堂教学中在把握深邃意境、读懂意境上颇下功夫,这样非常好。希望我们老师在研究过程中能够把研究的成果转化成语文教学的生产力,回归在常规教学中。

传统文化引领。课程改革的成果能够继续深化,特别提倡将中华优秀传统文化与现代语文课堂教学实践结合,陈锋老师的课堂教学尤其体现了这个理念,这一点值得肯定。比如说在疏通文意这个大环节下,他把积累与传统文化相关的词语,如“更”“白”等的品味,小到字词大到意境,都进行了深刻解读,落到实处。这样很自然而然地贯穿其中,更能体现出教师对文化传承的引领。

板书设计精炼。陈锋老师在板书设计上比较精炼,体现一个“雪”字,表现了迷蒙苍茫、淡远自然的意境;抓住一个“看”字,体会遗世独立、孤高自赏的情怀;突出一个“独”字,表达作者的操守和境界。整体把握准确,用词精炼,能在更深的层意上,在更广阔的美的意境下去感悟美文,这样的一种基本功是比较深厚、扎实的。

在《湖心亭看雪》中,关于景物描写,一般而言,大家知道湖心亭看雪本身是借景来传递一种情,而这种情思更多的是一种意境和文化,绝大多数老师会在赏雪景的片段上下功夫,这本身也是文章最精彩的部分。陈老师由于想留出更多的时间让学生走进作者的内心,去感受从中传递的中华传统文化,所以在关于景物描写的精彩美感上,力求推向一个高度，教师个人带着学生投入精力不足，学生是跟着教师走的，但更多的感悟是来自教师的，倒不如给学生摸得着、看得见的精彩片段赏析的时间、精力稍稍多一点。另外，在熟悉“言”上花费的时间较多，后面深入文章中心有点仓促，留给学生思考的时间不够充分，这一点上可以再作调整。

（发表在《语文教学通讯》2019年第8期，刊号：CN14－1017/G4）

整本书阅读“三课型”指导方法

——以《骆驼祥子》为例

根据教育部最新颁布的语文课程标准要求，初中阶段要“学会制订自己的阅读计划，广泛阅读各种类型的读物，课外阅读总量不少于260万字，每学年阅读两三部名著”。新课标特别提倡“多读书，好读书，读好书，读整本的书”，如何有效地指导学生对整本书进行阅读，成了中学师生共同关注并亟待解决的问题。在此，我们探索整本书阅读“前期导读课—中期推进课—后期展示课”三种课型指导策略，促进教师对整本书阅读教学的落实，提高学生阅读整本书的能力。

一、整本书阅读“三课型”构想

指导学生阅读整本书“三课型”的实施是系列性的，需要充足的时间保障。教学安排时数三课时：第一课时为“前期导读课”，教学任务是课前收集整本书的相关信息，激发学生阅读兴趣，引发阅读期待，教会学生阅读整本书的方法，规划阅读计划，提出阅读建议，初步阅读整本书梗概；第二课时为“中期推进课”，让学生选读精彩部分，感受经典名著魅力，形成阅读能力，由课内向课外拓展，把学生原生态的阅读引向语文教学专业指导的阅读，逐步形成成熟的阅读策略；第三课时为“后期展示课”，培养学生深入探索文本精华的能力，通过过程性阅读，形成有效的阅读方法，进行主题探究，分享阅读成果，体验阅读乐趣，让学生真正学会阅读，养成阅读习惯。

二、整本书阅读“三课型”基础准备

在指导学生阅读整本书过程中，教师的第一要务是整合资源，设计阅读任务清单，创设良好的阅读情境，让学生在关键内容的探究、深度阅读过程中丰富情感和生命体验。具体经过以下三个阶段的准备。

（一）课前教师备课是关键

教师首先要精心备课，这种备课是整本书视域下的备课。应关注自身学养的提升和通权达变的能力，要把书读懂读透，对学生的兴趣点和疑难问题要有所了解，知晓这节课要达成的目标，导读课前调查学生对作品及作者的了解程度、阅读时关注的内容；导读课后，及时跟进学生的阅读进度，了解学生对文本理解的深度；推进课后，了解学生深入阅读的进度、主题展示的形式，加以指导总结。当然，教师必须读原著，要对整本书作概括性的解读。如《骆驼祥子》，以20世纪20年代末期军阀混战时期的北平市民生活为背景，以人力车夫祥子的坎坷、悲惨的生活遭遇为主要情节，深刻揭露了旧中国把

“人”变成“鬼”的黑暗,控诉了统治阶级对劳动人民的残酷盘剥和压榨。这部揭示旧中国城市底层劳动者悲惨命运的现实主义巨著,不仅代表着老舍创作水平的高峰,还代表着我国20世纪30年代文学的水平与成就。毫无疑问,即使最优秀的语文老师,也不可能对所有经典作品谙熟于心,随着人生阅历的丰富,也有必要重读、细读,迫使不读书的语文老师去读,激励爱读书的语文老师重读。

(二)课中指导阅读六步骤

文本背景与学生的生活环境相差很大,加之部分学生阅读量较小,对于相关历史知识了解较少,这些都影响了他们阅读整本书的兴趣。学生在进行阅读时,更多的是走马观花式地了解故事情节,对人物内涵、主题思想、写作特色等方面,思考得很少。所以,指导阅读策略步骤是:(1)了解主题概念。面对一本新书,先带学生看封面的书名、插图、出版社等信息,再看扉页,然后读序言,对本书主题有所了解后,归纳主题概念类型。如果有后记、跋等要仔细读。(2)了解基本结构。研究目录页,对本书基本架构作概括性理解;了解《骆驼祥子》的内容,激发学生阅读的兴趣。(3)了解重要词目。如果有索引页,快速检阅索引,找重要词语并且快速翻阅相关页。(4)了解作者生平,读一读作者简介以及宣传文案,有助于了解这本书。(5)选择几个跟主题相关的章节看,通过圈点批注法,让学生自主探究祥子人生悲剧的原因及老舍的语言特色。(6)了解书中篇章体例,对文章有品悟之处,可记录下来。

(三)每课课后有相关练习

让学生充分阅读整本书,了解故事情节、揣摩人物形象;推进课后,学生从给出的主题中选择一个,利用一周时间,通过圈点批画的方法深入阅读与主题相关的内容,小组合作完成汇报展示的内容。每课课后都有相关练习,并且呈螺旋式推进。

三、整本书阅读“三课型”教学实施及策略

(一)前期导读课

在师生共读整本书后,导读课利用问题牵引阅读,阅读方法的点拨主要是知主题、看结构、读序言、识作者、概述故事,帮助学生阅读整本书的内容。前期导读的学习策略是:激发兴趣—了解背景—浏览全书—设疑引读—课外细读。下面看教学片段:

教师用悬念式导入主题,出示黄包车的幻灯片。老舍的《骆驼祥子》中,祥子为了有一辆自己的洋车,没命地拉车、攒钱,可他偏偏命苦,攒到最后也没能真正拥有属于自己的车。这是怎么回事呢?这节课我们一起走进一百年前人力车夫的生活。教师让学生说说自己对老舍的了解。

生1:早在1968年,老舍获得了诺贝尔文学奖提名,但他又与这个奖失之交臂。

生2:老舍的作品已被译成20多种文字,独特的幽默风格、浓郁的民族色彩,以及从内容到形式的雅俗共赏，赢得了广大读者的喜爱。

生3：老舍的作品大多取材于市民生活，为中国现代文学开拓了重要的题材领域。他所描写的自然风光、世态人情、习俗风尚，运用的群众口语，都呈现浓郁的“京味”，其作品中以长篇小说《骆驼祥子》《四世同堂》最有代表性。

师：《骆驼祥子》是老舍20世纪30年代的代表作，它的出版标志着老舍小说创作的成熟，同时也产生了广泛的世界影响。

接下来是“导读激趣竞答”环节，播放《骆驼祥子》电视剧的片尾曲《四季风》，老师让学生留意画面和歌词，说说从中了解到哪些信息。让学生再默读《骆驼祥子》的封面、封底、宣传文案，从体裁、故事发生的地点、祥子最大的梦想、祥子拉车经历了几起几落等导读部分抢答，大大激发了学生的积极性。

在教师设计“设疑引趣”环节，提出本书的主人公祥子一开始是什么模样的问题，让学生读第一章中祥子的外貌描写。再抛出问题——祥子的最大梦想是拥有一辆属于自己的车，他的梦想实现了吗？——引导学生继续默读“祥子的手哆嗦得更厉害了，揣起保单，拉起车，几乎要哭出来。……拉了半年，他的希望更大了：照这样下去，干上二年，至多二年，他就又可以买辆车，一辆，两辆……他也可以开车厂子了！”部分。

在进入导读后，出示问题：

（1）请简单介绍小说围绕祥子主要讲述了哪些故事。

学生用自己的语言概括故事情节：

奋斗三年挣钱买了车→被十几个大兵抢了车→卖骆驼又攒了买车钱→被孙侦探抢了买车钱→结婚后靠虎妞买了车→最后下葬虎妞又卖了车。

师：三起三落

（2）根据梳理出的情节，试着概括祥子的“命运三部曲”：

生1：精神向上—不甘失败—自甘堕落。

生2：希望—挣扎—毁灭。

生3：小说主要讲述了人力车夫祥子人生中三起三落，由人堕落为“兽”的悲惨遭遇，表达了作者对当时黑暗社会的批判，对像祥子一样在社会最底层的劳动者苦难命运的同情和关怀。

请学生继续默读：“人把自己从野兽中提拔出，可是在现在人还把自己的同类驱逐到野兽里去。……现在，他故意的要坏；摔死谁也没大关系，人都该死！”部分。

师：小说的开头与结尾，祥子的形象发生了翻天覆地的变化，这中间究竟发生了什么？请大家自己到书中寻找答案吧！

教师再次布置阅读任务：1. 利用两周时间，细读《骆驼祥子》。2. 准备复述《骆驼祥子》的故事情节。③梳理与祥子相关的人物。

（二）中期推进课

为了推动学生阅读进展，把学生原生态的阅读引向语文专业阅读，中期推进课主要学习怎样读小说，重点是指导学会阅读小说的方法，采用阅读整本小说的“五步阅读法”：一是读题目，思考含义；二是读故事，梳理情节；三是读人物，分析形象；四是读背景，总结主旨；五是读语言，体验特色。下面教学实例，既有宏观的“五步阅读法”，又有深度阅读的“圈点批注”。

第一个环节是教师以题目蕴含的深意为契机，引导学生关注书名，结合整本书内容，揣摩作者命名的深意。

设计问题：小说的题目“骆驼祥子”主要包含哪些含义？

生1：这是本书主人公祥子的外号。祥子与骆驼之间有个故事，因为这个故事祥子有了这个称号。

师：请同学们找找书中关于骆驼的描写，看看还有什么发现？

生2：“骆驼”还象征着一种精神：坚忍、吃苦耐劳，祥子身上具有骆驼一样的品质。

生3：以“骆驼祥子”来命名有三层含义。一是点明小说的主人公——祥子；二是概括著作的一个主要情节——“骆驼祥子”称号的得来；三是揭示主人公的性格——像骆驼一样吃苦耐劳、沉默憨厚。

在“读故事，梳理情节”环节，不能仅停留在了解、复述的层次上，只引导学生关注情节的细致解读，还应对其进行概括、总结，梳理出层次性。

这节课的教学重点是厘清人物关系。在“读人物，分析形象”时，教师引导学生深入读整本书，整体把握，设计思考下面的问题：本书的主人公是祥子，与祥子相关的人物有哪些？分别是什么关系？

教师让学生试着用思维导图梳理人物关系。

学生分小组合作回忆书中人物，绘制思维导图，教师巡视指导。

学生分组讨论，教师相机指导，学生出示手绘导图，教师归纳、提炼、汇总。这个环节的目的是聚焦小说的核心人物，通过梳理书中人物与核心人物的关系，进一步帮助学生回顾小说内容，理顺人物关系，运用思维导图，强化学生思考过程的条理性、逻辑性，锻炼提炼和概括能力。下一个环节再深入一步，通过对人物的分类，进一步引导学生厘清人物内在的关联，为后面分析形象、总结主旨做好铺垫。教师设计问题牵引：书中人物众多，如果让你给他们分类，你会怎样分？请说出依据。

生1：根据与祥子关系的亲疏，我将书中人物分为两类：

一类是与祥子关系密切的——虎妞、小福子、刘四；另一类是与祥子关系不太密切的——老马、二强子、曹先生、曹太太、孙侦探、高妈等。

师:围绕核心人物,根据作者着墨的分量,我们可以这样来分类。还有其他的分类方法吗?

生2:根据书中人物的身份,可以把他们分为三类:

第一类:和祥子一样受苦受难的底层民众:小福子、老马。

第二类:推动祥子走向深渊的压迫者、剥削者:刘四、虎妞、孙侦探。

第三类:帮助过祥子、使他的生活拥有过一点明亮的人:曹先生、曹太太、高妈。

师:找到书中祥子的相关事例,分析其形象性格的前后变化。

生:由人变"兽",人生道路上的三部曲:1. 在自食其力的劳动中充满自信与好强;2. 在畸形结合的家庭中痛苦无奈地挣扎;3. 在极度绝望中扭曲了灵魂,堕落成走兽。

在"读背景,总结主旨"环节,教师介绍背景:20世纪二三十年代正是中国现代史上最黑暗、最混乱的多灾多难的年代。新旧军阀不断争权夺势的混战,再加上各种自然灾害的横行,使得中国农村迅速走向破败。而成批破产的农民,为了谋求生路纷纷涌入城市。祥子就是这些涌入城市的破产农民中的一个典型。

教师适当补充作品背景,进一步激发学生探究性阅读的兴趣,为学生阅读的深入思考提供一些方向。

最后在"读语言,体验特色"环节,教师放手让学生用圈点批注的方法,自主阅读并批注。教师补充相关知识并进行方法指导。批注分类:"眉批"批在书头上;"旁批"批在字、词、句的旁边,书页两侧;"夹批"批在字行的中间;"尾批"批在一段或全文之后。可以给自己设定一些圈点和批注的符号,形成固定使用的习惯,这样后期整理时才不至于凌乱。(可参考部编版七年级下册《〈骆驼祥子〉:圈点与批注》)

仅教会学生阅读一本小说还远远不够,教学中应注重"授之以渔",教会学生系统阅读整本书的方法。在教师引导下学生学会初步运用"圈点批注"法,有助于今后的深度阅读和自主阅读。

最后出示课后任务清单,围绕所选主题,进行深度阅读,自由选择展示形式,小组合作,准备汇报的内容。

(三)后期展示课

后期展示课采用了"关注过程性阅读、主题探究性成果阅读分享、课后阅读拓展"的策略。具体做法是课前发放阅读专题清单,小组合作讨论探究专题内容,自主选择展示形式(朗读、思维导图、海报、表演、说一说、PPT),再推广各自好的阅读方法。

师:下面请各组展示个性化的探究成果。

学生各自出示成果展示探究专题,专题集中在这几个方面:

(1)除了祥子,小说中其他主要人物有什么特点?

(2)祥子最终走向毁灭的命运悲剧的原因有哪些?老舍从中想表达怎样的思想主旨?

(3)《骆驼祥子》在语言表达上有什么特色?

分组汇报探究性阅读成果。

学生1:选择专题(1),采用图文结合的形式。

生1:①虎妞。车厂老板刘四爷的女儿,三十七八岁。她长得虎头虎脑,外表丑陋,小说中说她像一个大黑塔,不讲仁义,粗俗凶悍,待人泼辣,用祥子的话来说,她做哥们儿好,但难把她当作一个女人看待。对外人她不讲理,但是对祥子,她的确是真心爱他的,她想在祥子身上找回被自私的父亲剥夺的青春。

②小福子。她眉眼长得很匀调,没有什么特别出色的地方,可是结结实实并不难看。她年轻,她要强,她勤俭。她为家庭牺牲了一切,但也有着对自己幸福生活的追求。假若祥子想再娶,她是个理想的人。

③高妈。心地善良、为人要强的老妈子,乐于助人,经历了不幸,学会了在旧社会最底层生活的方法,有自己的想法,常常开导祥子,是一个祥子很佩服的人。她保留了大多数劳动人民的善良、质朴,生活教会了她如何在社会上为自己找生路,做事也仔细有心眼。

学生2:选择专题(3),采用朗读、PPT等形式。

生2:模仿北京方言,朗读《骆驼祥子》片段,品析"京味儿"。"热汤像股线似的一直通到腹部,打了两个响嗝,他知道自己又有了命……"

生3补充:写祥子从军阀部队逃出来以后喝馄饨时,完全用北京市民的口语,口中含汤的细节,热汤传身的感觉,使祥子获得生命存在的心理体验。

生4:通过PPT展示"幽默"的片段。"头不很大,圆眼,肉鼻子,两条眉很短很粗,头上永远剃得发亮。腮上没有多余的肉,脖子可是几乎与头一边儿粗;脸上永远红扑扑的,特别亮的是颧骨与右耳之间一块不小的疤——小时候在树下睡觉,被驴啃了一口。他不甚注意他的模样,他爱自己的脸正如同他爱自己的身体,都那么结实硬棒;他把脸仿佛算在四肢之内,只要硬棒就好。是的,到城里以后,他还能头朝下,倒着立半天。这样立着,他觉得,他就很像一棵树,上下没有一个地方不挺脱的。……"

学生5和学生6:选择专题(2),采用海报形式。

生5:祥子命运悲剧的原因:

①主观方面:个人奋斗的理想。祥子的悲剧在于他的长期"执迷不悟"和个人性格上、心理上的弱点。接踵而来的打击使祥子滋生了自暴自弃的念头。他曾经全力反抗命运却最终屈从于命运的安排,他曾经对虎妞干预他生活的企图有所抵制,却最终受制

于她，最后在虎妞身亡而小福子又自尽以后，他的道德之柱彻底崩溃，终于自我放纵，跌入了流氓无产者之列。

②客观方面：一是把人变成鬼的旧社会的逼迫。二是虎妞的诱骗，祥子的生活理想与虎妞的生活理想截然不同，存在尖锐的冲突。三是小福子的自杀，这也直接导致了祥子的彻底绝望、彻底堕落。

生6：《骆驼祥子》的思想主旨：祥子的命运是旧中国广大城市贫民悲惨命运的缩影，祥子的悲剧真实地揭示了旧社会对劳苦大众的残酷剥削。老舍用他那犀利的文笔，描画出祥子身上农民的性格、气质和心理特征。这个如同骆驼一样吃苦耐劳的汉子，是那么淳朴、善良、宽厚；而他的堕落，又是那么令人深思。

展示过程中，师评、生评结合，及时肯定优点，适时引导、补充、提升。

师引申思考：对于个人和集体、国家的关系，我们能从《骆驼祥子》中得到什么启示？推荐阅读柳青《创业史》，运用阅读整本小说的“五步阅读法”和“圈点批注法”阅读作品，也可通过电影、绘画等其他形式的阅读，引导学生深入阅读整本书，整理成一篇读书报告（或读书心得），在阅读课上展示交流。

整本书阅读“三课型”指导策略，力求做到：教师“有备”，课堂“有序”，课外“有读”，学生“有得”。但总觉得对学生的阅读指导方法需要探索其多样性和灵活性。正如苏霍姆林斯基所说：“让学生变聪明不是补课，而是阅读，阅读，再阅读。”还要不断地研究整本书阅读策略，激发阅读兴趣，使学生乐读；指导阅读方法，使学生会读；推荐经典读物，使学生多读。我们应该让学生形成自主阅读的意识，培养学生的语文思维，提高学生的人文素养。

总而言之，整本书阅读指导，需要在激趣、读法指导等共性策略下，关注文本的特点、学生的阅读初始水平，因材施教，才能实现有效的阅读，促进学生阅读素养的提升。希望教师成为2019年新教材实施后，全面落实新课程在整本书阅读方面的探索者。

（2017年7月在全国教育科学十三五科研课题“中华传统文化与现代语文课堂教学实践研究”年会举办的“草原笔会”活动中获一等奖）

指导学生阅读非连续性文本的研究

如何进行“非连续性文本”阅读教学？对于这个问题，笔者随机对身边的多位初中语文教师进行了调研。而他们开展阅读指导的方式惊人的相似：以各省市语文中考中出现的非连续性文本的试题为依托，试图通过应试技巧的指导，达到培养学生阅读较为复杂的非连续性文本的能力。这就是我们大部分语文老师在非连续性文本阅读教学的基本状况。

《义务教育语文课程标准》（2011年版）对非连续性文本阅读教学的要求：第四学段（7—9年级），阅读由多种材料组合、较为复杂的非连续性文本，能领会文本的意思，得出有意义的结论。怎么开展相关教学？只在题海中游弋，在试题范围内训练应试技巧，怎能让学生从容应对广袤无垠的生活中处处可觅见其踪迹的非连续性文本。如果再不加以重视，小而言之，会造成义务教育教学内容无法落实，课程目标无法实现；大而言之，会致使学生非连续性文本的阅读能力低下，无法在高度信息化生活的今天，利用信息处理问题，从而构建自己的知识体系。因此，我们进行专题性研究，即非连续性文本的阅读指导，让教师充分认知“非连续性文本”教学的必要性，通过课内教学内容与生活教学素材的勾连整合，积极探索行之有效的阅读策略与方法，指导学生提高阅读素养与能力。

一、“非连续性文本”概念的认识

对于一线教师来说，首先必须解决的是对于“非连续性文本”这个概念的认识问题。事实上，这个学术名词，对于每个人来说并不陌生，我们的生活中它几乎无所不在。打开一本书，书前的目录索引，就是非连续性文本；使用一个产品，产品的外包装上的简单说明，也是非连续性文本；走在大街小巷，街口醒目的城市区域图、公交车站牌、方位指示箭头等，也都是非连续性文本。只不过，新名词的引入让人觉得神秘、陌生。华师大巢宗祺教授在对“非连续性文本”的概念阐释中提出，“非连续性文本”特定的教学目的是“为了提高学生的语言文字运用能力，让他们学会阅读连续的文字材料之外，还要学会从多种形式、多种来源的材料中获取信息，综合加工，解决实际问题”。本文依托现行教材，积极探索“非连续性文本”阅读能力的培养方法，为学生提供“非连续性文本”的阅读平台，以此提高学生的“非连续性文本”的阅读能力。

二、关于非连续性文本概念的界定

蒋德仁在《国际学生评价（PISA）概说》一书中对“非连续性文本”这样阐释：“非连续性文本”与连续性文本形式不同，不是以句子为最小单位，需要不同于连续文本阅读策略的文本，也可看作是由表单构成的文本，要求学生进行说明、解释和讨论等。这种划分的目的，主要是考虑到学生今后在成人生活中，会经常遇到这种类型的写作文本，而在学校的学习生活中却很少遇到。所谓“非连续性文本”，是相对于以句子和段落组成的“连续性文本”而言的阅读材料，它基本是由数据表格、图表和曲线图、图解文字、凭证单、使用说明书、广告、地图、清单、时刻表、目录、索引等组成。它的特点是直观、简明，概括性强，易于比较，在现代社会被广泛运用，在人们的日常生活和工作须臾不离，其实用性特征和实用功能十分明显。学会从非连续性文本中获取我们所需要的信息，得出有意义的结论，是现代公民应具有的阅读能力。

三、提升非连续性文本阅读的能力

借鉴 PISA 的评估目标，我们认为学生在“非连续性文本”阅读过程中所需具备的阅读能力大致可以呈现为如下三点：第一，准确获取文本信息的能力。主要指学生能够根据非连续性文本的特征、时间、背景等基本元素，迅速找到自己所需要的信息。连续性文本注重学生为获得文学体验而阅读，而非连续性文本的特点决定了其必须以迅速确定相关信息，获取有意义的材料为首要。第二，解释文本信息的能力。非连续性文本的阅读不是简单直观的呈现文本信息，还需要学生进一步对文本信息进行加工、整合，这当中包括学生对于文本内容的说明、解释和讨论的过程。第三，反思和评价文本内容的能力。首先，这种反思和评价主要是指能够反思文本的内容和形式。具体说来，从文本中提取的信息点与自己原有的知识和经验相关联，综合判断后做出自己的结论；其次，思考文本的形式，准确理解文本和作者的意图，客观地评价文本的适用性。教师要培养训练学生检索撷取信息的能力，引导学生用已有的知识经验及生活体验去解释文本的意思，并对文本的内容与形式进行反思和评价，还要积极指导学生根据不同文本类型以及不同的应用情景，灵活机动地采用相应的策略去解读、挖掘生活中的非连续性文本。

该怎样指导学生阅读较为复杂的非连续性文本？阅读不同体裁的作品有不同的方法，依据常见的非连续性文本的类型可分为以下几种：

（一）图表、表格类阅读

所谓“非连续性文本”，是相对于以句子和段落组成的“连续性文本”而言的阅读材料，多以表格、图像、图示等形式呈现，我们在学习、生活中常会遇到这种既有文字又包含图片和表格等形式的阅读文本。跟连续性文本相比较，非连续性文本的特点是直观、简明，概括性强，信息量大，易于理解，在现代社会被广泛运用，与人们的日常生活和工作须臾不离，实用性特征和实用功能十分明显。因此它侧重于实用阅读，即为更好地适应生活而阅读，是语文这门学科“工具性”的集中体现。

中学生尝试进行非连续性文本的写作，可以从以下三个角度入手：

1. 在文字中穿插图表、图示等非连续性文本，这种写作方法其实就是连续性文本和非连续性文本的结合，也是最简单、最常见，应用最广泛、写作起来也最便捷的一种方法。在常规的连续性文本写作过程中，当单一的文字不足以将需要交代的信息表述得简明清晰时，一张图片、一个图示、一个表格或者一张清单往往就能轻松解决。例如《鲁宾孙漂流记》第四章鲁宾孙用记账簿的方式对比自己流落荒岛之后的得与失，就用了一个清单的形式，把鲁宾孙当时的处境分析得清楚明白，从而非常有效地帮助他在当时那种绝境中及时调整自己的状态，并最终实现了在荒岛生存的惊人壮举。

2. 图表(图片)与文字的相互转换。(1)将图表(图片)转换成文字。我们在阅读非连续性文本时会经常遇到图片、表格，有时便需要用文字将其中的主要内容表述出来。这类写作需要我们仔细观察图表，然后直接提取图表的显性信息，并根据信息进行推断、总结，最后用简明扼要的语言来概括。(2)将文字转换成图表(图片)。有些文学作品有着非常强的画面感或美妙的意境，将其用图画的形式描绘出来，能使文章更形象直观，形式也更丰富，令读者赏心悦目。

3. 制作简单的示意图、手抄报、宣传海报。示意图、手抄报、宣传海报等是形式上更为纯粹的非连续性文本，也更为实用，我们可以尝试制作运用。这一类非连续性文本在制作时要注意两点：设计醒目美观有创意，文字清楚得体不啰唆。阅读的基本策略如下：(1)识别重要特征。不同形式的图表有不同的构成要素，也有不同的作用。柱状图可以显示一段时间内的数据变化，或用来比较不同项目之间的变化；折线图可以显示一段时间间隔下的数据变化的趋势；饼状图则可以直观表示各部分所占的比例；条形图适用于进行各个数据的比较。在阅读的时候如果可以识别不同图表的作用，就可以更好地帮助学生理解。(2)厘清内部结构。在阅读的时候要把图表、表格的特征和图表中传递的信息相联系，注意图表特征的几个因素。例如在分析柱状图的时候，可以看横纵坐标代表的因素，具体分析数据的变化。(3)筛选关键信息。认真阅读题目，要看标题和注解，阅读表格、图表中的数字或字词，从横向、纵向、横纵结合、整体局部进行比较阅读，获取关键的信息，转换信息。(4)注意细节。图表的形式、颜色、比例、单位等都会影响我们对图表的理解。一般情况下，我们看到柱状图都会注意横纵坐标的关系，更倾向于描述其中 *XY* 的趋势，从柱状图中可以检索出有关 *XY* 趋势的信息。甚至当两个离散数据连接成一条直线的时候，读者也会将数据描述成连续数据。另外，在表示数据大小的时候，一般采用较深的颜色来表明大的数字；在表示数据分类的时候，经常用红色代表女性，蓝色代表男性，所以在阅读的时候要特别注意。(5)准确归纳，表述完整清晰。找出关键信息，拓展思维。明确绘制图表意义，进行解释和推论，可以适当联系当下时代热点话题提出自己的见解。

（二）图画类阅读

单一图画的阅读基本上是由标题、主体以及注释这三个方面构成。在阅读这类文本的时候要注意以下几个方面：(1)浏览全图。在进行阅读的时候，我们的注意力首先会被画面的主体部分吸引，可以先对整个画面做一个大致的了解。分清画面的主体和背景，在此基础上进行初步判断，但不要掺杂主观想象。(2)分析细节。细节包括图画中的标题、注释以及图画主体中的细微之处。标题和注释并不是每一幅图画都有的，标题是最具有概括性的文字，把图画要表达的中心意思概括出来，有助于我们理解图画要表达的含义。注释的部分是对图画中无法表达或者表达不清晰的部分进行解释说明，有利于帮助读者理解图画。画面主体部分的细节包括很多方面，比如色彩搭配、线条粗细、下笔力度等，或者是画面人物的表情、动作、语言等，还有画面中的文字这些都需要我们注意。(3)推测信息。根据细节的分析，进行理解、综合判断，结合问题设置的要求，在此基础上进行推测。(4)体悟含义。一幅图画的绘制一定有其寓意，我们不能只停留在表面的阅读上，还要深入图画当中去挖掘其中的深刻意味，尤其是在漫画的阅读中这种寓意经常存在。漫画经常会用不同的表现手法如拟人、夸张、对比等，来反映生活，因此在揭示含义的时候要由表及里，联系生活，挖掘其中的深刻含义。(5)准确描述。根据题目的要求，恰当完整地表达。

在阅读图画材料时要注意以下几个方面：(1)画面的连贯性。我们阅读的很多图画书以及图文材料都有一个叙事主题，围绕主题来展开阅读，许多画面连贯起来就形成了完整的故事，但是也有部分图画书需要靠读者的想象力把它们连起来。所以我们在阅读的时候不可以破坏这种连贯性，才可以掌握故事表达的主题。(2)表达的节奏性。图画讲述的故事如果一直都是同一种基调，难以激发读者阅读的兴趣，在图画书中也存在很强的节奏性，有平稳舒缓，有紧张恐惧，有幸福快乐，有悲伤难过等。不同的节奏组成的整个故事才可以有张有弛，吸引读者阅读。在阅读的时候也要注意这种节奏。(3)颜色的搭配和色调的变化。不同的颜色蕴含着不同的含义，用颜色来诠释情感是再好不过的了。一般在图画作品中，红色代表快乐，蓝色代表忧伤，绿色代表希望……多用暖色调有兴奋、喜悦的含义，多用冷色调有宁静、忧伤的含义。颜色的明暗变化也代表不同的情感，甚至有的时候还可以利用不同颜色的对比来引起视觉上的冲击。每种颜色都是一种象征，可以引发人们不同的联想。我们可以通过画面的颜色搭配和色调上的变化更进一步了解画家要表达的意思。(4)画面的视角。画面的视角是最特别的部分，它可以配合情节，让故事更加跌宕起伏。我们的眼睛就如同摄像机，用不同的角度来观察画面就可以感受不同的意境。比如要表达一座山很高，用平视的角度就显的缺少说服力改用仰视的角度就可以体现出山的巍峨高耸，也可以引发人们的敬仰之情。(5)隐藏的细节与留白的艺术。在图画中经常会有一些隐藏的细节，需要读者去关注。举《母鸡罗斯去散步》的例子，其中隐藏的细节就是画面中露出的半只狐狸的身影，如果缺少这个细节，整个故事就显得平淡，添加了隐藏的细节，也让作品更加意味深长。在绘画作品中，经常使用留白，留白是一种表现的手段，有时候留下一片空白让读者想象比填满画面更有艺术表现力。(6)图画中的文字。我们接触过的图画、漫画都是以画面为主，文字极少，文字的运用多是为了补充单纯凭借画面无法表达的思想，一般以标题或者图画说明的形式出现，具有解释性。所以在阅读的时候尤其要注意图画中的文字。图文结合类的阅读，在阅读的时候不仅要运用连续性文本的阅读方式，还要结合非连续性文本的阅读方式，并找到两种不同文本的联系，综合两种文本信息，进行解读。

四、非连续性文本阅读教学现状探因

笔者对各地市中考出现的“非连续性文本”阅读试题进行剖析研究，发现大部分内容都在详细探究“非连续性文本”阅读试题的命题意图，反复论证其命题的前瞻性与引领作用，以期把握住当年中考的命题动向，对于“非连续性文本”的研究确实存在不足。现行语文教材，基本是连续性文本独霸天下，记叙文、说明文、论说文这些连续性文本构成了教材的大部分内容。即便偶尔有非连续性文本的出现，比如目录、附录、插画等，也等于是教材的点缀，无法与连续性文本同日而语。对于学生“非连续性文本”阅读能力的考查，评价方式非常单一，那就是在中考命题中有所体现，这种评价方式也是滞后的。能否从传统课堂与中考试题中突围，从而有效提升学生“非连续性文本”的阅读能力，或许可以成为一种有益尝试。

下面来看一名教师的非连续性文本阅读指导教学案例：

教学目标：

1. 初步了解“非连续性文本”相关知识。

2. 品析此类文本几种常见形式的表达效果。

3. 初步了解几种常见非连续性文本类型的阅读。

教学片段：

读——阅读文本，感知内容。请同学们仔细阅读这一篇《关于×市公共自行车使用情况的调查报告》。(1)这篇文章介绍了×市公共自行车哪些方面的情况？(2)从文章中你了解了哪些信息？学生阅读，回答交流，师生讨论，明确：①这篇文章介绍了“自行车使用人群及感受”“借还自行车流程”“存在情况及解决策略”“使用情况及效益”“管理人员”等方面的情况。②通过这篇文章，读者可以了解到×市公共自行车给市民出行带来了极大的便利，受到广大市民的一致欢迎，产生了良好的社会、经济、生态效益；同时，公共自行车在使用上还存在一些问题，需要管理者们进一步完善、解决；文章最后，作者还对公共自行车的管理者们表达了衷心的敬佩和感谢。

思——对比思考，把握文体。请同学们将这篇文章与语文课上所学的其他文章进行比较，思考这种文体的特点。学生思考、交流，师生讨论，明确：①定义：所谓“非连续性文本”，是相对于以句子和段落组成的“连续性文本”而言的阅读材料，多以统计图表、图画等形式呈现。②特点：非连续性文本的特点是直观、简明，概括性强，易于比较，在现代社会被广泛运用，与人们的日常生活和工作须臾不离，其实用性特征和实用功能十分明显。③常见类型：图示、表格类；图画类；图文结合类。

品——品味赏析，体会效果。从文中分别找出几种非连续性文本的常见类型，品味其表达效果。学生思考、交流，师生讨论，明确：①图示、表格类。其表达效果是比文字、数字更加直观地说明绝大多数市民对公共自行车持肯定态度。②图画类。表达效果：市民使用公共自行车缺乏安全意识的表现一目了然，比任何文字描述都更具有说服力。③图文结合类。表达效果：相比较连续性文本，图文结合类文本更清楚明白，也更加形象生动地说明了公共自行车分布不均的缺陷。

问——追问策略，把握方法。对于这几种常见的非连续性文本类型，我们应该使用怎样的阅读方法？学生交流。教师用多媒体出示阅读策略。

评——揣摩纠错，裨补缺漏。这篇文章的作者其实是一名中学生，因此我们阅读时一方面不得不赞叹其图文并茂、内容丰富、调查深入、形式新颖；另一方面，也会发现本文在内容设置、图文安排乃至语言表达上，还存在一些缺漏。请同学们再一次深入研读，试着给作者提出一些修改意见。示例：文章开头部分应该为有关于×市公共自行车这一公益事业的总体介绍。

教学述评及建议。本课教学设计是指导学生进行较为复杂的非连续性文本阅读的一次尝试。

教师首先选取了一篇极具代表性的样本——“关于×市公共自行车使用情况的调查报告”，该样本图文并茂，形式美观，内容丰富，信息量大，同时极具时代气息，也更贴合社会生活实际，贴合读者阅读体验，正是较为实用、常见的文本类型。教师设计了一个“读—思—品—问—评”的学习环节，指引学生通过阅读文本来探究非连续性文本的含义、特点、表达效果、阅读策略。这样的设计简单、有效，可操作性强，对于几乎从未进行过非连续性文本阅读教学的广大语文教师而言，具有很高的借鉴价值。

鉴于规范的非连续性文本阅读教学策略实属不多，因此，以下教学建议仅供参考：非连续性文本的特点之一就是材料组成的关联性，与现在初中语文教材以单元为单位进行编排相契合，把单元中的每一篇文章当作非连续性文本的材料，既能全面实现教学目标，又能使课文教学各有侧重，还能将文本进行整合，从而提高学生的阅读能力。例如八年级上册第五单元，本单元由《中国石拱桥》《苏州园林》《禅》和《梦回繁华》组成，从表达方式的角度看，本单元属于说明文，可以将课文中涉及的说明对象"桥""园林"，都当作文化符号，用非连续性文本阅读方法，让学生感悟人类的智慧。另外，在日常的教学中，关注热点问题，搜集资料、调查访问、相互讨论，用文字、图表、图画、照片等展示学习成果。例如初中语文教材八年级上册，综合性学习中的"我们的互联网时代"，从展示的阅读学习成果的角度来看，就是非连续性文本，利用这一资源，让学生在欣赏、交流、评价成果时，提升学生非连续性文本的阅读能力。

（入编《初中语文教学关键问题指导》，高等教育出版社，2016 年 7 月）

第二章

科研·课题·项目

中学写作教学序列性的实践与研究

一、研究背景概述

(一)素质教育发展的需要

我国教育正在发生着深刻的变革,人才的创新能力和实践能力起着至关重要的作用,教育承载着历史重任,培养学生的创新意识和实践能力,已成为我国教育界关注并努力探索的问题。作为最能体现学生综合素质与培养学生人文素养的语文学科,写作教学可以对学生的情感、态度、价值观等养成起到巨大的促进作用,并且能使学生通过写作教学,达到强化学生的观察、体验、反思、自我激励功能,以达到对健康、高尚思想、意志、品质的培养。所以,语文教学理应思考和调整自己的培养目标,改革现行的教育教学模式、教育内容、教育方法、评价机制,体现教学整体改革,教育思想的改革,以适应社会发展的需要及学生全面发展的需要。

(二)语文课程改革的要求

新课程已推行十余年,具备新课程理念、思想逐渐成熟的语文教师开始对自己的教学理念以及语文教学进行反思,他们逐渐发现原有的一些教学思想及策略已不适应新的课堂教学需要。语文教学中的写作教学首先成为课改过程中的一大重点。改革原来的写作教学形式与指导方法,充分挖掘新课程中写作教学对学生人文素养提高的功用,使之与当今的教育形式与教育改革相适应。

(三)写作教学科学化的需要

传统写作教学模式是:教师命题—学生写作—教师批改—教师讲评。这种教学模式基本上是教师单边活动,学生写作积极性和创造性受到了极大的压抑,严重地影响写作教学效率,难以发挥系统的整体的写作功能。现代教学论认为,要实现教学过程的整体优化功能,就必须要有合理的教学指导过程。写作教学要高效,写作训练过程一定要科学化。而写作训练必须改变无效、无序状态,实现写作训练的科学化和系统化,唯其如此,写作课才能实现其真正的教学意义。写作训练是一种目的性很强的活动,盲目的、零碎的训练不可能取得最佳训练效果。只有按照系统性、相关性和科学化的原则来观照写作训练的过程,以确定写作训练的内容,才有可能使写作训练从盲目的、零碎的无序状态走向明确有序的科学化轨道。因此,建立科学的训练体系势在必行。

(四)开发写作教材的需要

尽管现行的语文课程标准和教材对写作教学的总体目标有着明确的规定和体现,

但对阶段性的预期目标的规定和体现还远远不够,写作教学的过程中缺乏具体的要求与规定,写作能力的分类层次不清楚。教师的教学行为因没有具体的引导和统一的要求而变得随意盲目。在实际教学中,教材提供的写作训练往往得不到落实。改变这一现状,重中之重是搞好写作教材建设,建构中学语文写作教学的结构体系。即根据学生不同的生理和心理阶段,学生的知识储备、智能水平、个性特征,建立部分与整体相互联系的中介——层次,建立科学、合理的等级差别,建设一套关于写作训练的有效的知识体系,这是实现写作教学课程化的前提。

(五)教师专业成长的需要

针对包河区实际情况,通过反复调研、走访、座谈、查看、研讨、反馈、总结等方法和形式,经过对教师的问卷调查和座谈,调查中发现新课程有效地促进教师的专业成长与部分学校教师写作教学指导滞后之间存在矛盾,我们决定抓住这一中心环节,根据课程改革的目标,建立明确具体的写作课堂教学指导模式,积极探索写作教学规律。同时,营造教研氛围,提升教师的科研水平,形成一个科研团队。

解决写作问题的根本途径是立足学生实际,在分析和总结成功经验的基础上寻找突破口。进行系统的全程的写作训练,对写作作出循序渐进的分步训练安排,使之具体化、系统化,能使学生在有序的训练下逐步提高写作能力。为了探索构建具有针对性、实效性、操作性和创新性的写作教学模式,我们首先要从写作教学序列研究开始。

二、国内外研究现状综述

(一)国外研究现状

1. 理论方面:赫斯特等人对有效教学的研究、布鲁纳的“发现学习”理论、认知心理学家奥苏贝尔的“有意义学习”理论及加涅的任务分析理论为我们课题的研究提供了理论支持。尤需一提的是任务分析理论。1940 年,加涅首先提出“任务分析法”。20 世纪 60 年代,任务分析进入认知分析阶段,20 世纪 80 年代和 90 年代初,皮连生教授等将任务分析技术引进我国。对于任务分析,研究者的定义不尽相同,“大多数研究者都同意任务分析实际上指在教学活动前,预先对学习目标中所规定的、需要学生习得的能力或倾向的构成成分及其层次关系进行分析,包括将目标技能分解成一系列子技能,确定子技能的性质之间的层级关系等过程,目的是为学习顺序的安排和教学条件的创设提供心理学依据”。

2. 实践方面:国外许多国家的写作研究也曾以写作的序列训练为研究方向。美国的文体训练体系,按先“自叙文”(或称自述文),再“实用文”,后“论说文”的顺序编排。除此之外,美国的作文训练体系中有代表性的还有:思维—表达训练体系、段落写作训练体系、文字表达训练体系、实用文体写作训练体系和综合写作训练体系。西欧国家写作教学以“实用”“互动”“交际”为理念进行作文教学，重视写作技能训练的系统性。作文教学根据学生的观察、思维和语言表达等各方面由低到高、由简到繁的内在发展规律，和学生的心理发展特点，设计了科学的由易到难的序列化的作文训练体系。各国的侧重点不同，但从记叙到议论，反映了思维上从形象到抽象这一过程的特点，有其合理性。其中，综合写作训练体系综合思维、文体、语法和书写技巧等各个方面的能力，组织学生进行系统的写作训练，给我们构建作文教学训练序列提供了有力的借鉴价值。

（二）国内研究现状

20世纪60年代至90年代，写作教学序列研究在国内语文界掀起一股热潮，经由一线教师的探索，许多极富研究价值的宝贵经验产生，使得写作教学序列研究进入集大成阶段，出现了十多套有影响的训练体系。归结起来，大约有以下几种序列：

1. 文章知识序列。这种序列是依据文章学知识，按照一篇文章的内容和外部表现形态排列写作教学的序列。如题目—中心—材料—结构—表现手法—语言，或记叙—说明—议论，等等。写文章，知识是必不可少的，但是，写作是需要练习的，拥有了知识并不见得就掌握了能力。即使学生掌握了丰富的文章学知识，也未必会写文章。再者，文章学知识细碎繁杂，不一而足，教师没有足够的时间也没有必要去系统传授。

2. 思维训练序列。人们认为，写作是一个思维过程，是“记录”作者的思维过程和成果，学生的思维能力提高了，就能写出好文章，也就能获得写作能力。基于这种认识的写作训练一般以学生思维发展的智力层次作为写作训练的序列阶梯。写作的确是一项复杂的思维活动，但思维活动不是语文所独有，过于强调思维作用常常忽视了语言表达。

3. 读写结合序列。这是一种传统的写作教学方法，也是较成熟的经验，多年来大家都有意无意地实施着。这种序列，把阅读吸收看作学生感受生活、积累生活的手段和源头，把每一篇精美的文章看作模仿的例子，在对原文的熟读揣摩中，感悟生活的意义，学习写作的方法技巧。读写结合序列把阅读领悟、模仿借鉴结合起来，既积累生活又积累语言，比较切合学生的实际。不足之处是课本选文的内容形式很难和写作表达的过程规律吻合，难以形成写作的完整序列。模仿借鉴需要对原文熟读精悟，我们现在的阅读教学，学生不能熟读成诵，课文不能被熟练掌握，营养就不能被较多地吸收，更不能灵活地借鉴，容易生搬硬套。

4. 思想内容序列。这种序列依据学生所接触的生活内容，或者社会生活的重要方面安排写作教学的序列。认为写作是以“我手写我口”，生活内容、思想感情是第一位的，巧妇难为无米之炊。若依思想内容序列，只重视内容而忽视中学生语言表达能力的培养，很容易把语言表达变成说教。

5.写作过程训练体系。即根据一个完整的写作所涉及的环节来安排训练序列。这种序列通常参照作家创作的过程安排教学序列,认为写作先有感受,积累生活,然后进入创作过程。如观察、感受、分析、概括,确立文体,谋篇布局,修改润色等。这种序列参照的是作家创作思路,却忽视了我国中学基础教育大班班额的特点。在现行的教学体制下,教师没有很多时间去关照每一个学生训练过程。

从我们目前阅读到的研究资料看,相关课题的研究现状有两个特点:1.资料庞杂,研究者所处的年代已久远;理论化、理想化、学院派气息较浓,缺少现实针对性和来自实践的鲜活的创造。2.每种研究都只强调写作规律的一个方面,难免会有所偏颇,且不适合课堂教学的实践。广大一线教师迫切需要贴近课堂教学实际、符合学生写作能力提高的、在实施策略方面切实可行的研究成果,以指导他们的写作教学。

三、研究内容及方法阐述

(一)研究重点

研究内容方面,重点放在以下几个方面:1.增强教师写作策略性知识教学的意识,引导学生循序渐进地学习,帮助学生构建完善的写作策略性知识,从而提高写作能力。2.构建中学写作训练序列。从教与学的心理学角度,紧扣语文课程标准和语文考试说明,联系中学语文写作课内外教学,尊重学生思维能力和表达能力的形成与发展规律,重视写作过程中层级的提升,建立一个综合各要素的循序渐进的序列。变零散的单项指导为系统的序列化指导,注重次第有序,训练有节,承前启后,跨度合理,使中学写作教学更具科学性和高效性。3.在课堂教学过程中教师对学生写作指导流程的研究。以写作教学实施策略的研究推动实践的可操作性和高效性,力求研究结论具有较强的实际教学效用。4.在研究成果的呈现方式上,本课题最终成果采用著作、教师教程、学生读本、研讨课、教师优秀论文集、学生优秀作文集等方式呈现。来源于实践,服务于实践,研究成果可以为丰富、深化课改理论提供参考。5.规范过程管理,带动教师专业发展。在更高平台上推动写作教学,提高教育教学质量。

(二)研究难点

我们探求的写作教学序列、写作教学课堂指导方法及相关阅读材料,能否解决中学生写作能力形成过程中的问题,从而促进中学生写作能力的形成和提高;能否促进中学写作课堂教学能力的提高;能否为教育主管部门指导写作教学的发展提供有益的决策参考。

(三)研究方法

问卷调查法:各子课题组根据研究目标,设计表格,对参与实验的学生进行调查,搜集相关数据,然后对数据进行分析研究。案例研究法:对一个个生动的课例进行剖析,找出教学规律、获得成功的经验;并将三年来教师所上的课例,汇编成体现课题核心思想的教师教程《愈教愈乐》。文献资料法:大力加强课题组人员的理论学习,大量查阅教育理论文献资料,编发学习材料,购买教学书籍等,更新教育教学观念。行动研究法:在实验的过程中,对随时出现的新情况、新问题不断地修改、补充,再进行实践研究。课堂观察法:采用取样、描述等手段对语文课堂实施全过程观察,收集、分析感性材料,帮助修正研究的内容。

课题研究过程中,我们融合了上述各种研究方法,但不拘泥于这几种方法,从教学实际出发,综合使用,不因实验研究的介入而影响日常教学的真实情境,不因研究方法的介入破坏正常的教学状态。按照正常的教学流程,通过观察、反思等手段追求科研和教学的双赢。课题组成员通过共同的理论学习和实践探讨,加强对课题价值的认识,拓宽研究视野,熟练掌握研究方法。加强过程管理,每一阶段有计划、有方案、有小结。课题组内部有分工、有合作,加强阶段性研讨和总结,确保课题研究成果真实有效。

四、核心研究成果简述

(一)构建中学写作教学训练序列点

从整体安排看,可以概括为"一纵两板块"。一纵是以时间为序,分初中和高中两个阶段。三步确定序列点,第一步:梳理课内教学点。所谓教学点就是研究者从教材内的每一类文体中发现可以用来指导学生写作的知识点,然后研究知识点间的逻辑关系,从而形成写作课堂上可操作的教学内容,形成写作序列点。我们各子课题成员以人教版语文教材为研究对象,从中梳理出有关句、段、篇,围绕这些材料,进行分析归纳。第二步:梳理文体知识。从文体知识中删繁就简,筛选出主要知识点,作为序列点。第三步:梳理课标内容。研究初高中新课程标准,根据标准要求,确定写作训练重点。根据第一、二、三步的梳理,从而确定写作的所有序列点。参与研究的教师根据序列点设计教学方案,同时根据年级学生的特点由浅入深地传授有关写作的序列点,贯穿在单元教学中。共计56个序列点,具体内容有:

(1)初中学生写作习惯的培养,分为日记、读书笔记、练笔、汉字书写、作文修改等五个序列点。在教师的指导下,通过平时的写作训练,学生逐步养成固定的主动的写作行为。这种写作行为包括观察、记录、阅读、记忆、积累等口头或者书面的各种表达方式。七年级、八年级两个学段制订写作习惯养成的目标:

七年级——通过练字、素材积累、写日记等训练,夯实学生的写作基本功,培养学生写作的兴趣;八年级——通过写随笔,写读书笔记,并尝试修改作文,加强课内外阅读,提高写作兴趣与能力,养成易于动笔、乐于表达的好习惯,增强写作的信心。

(2)写人记叙文,确定四个序列点,重在写人方法的指导。外貌:①抓住人物的特点;②有重点地写外貌;③有顺序地写外貌;④灵活地描写外貌。行动:①写好连续动作;②间隔的写连续动作,中间穿插其他内容;③具体写出动作的特点;④精选动词,描写准确;⑤写好动作细节。语言:①要符合人物身份,反映人物职业、性格;②要简洁、实在;③要符合生活实际;④注意语言形式和变化。心理活动:①写清产生心理活动的起因;②注意心理活动的层次;③通过幻觉和梦境描写心理活动;④注意写心理活动的人称。在平时的指导与训练中,力求留给学生最大的可以自由选择、自由发挥、自由创造的空间。让学生体现出真实的写作水平,从根本上消除学生怕写作的恐惧心理,引导作文教学步入正轨。

(3)写事记叙文,确定四个序列点。记叙要素、记叙顺序、线索、表达方式综合运用。

(4)写景记叙,确定四个序列点。①观察景物的角度:比如景物的颜色搭配,观察视角的变化,感觉器官的运用等方面;②抓住景物的特征:能够发现不同时空中景物的特点,如四季景物,城市与乡村的景物等方面;③景物描写技巧的运用:探索出不同环境中景物对人物心情的渲染,突出文章主题等方面的作用;④情与景之间的关系:就是如何借助景物抒发不同的情感,如何将感情融入到景物描写中等方面。

(5)状物记叙文,确定四个序列点。状物记叙文是通过描摹某种物体来表情达意的,从写作对象看,或写物件,或写植物,或写动物等;从表情达意看,或托物明理,或借物寓情,或状物喻人。当然,明理、寓情、喻人有时兼而有之。因此,确定为四点:化虚为实、肖形融情、具体形象、托物言志。

(6)议论文写作,提出正确鲜明的论点,正确运用论据,建立议论文的结构,学会使用论证方法。

(7)应用文写作,确定三个序列点:演讲词、开场白、通知等常见应用文的写作方法。

(8)中考作文指导,确定审题、立意、选材、结构、语言等五个序列点。

(9)提高学生写作兴趣,确定六个序列点,即从生活、阅读、模仿、拟题、活动、激励六个方面来激发学生的写作兴趣,简称"激趣六式法"。

(10)高中生良好写作习惯有:书写修改、观察积累、联想和想象三个序列点。

(11)高中记叙文写作有:触动心灵的人和事,记叙选好角度,写人凸显个性,写事有波澜,写景抓特征。

(12)高中议论文写作:从审题、立意、结构、论证方法、材料运用、驳论方法等角度深入研究议论文写作的主要技法,研究的重点是在作文教学实践中如何运用恰当的方法帮助学生尽快掌握议论文的写作技能。

(13)高考写作能力提升:审题立意,材料选择,篇章结构,语言表达。

本序列具有以下特点:1. 突出文体特点,以"言之有序"为训练的主要线索。2. 明确训练的阶段及其中心,明确训练的主要方式。3. 具有明确的层级性。设立三个层级,一级子技能为学习目标或称学习结果,二级子技能是一级子技能实现的保障,三级子技能是序列点,是一级子技能、二级子技能目标得以实现的基础。4. 读写结合。符合学生认知能力的发展水平,易为大多数教师所采用。5. 方法多样,分段循环,反复而又螺旋式上升,最终使学生思有其序,写有其法。

写作训练序列要能体现循序渐进的原则。写作教学应该有相对科学准确的能力目标定位,而各种能力的形成应是循序渐进的。目标的科学预设,应努力站在学生现有的写作图式和生活体验的基础上,接近学生的"最近发展区",充分体现学生写作的思维过程,充分遵循循序渐进的原则。就写作自身的内容与形式而言,写作训练应该充分体现层递性。写法训练"从简到繁",内容广度"从局部到整体",内容深度"从浅显到深奥",形式广度"从单一到综合",形式深度"从简单到复杂"。要根据学生写作单项能力发展的一般规律,进一步细化"能力训练点",并将这些训练点优化排列到各个不同的阶段。如议论文子技能的安排,从最基础的议论的能力开始,到利用论据作为论证,再到论证方法的归纳,从立论的能力再到驳论的能力进行训练。在思维的训练上,从基本的分析能力、推理能力、发散思维到辩证思维,层层递进。而篇章写作也是先从基本的一事一议的文章开始写起,再到横向的结构和纵向的结构的议论文,最后才由立论的议论文到驳论文,而驳论文的写作是建立在会写立论议论文的基础上的。由此循序渐进,层层深入,将能力的训练连成一个循序渐进而又有序的结构。写作训练呈螺旋上升之势。例如,"提出正确鲜明的论点",是其他子技能学习的基础,在其他子技能学习的过程中,这个能力又得到不断的提升。而后面安排的驳论文的学习,也正是把之前学习的训练点进行再深化。由此,既循序渐进,又螺旋上升,让写作知识步步为营,稳扎稳打,使得写作训练得以形成一个严密的体系。

(二)中学写作教学指导序列流程策略

在确定序列点之后,下一步考虑的就是如何将写作策略性知识化为学生实际写作能力。一需要教师引导,二需要学生在阅读中品评,体悟发现,然后通过练笔实践,化为写作的能力。在大量的课堂教学实践后,课题组不断总结归纳,最终形成了"精选范例—典型评析—明确规则—实战演练—交流评价—修改升格"的"六步"写作教学指导策略。"精选范例",是指在课内、课外搜索一些优美的片段,根据教学目标的设计对这些片段进行归类,然后根据需要在课堂教学中应用。阅读是学生获取写作内容或写作规则的重要途径,是形成写作能力的前提条件。写作指导前,教师紧扣序列训练点,精心选择语句、片段、篇章,为写作教学提供例子。鲁迅先生说:"凡是已有的大作家,他的作品,全部就说明着'应该怎样写'。"人们运用规则写出来的一篇篇文章就是学生们学习写作的例子。我们选择例子，或围绕同一序列点选取，或从不同角度理解阐释序列点，这样来达到学生对序列点理解、感悟的初步认识。例子要有代表性和典型性。课堂教学时间有限，我们需要精选范例，范例以1—3个为宜，多了则有堆砌之嫌，也不能起到很好的作用。例子主要从优秀文章或经典作品中寻章摘句。所选例子可为优秀的句段篇，也可为病文病句。病例，主要是供学生指瑕之用，学生从中悟出或归纳出正确的写作规律。比如，我们在上《常见应用文写作指导》一节时，教师提供的通知、请假条、借条等例子就是病例，目的是换个角度看问题，让学生学会应用文的正确写法，并提示他们写作时易忽略之处，在正误比较中，加强他们对文体写作方法的记忆和理解。当然，在使用时，还可以正例反例结合运用。“写作知识其本质特征在于它们能在不同于原先的情境中应用，而促进应用的关键是变式练习。变式指概念和规则的正例的变化，变式练习的作用在于使得概念和规则的本质特征逐渐显示出来，概念和规则运用的情境不断明确。同时反例的出现也可使学习者在不断比较的过程中排除概念的无关特征。”因此，例子使用时，须根据教学需要来选择与确定。“范例评析”，是指针对教师精选的片段进行赏析，从中归纳出写作技巧。即教师使用例子时，引导学生从例子评析中发现语言运用的魅力，并获得对某种规则的认识。于漪老师曾说：“让学生进行一定数量不同类型范文的篇章结构的剖析，对培养学生有条理地思考问题很有好处。”是的，教师提供阅读范例，又通过师生对例子的赏析，有利于学生理性思考写作内在发展规律习惯的养成，也有利于理性思维能力的形成。“明确规则”，是指根据归纳的技巧进行语句或段落的仿写。教师在这一阶段进行情景的设置，根据教师设置的情景，学生利用技巧进行模仿写作。鼓励学生大胆创新。这是感性认识上升到理性认识的一个阶段，总结归纳出序列点目标达成的方法，得出写作的规律。在这一环节，要明确概念，明确规则。“实战演练”，是指学生将课堂上仿写的段落根据自己拟定的主题或中心，写作一个片段或一篇文章。鉴于课堂时间的有限，这样的环节也可以让学生利用课余时间完成。“绝知此事要躬行”，写作教学过程中学生的实战演练必不可少。学生的写作行为，从实质上讲是一种练习活动，就是练习把日常所见所闻所感，通过恰当的言语形式表达出来。在此过程中，学生尝试运用规则，指导自己的写作。教师指导学生在具体练习中去感知、消化写作规律。教师需要提供多个不同情境，让学生在多种变化的情境下能够掌握写作的规律。实战演练，需要教师有针对性设计情境，达到强化学生写作技能的目的。“交流评价”，是指作文评价，即对完成的作文教师选择优秀的作品进行赏析，通过范文朗读、同学评价、教师点评等环节让学生相互借鉴，共同进步。学生文段写得怎样，要及时反馈。对学生来说，交流、展示、评价的过程是一个修改、完善、提升的过程，更是学生获得写作动力、兴趣、自信的过程。交流的过程中，学生之间、师生之间进行思想的碰撞，对训练结果中精彩部分进行肯定、表扬,对不足之处,学生们或谈谈听后感受,或提出质疑,或提出修改建议。这样的交流为写作者下一步对文章润色、修改奠定基础。此环节指向写作行为非常重要的部分——写作的内驱力,可以调动学生的写作积极性,在交流中学习,在交流中分享写作的乐趣。因此,此环节需将交流评价相结合,修改提升相结合。“修改提升”,是指学生在课后对老师或其他学生提出的意见或建议进行思考,修改作文,以达到提高的目的。此六步中,第一步是教师课前准备,最后一步是学生课后修改作文,体悟规则,整理成篇。中间四步属于课堂教学流程。

在课堂教学流程基础之上,我们形成了“四步”课堂教学模式:

范例评析 ⟶ 明确规则 ⟶ 实战演练 ⟶ 交流评价

课堂教学流程并不是一成不变的。我们在教学时根据学生、教师、序列点、环境等情况的不同,进行变化。比如在“明确规则”教学时,有时我们需要先呈现规则,然后结合范例解说规则,最后进行训练。“按照奥苏伯尔的同化论,学生习得规则的形式有上位学习、下位学习和并列结合学习。但最基本的学习形式是上位学习和下位学习。”上位学习过程是从例子到规则的学习过程,下位学习过程是从规则到例子的学习过程。所以,我们在写作教学指导时,对于例子的运用,教师要根据具体情况来确定。不管是上位学习还是下位学习,例子只要运用得恰如其分,帮助我们实现教学目标,帮助学生提高写作能力就行。例如各子课题的模式运用就体现了此流程的灵活性。就教学内容的处理来说,一节课内,教学内容也有侧重点,有的侧重规则习得,有的侧重训练,有的侧重交流评价,有的侧重修改,等等,不一而足。形式为内容服务,教师为学生服务,凡有利于学生知识系统、能力、素养等形成的方法才是最合适的方法。

课堂教学流程特点:一是阅读与写作结合。语言学习需要借鉴、模仿。此流程中教师为学生呈现的阅读材料是为写作提供范式,学生通过对例子的学习,有意识地寻找和抽象出例子之间的相同和相似之处,从中获得启发,或思想、或技法、或情感、或语言。写作不是孤立的行为,它与阅读共生。二是规则指导与训练结合。写作技能的形成必须以练习为条件,正如叶圣陶先生所言:“大凡传授技能技巧,讲说一遍,指点一番,只是个开始,而不是终结。要待技能技巧在受教育的人身上生根,习惯成自然,再不会离谱走样,那才是终结。”在师生互动中,教师点拨、引领、启发、强化只是开始,最终还是要落实到学生的笔上。所以,课堂上,规则指导须与训练结合,使学生通过训练最终能妙笔生花。

(三)构建序列训练方案三阶段

(1)片段写作训练阶段。在此阶段着重进行铺垫性、引渡性的文体片段写作训练,它要求以典型的片段为例文，对其中可以借鉴的某种特点进行精要分析，使学生在尝试某种写法时有所依据，由浅入深，逐步掌握写作要领。此阶段的训练任务，主要是解决“语言准”的问题，训练任务落实在学段的起始年级，训练方式灵活多样，可结合课文进行，可结合大作文进行，也可以分专题进行。

（2）整体写作训练阶段。在此阶段中着重进行正规的文体成篇写作训练。它要求以典范的片段或文章作为借鉴，通过教师精要的讲析、辅导，使学生在“言之有序”这个要点上得到一连串的收获和启迪，从而真正掌握某文体的表达形式。此阶段的任务主要解决“条理清”的问题，训练任务落实在学段的一二两个年级，训练的要求是“一课一得”。

（3）综合训练阶段。在此阶段中进行对某文体谋篇布局规律的探求，进行思维灵活性的训练，进行写作构思训练。此阶段的训练，要求以阅读材料为基础，从纵横两方面进行归纳，找出规律性的写作知识，从而激发兴趣，活跃思维，指导写作，并将学生的写作水平提高到一个新的高度。此阶段的训练任务，主要解决“布局美”的问题，训练任务落实在学段的中高年级。

（四）研究模式：一个主题、两节研究课、三种评价表

研讨课是教研活动最有效的研究形式。课题组在正常的教学时间每个月都会围绕一个写作主题，安排两节写作课，通过三张反馈表，即《合肥市包河区中学作文课堂教学优质课评价表（专家）》《中学写作课堂教学活动教师评价表（教师）》《合肥市包河区学生对教师课堂教学评价表（学生）》，从三个层面对研讨课进行分析。授课教师要在课前精心准备，对讲课的每一个环节都要仔细研究，精心设计整个教学过程。课后，课题组组织所有教师进行研讨，授课教师认真介绍教学设计、重点、难点、方法及自己的体会。评课教师要实事求是地进行点评，指出优点和缺点，针对缺点提出改进的意见。授课教师通过研讨活动可以全面了解学生、改进教法，并且教师之间可以相互学习、互通有无、取长补短，达到共同提高的目的，从而促进教学，促进教师的成长，促进教师整体教学水平提高。这样的教研模式，较好地体现教研活动的针对性、计划性，同时也解决了课堂观察的时效性和导向性，并很好地克服了以往教研活动的盲目性和随意性。通过三年的实践，证明这种教研模式对于提高教研活动水平，促进课堂教学有效性方面已经发挥了积极有效的作用。

（五）写作激趣“六式”

激趣“六式”是指：一、从生活中培养学生的写作兴趣；二、从阅读中培养学生的写作兴趣；三、从模仿中培养学生的写作兴趣；四、从拟题中培养学生的写作兴趣；五、从活动中培养学生的写作兴趣；六、从激励中培养学生的写作兴趣。课题研究组从生活、阅读、

模仿、拟题、活动、激励六个方面来激发学生的写作兴趣，在教学研究和实践中，达到了预期目标，鼓舞了学生的创作热情，提高了他们的写作水平。在这个过程中，无论教师还是学生，都得到了成长。如果没有写作兴趣这块基石，老师讲再多再好的创作方法都没有用，在学生反感的心理下，一切都听不进去，更谈不上应用了。只有让学生真的想写了，才会发现生活中的美，喜欢阅读喜欢说，勤于思考勤于写，敢于创作，乐此不疲。这不是单纯地教学生怎么写优秀的作文能实现的，可见培养写作兴趣尤为重要。

五、研究的价值与反思

（一）课题研究价值

首先，本课题提出的“中学写作教学序列性的实践与研究”，从理论到实践对传统写作教学的教学目标和教学组织形式进行规范，重视学生写作能力的培养，有利于培养学生的思维表达能力，为学生未来的发展奠定基础。教学实验关注个性发展，培养自主学习能力，做学习的主人。使学生具有适应未来社会和促进身心健康发展的特长和能力，以体现知识、情感和价值观念追求相统一，为每一位学生的充分发展创造条件。听说读写并举，形成习惯，培养思维，古今中外博览，提升智慧，升华情感，表达自我，追求卓越，顺应了新课程改革的潮流，具有较强的现实意义。其次，本课题的研究成果有利于提高语文课堂教学效率。历来语文教学多侧重于阅读教学，重视阅读的指导，写作教学被众多老师漠视，教师教得无序，学生学得无趣，写作渐渐被边缘化，而在日益重视国语教学的新形势下，我们的写作课题研究具有前瞻性和时代性，对提高中学语文课堂教学效率，推动语文教学的发展起到重要作用。再次，改变教师对写作教学的认识，提高整体教学研究水平，提高教师写作教学的自信心。2010 年，我们刚开始研究写作教学时，绝大多数老师都借故推托，敢于承担研讨课的老师会令人刮目相看。为什么？不言而喻，教师胆怯，心中没底，不知如何设计。即使有老师承担了研讨课，他的课也需要多次打磨。当课堂教学指导流程推出后，相对固定的设计步骤，增强了教师教学的自信，因此，为一线教师所喜爱。而现在，教师们上写作课和上阅读课一样，成了常态，不仅不害怕，而且还爱上写作课教学。教师们积极引导学生循序渐进地学习，帮助学生构建完善的写作策略性知识，推动他们写作能力的发展。

教学设计有章可循。若从高层次的教学境界的角度来审视，本写作指导流程设计不是最新的、最佳的，也不是最妙的方案，甚至有些四平八稳，但我们解决了写作教学指导过程一般层面上的问题。从教师教学时的不知所措到有章可循，其间摸索的道路是漫长的。从畏惧到喜爱，从无为到有为。在探索的路上，我们已看到语文教师在这个平台上精彩的表现。

提高教师的整体研究水平，从问卷调查到开题报告的撰写，从上研讨课到撰写论文，最后到结题，老师们亲历、体验了课题研究的过程，这比他们看任何理论书籍获得研究方法的印象都深。我们设想如果教师们再去提出教学中的其他问题，怎样解决问题，他们也就轻车熟路了。所以，一个课题经过认真深入的研究，可以起到影响一群教师，促进一群教师专业发展的作用。

（二）课题研究反思

1. 研究亮点。其一，课题视野广。本课题没有单纯局限在现有语文课程标准和考试制度之内，而是立足在安徽省目前的教育条件与教育形式下，从对写作教学的理论探索与实践研究角度展开研究和实验，这使得课题本身具有一个很高的理论和实践上的起点。其二，课题总体目标富有创新性。本课题并没有将考场作文、套路作文作为研究目标，而是在对过去写作教学反思的基础上，通过对写作教学的理论探索与实践研究，具体研究在安徽省目前的教育条件与教育形式下开展写作教学的意义及其可行性，探索能够在大多数学校推广的写作教学模式。注重学生习惯培养、兴趣培养、思维训练、阅读能力的提高和学生的未来发展；注重教师的认识提高、实践指导、教师的未来发展，这一高标准、创新性的目标是现代基础教育所倡导的，目标的实现从某种意义上来说为教师提高教学水平，和学生将来更好地提高写作水平创造了机会和条件。其三，课题的理论基础坚实可靠。本课题有的放矢地借鉴了各种写作教学经验和理论。沿着课题组确定的课堂改革的路子走下去，必将有利于写作教学理论的丰富与发展，使写作教育从教学理论到教学实践更有针对性和实效性。其四，课题的设计上具有整体性。本课题从写作教学理论探索、写作教学模式研究、写作师资队伍培养、写作教学材料开发四大方面全面探讨，其中的很多做法和确定的标准、目标都是现在教育教学改革的重点。这种整体上的设计是课题取得好成绩的保证。其五，课题的可行性强。本课题在研究中提出了具有可操作性的教学方法和教学模式，并在合肥市包河区所有课题参与学校实行，取得较好效果，可见本课题具有较强的可行性。

（2）研究不足。一是课题的理论体系有待于完善。本课题涉及教育学、心理学、写作学等相关理论，在运用多种理论完成研究目标的过程中，须进一步解决理论整合、理论提升中出现的问题，以便使研究过程更加科学、更富有逻辑性。二是课堂写作教学尚需向纵深发展。本课题的研究已经建立起完整的写作体系，总结了一套操作性强的课堂教学的流程与模式。但就每一种文体每一个点来说，我们还可以继续深入研究，将写作教学研究得更深入、更具体。三是如何测评写作实验的效果有待开发。可通过问卷调查法、观察法、测试法等研究写作教学对学生综合写作能力等各方面的促进作用，进而证明写作教学对学生全面发展的促进作用。

（安徽省教育科学研究重点项目，获安徽省第九届优秀教育科研成果评选二等奖）

在新理念下语文课堂教学评价的研究

一、课题研究背景

1. 社会发展的需要。为了迎接21世纪的挑战，世界各国都在大力进行教育改革，在人才培养目标上作了较大的调整，提出要培养“复合型人才”“国际型人才”。国外对学生学习成果的评价更注重个性化，注重实践性，强调意志品格和学习能力的形成。因此，在进行课程改革中，不少地方非常重视对评价体系的研究，同时提出了一些可供借鉴的评价方法。我们的研究力图在借鉴国内外评价方法的同时，建立一套科学的、易于操作的语文课堂教学评价体系，以适应社会发展的需要、人才竞争的需要。人才的创新能力和实践能力起着至关重要的作用，培养学生的创新意识和实践能力，已成为我们关注并努力探索的问题。基础教育肩负着造就适应未来的创新人才的重任，理应思考和调整自己的培养目标，改革现行的教育体制、教育内容、教育方式、评价方式，造就新型人才来应对不断变化的竞争形势。

2. 新课程改革的需要。长期以来，教育教学重评教（主要是以评价教师教学目标、教学过程、教学方法、教学语言、教学风格、板书设计、教师教态等为主，对课堂教学进行评价）、轻评学（仅仅是以评价学生对教材原义的再现和复出原义的程度等为主，对学生的学习进行评价）、重结果（仅仅以学生在参加各级各类部门组织的统考或抽测中考分的高低来衡量课堂教学的成功与否）、轻过程（轻视对学生掌握知识、技能的过程与方法，以及与之相伴随的情感、态度、价值观的形成，学生在已有水平上的发展的关注），重选拔甄别与急功近利、轻激励导向与质量监控的课堂教学评价标准，困扰、束缚着成千上万个锐意教育改革的一线教师的身心、手脚，使他们长期处于一种困惑、迷惘、焦虑之中。虽然近期有关课堂教学评价的改革与实践很多，也取得了一些可喜的成绩，但是不容忽视的是，许多改革由于没有行之有效的措施，课堂教学评价仍旧存在着评价主客体单一、评价方式陈旧、评价内容浅显、评价作用甚微的问题。新课程改革现在已是如火如荼，新的语文课程强调语文学习的个性化和创造性，要求学生能逐步做到独立阅读和写作，要求尊重学生的个性化和学习方式，注重培养学生的创新精神，语文课堂教学评价应更多地突出开放性，鼓励学生独立思考和探究。新课改的观念绝大多数教师能接受，但要真正落实到课堂上还有一段距离，因此我们试图通过适时的评价确立课堂教学中学生的主体地位，以学生为中心的评价方法，改变教师的教学观，改变过去学生单纯依赖教师进行学习的状态，充分发挥学生学习的自主性，让他们在学习的过程中学会学习，让学生能主动参与、自主探究和自由创造，课堂教学多以小组合作的方式协作学习、共同进步。

3. 学生自我发展的需要。长期以来，我国课堂教学评价的标准，往往以教师“教”作为评价对象，学生成为课堂教学的附属，这样的课堂教学评价最大的弊端就是忽略了以人为本的教育思想，忽视了学生发展这一教育教学的最终目的。在新的形势下，原有的课堂教学评价的弊端日益显露：评价功能过于注重其鉴定性和终结性，不具有教育性和发展性；评价标准和方式过于片面；评价主体过于单一等。这种种问题已经成为当前课堂教学改革的桎梏。因此，确立新的课堂教学评价体系势在必行。通过构建有效的课堂教学评价策略和激励性的评价体系，将使评价在新的课程理念下，发挥评价应有的功能，实现评价的价值取向，使学生在学习知识、掌握方法、形成能力的过程中，具有良好的心理素质、积极的情感体验、严谨的学习态度，从而促进学生主动发展，提升学习质量和综合能力。调研中我们发现，语文课堂教学中，许多教师以讲授、提问、讨论、练习为教学方式，虽然不是“一言堂”“填鸭式”，但调查显示80%多的学生其学习方式是很被动的，长期习惯于接受式学习，不少学生甚至是教师讲多少就听多少，黑板上写多少就抄多少，这样的学习，不利于学生学习能力的培养，不利于学生的全面发展，不能为今后的终身学习奠定基础，不能发挥学生的创造力。

4. 教师自身发展的需要。首先，要转变教学思想观念。新型教育在思想上与传统教育相比，要更自觉地追求将精神生命发展的主动权还给学生，培养具有主动发展的需求、意识和能力的新人，实现对学生精神生命主动性发展的核心转变。具有主动性精神生命发展的人，会以发展、创造的态度对待周围世界，对待自己的人生，人的生命过程就会积极，呈现出自主的特征。而个体不但具有独特的创造能力，而且会不断丰富自己的精神世界，创造新的生命历程，这才是未来人才必须具备的生存方式。因而，教师要迅速转变教育观念，重新确定自己的角色范畴，其中包括在课堂教学中的角色转变。在角色的转变中学生可能会改变其对待语文学习的一贯态度，这种转变甚至会影响其一生，教师也将在课堂教学中焕发出新的光彩。因此，“建立能激起学生学习兴趣和自主学习能力发展的评价体系”，是课程体制改革的核心。其次，教师信息化水平要提高。随着计算机技术的发展和普及，教育教学改革的不断深入，计算机辅助教学逐渐进入学校课堂，成为一线教师开展教育教学工作的得力助手。特别是语文学科本身的工具性和人文性，使语文教学与多媒体技术之间有了更多的契合点，如网络教学、适时使用课件上课等，一些公开课、示范课如果没有多媒体总让人觉得有缺憾，“掌握和运用现代教育技术”也成为评课的一个标准。可以说，多媒体教学在语文课堂中成为一项重要组成部分。如何体现语文学科的工具性和人文性，发挥语文多媒体教学作为现代教育方式的真正效用,评价的标准是值得研究的。语文多媒体教学首先是语文教学,语文多媒体课件制作必须体现语文学科的特殊性,完成语文教学的特殊任务。所以,立足于语文学科的课堂教学运用多媒体最优化的评价体系理论探索和实践摸索是目前语文多媒体教学亟须解决的问题。最后,教师反思水平。课堂教学是课程实施最主要的途径,教师是教学工作的直接操作者,有什么样的教师就有什么样的教育,新课改成功与否关键在于教师,新课改水平的高低也取决于教师水平。新课程理念下,教师不仅是知识的传授者,而且是教育教学的研究者。"作为研究者的教师"的理想正逐步得以实现,课程与教师的关系正在发生根本的变革,教师不仅要考虑"教什么"和"怎样教"的问题,而且要考虑"为什么教"的问题。教师立足于真实的教育情境,研究者的角色正在逐步形成。教师个人的自我评价与反思是教师反省、思考教学得失,探索适合的教学策略,解决实际教学问题的一种研究方法,通过自我反思与评价,将教学与研究相结合,不断更新观念,改善教学行为,提高教学水平,形成自己对教学现象、教学问题的独立思考和创造性见解。反思最能促进教师教学能力的提高,从反思的水平能看出教师的水平。有人说会教书能成为好老师,善于总结反思能成为教育专家。研究制定一个用新理念为指导的对反思的评价标准,可以帮助老师使用新理念指导自己对课堂教学进行反思,转变老师的观念,提高教学能力水平,帮助老师进步。而一个由一线优秀老师参与研究制定的评价标准则更具有针对性和可操作性。应以《语文课程标准》为基准,把握好语文课程的人文性和工具性特点,把握好语文学习的三个维度,多方面、全方位地进行教师课堂教学的自我评价与反思,促进教师教学水平的提高,促进学生的全面、主动发展。

二、研究目的和内容

(一)研究目的

《基础教育课程改革纲要》明确指出,"要改变课程评价过分强调甄别与选拔的功能,发挥评价促进学生发展、教师提高和改进教学实践的功能"。由于教育评价对于教学活动具有导向性、监控性、调节性、激励性、反馈总结性等重要功能。因此,关注学生发展性评价,建立以人为本的评价体系,改革课堂教学评价,推行教育专业人员的研究、反思性评价制度,关注评价和考试改革,探索符合新课程改革的理念,建立符合素质教育要求的对学校、教师、学生及教育专业人员的评价势在必行。新课程改革倡导"立足过程,促进发展"的课程评价,这不仅是评价体系的变革,更重要的是评价理念、评价方法、评价手段、评价实践过程的转变。包河区积极探索科学评价方法,构建语文学科课堂教学评价体系,建立多元评价制度,关注师生的进步,开发多方面的发展潜能,重视评价的激励与改进功能。语文学科进行诸如成长记录袋、学习日记、情景测验、学生素质发展报告单等性质的评价方法的尝试,推进课改向纵深发展。

（二）研究内容

本课题研究以《语文课程标准》为基准，把握好语文学习的三个维度：即知识与能力、过程与方法、情感态度与价值观，使之有机结合，从思想品德、学习情感、学习习惯、学习方法、自学能力、特长发展等方面进行全方位的评价。本着考试为教学服务，教学为发掘学生智力、发展学生个性服务，培养学生综合素质服务的良性运作，构建一个全新的“平台”——以学生的发展为本。我们赋予语文课堂教学评价以两重意义：价值判断和定向激励。在新的平台上构建的课堂教学其价值取向是学生的主动发展，评价也就围绕学生的全面发展来进行，并在包河区率先实现课堂教学的转型，形成高水平的“以学生主动发展为本”的课堂教学。我们从以下几个维度来评价课堂教学：1. 学生的学习方式。研究课堂教学中是否彻底摒弃被动接受的学习方式，不同的内容精心设计学生的学习方法。2. 学生的学习水平。提升学生的学习水平是在新课改“以发展为本”的课堂教学中的首要任务。3. 学生的学习效果。把原先评价课堂教学中的“教学效果”改为评价“学习效果”，并赋予全新的内涵。4. 教师的角色把握。将教师在课堂教学中的角色重新定位为学生学习的合作者、帮助者、激励者、引领者、唤醒者、促进者。5. 一堂好课的评价标准。侧重从“量变到质变”“封闭与开放”“概括与具体”进行实验。6. 教师的自我评价与教学反思。研究“上课之后—上课教师自我评价与反省—专家、同事评价”的反思模式。7. 学习环境的营造。教师引导学生学习目标时创设自主学习、交流的环境；提供丰富的学习资源；营造发挥学生个性、各抒己见、相互争论的学习氛围；促进学生内在心理素质的不断提高。8. 多媒体教学的运用。评价教师在课堂教学中“多媒体技术”的运用，主要从评价“思想方法”“多媒体运用”“资源开发”和“过程设计”若干环节入手。

本项课题研究的重点是依据《语文课程标准》提出：“语文教育必须在课程目标和内容、教学观念和学习方式、评价目的和方法等方面进行系统的改革。”课堂教学是实现改革的主阵地，因此课堂教学评价的改革要与教学的改革同步进行。本项研究的基本内容是：如何根据新的理念，不断改进评价的方式，通过不断地探索与实践，构建与课程标准相适应的、重激励发展的、评价指标多元、评价方式多样的语文课堂教学评价体系；如何通过实验，形成一套有利于促进学生的学、教师的教，科学易行的操作系统；语文课堂如何提高“自主、合作”学习的有效性，如何构建有利于促进“自主、合作”学习在语文课堂有效开展的教学评价体系，逐步取代传统的评价方法。

三、研究思路及策略

1. 文献法。大力加强课题组人员的理论学习，编发学习材料和书籍等，更新教育教学理念。

2. 案例研究法。根据课题的内容，收集典型的案例实录，进行比较分析并进行案例反思。课题组成员边学习、边实践、边研究，对语文课堂教学中出现的问题进行分析、交流、反思和点评。对一个个生动的课例进行剖析，获取成功的经验。

3. 行动研究法。在实验的过程中，对随时出现的新情况、新问题不断地修改、补充。

4. 调查研究法。采用多种形式进行调研，如：开展综合调查和专项调查，通过对教师和学生的问卷调查，了解目前包河区语文课堂教学的现状，并通过对这种状况的分析，找出这方面存在的共性问题及与时代的差异，使实验研究更具针对性和实践性。为研究提供基础性数据及科学的论证材料。通过阶段总结以求得活动的稳步发展，通过全面总结，以求得活动的整体效益和拟定活动成果的推广延续。

四、研究取得的成果

1. 增强了教师的科研意识，提高了课堂教学能力。教学科研，既是提高教学质量的重要渠道，同时也是增强教师素质和完善办学条件的有力措施。为此课题组成员采取多种手段加强学习：学习新课标，学习新理念，向书本学习，向专家请教，与同行交流……不仅为课题研究打好坚实的理论基础，也在不断学习研究中，增强了课题组教师的科研意识，课堂教学的驾驭能力得以提高，一次次的由课题成员承担的区校级观摩研讨课，都得到了专家、同行们的一致好评。中国科学技术大学附属中学的王超老师、包河中学的沈永路老师的课题研讨课获市级二、三等奖。课题组成员在研究中所撰写的论文获国家、省、市级一、二、三等奖。南园学校许有群校长、周莲莲老师的论文在省级、国家级刊物上广泛交流；藕毓平的论文获国家级教育教学论文优秀论文奖；64 中的董敏老师的论文《新理念新课堂》和邱向峰老师的论文《让课堂教学从封闭走向开放策略浅析》获合肥市第五届优秀科研成果评选三等奖、包河区一等奖；唐卫兵老师的论文《语文课堂教学之“实话实说”》获合肥市论文评比三等奖、包河区一等奖；王晓晖老师参加首届包河区基本功大赛，获得了一等奖的好成绩。56 中刘胜泉、储昕昳的论文获国家级教育教学论文二等奖，张琴的论文获国家级三等奖，马晓红、杨雪梅的论文获市级二等奖。王大郢学校王圣福校长的论文《学生合作学习的研究》在省级刊物发表。

2. 帮助教师正确理解“自主、合作、探究学习”的内涵。《课程课标》指出：教师要关注学生的个体差异和不同的学习需求，充分激发学生的主动意识和进取精神，注重质疑问难、切磋学问、砥砺思想，倡导自主、合作、探究的学习方式。其本质含义是：学生在教师的启发帮助下，以学生为主体，充分发挥个人主观能动性、小组学习和全班学习的群体作用，在合作学习中，培养学生主动探究、团结协作、勇于创新的精神，以及良好的学习态度、学习习惯、自学能力、与人交往的能力。这种学习，既包括学生个体的独立自主学习，又包括学生之间的积极互助合作学习。

3. 激发学生学语文的兴趣，享受语文学习的快乐。兴趣是最好的老师，长期以来，学生缺乏学习语文的兴趣，学习效率低下是语文教学的瓶颈。在两年的课题研究中，我们改变了“满堂灌”“满堂问”等教学手法，注重在语文课堂教学中激发学生学习兴趣，将“朗诵赛”“演讲赛”“辩论赛”“编写课本剧”“实话实说”等引入课堂，教师对学生也表现出更多的理解、欣赏，培养他们浓厚的学习兴趣，使学生由过去“要我学”（被动接受知识）转为“我要学”（主动探求知识），课堂成为展示学生才能的舞台，从中享受着语文学习的快乐，并取得了可喜的成绩。参与课题研究的学生在各级各类竞赛中多有获奖。

4. 学生的学习能力明显提高。随着听、说、练能力的提高，学生形成了善于倾听他人（老师和同学）意见的良好习惯，主要表现为精力集中，能理解老师和同学说话的含义；在表达自己的意见时，清楚、流畅、概括、简洁；自我评价的能力也得到提高，学生初步形成了不论是对自己还是对别人都能进行公允、客观评价的能力。在课堂上，学生大都具有探索新知的欲望，能够不拘泥于书本，不依常规，积极提出自己的新见解、新发现，有自己的新思路、新设计，在思考和解决问题时，思路畅通、灵活，有深度。在学习中改变了以往被动的学习方式，学会“自主、合作、探究”的主动学习，真正成为学习的主人。

5. 制定语文课堂教学评价表，有效指导课堂教学。本课题属于应用性研究，其基本要求就是研究成果要具有可应用性和可操作性。为实现这一目标，本课题自始至终坚持深入教学第一线，针对目前中小学语文课堂教学现状进行了认真调查研究，在调查问卷的基础上，各子课题拟订了《评价表》，通过课堂教学研究，在进行了深入的论证后，修改并最终形成了各自的课堂教学评价表。总课题组在此基础上制定了包河区语文课堂教学评价体系，指导课堂教学评价的灵活运用和实践。

五、课题研究的思考

1. 共同协商讨论分配各项指标的权重。虽然这种方法省事、省力，受到欢迎，但参与人员的经验、水平、素质会对权重系数的合理性和客观性受到影响。

2. 语文课堂教学评价是一个长期的系统工程，不仅需要作即兴评定，更需要长期追踪探索；不仅要在课堂上开展，更要延伸到课外；不仅需要教师的努力，还需要家长及社会的关注。

3. 课堂教学评价是新课程改革的一个核心问题。转换课堂教学评价的机制，首先要确立教师在课堂教学评价活动中的主体地位，建立以促进学生发展、教师提高为本位的自评制度。课堂教学是师生交往互动、共同发展的过程，课堂教学评价体系只是提供了观察这种发展的参照系，对具体某一堂课的评价不必求全责备，重要的是把握课堂教学的魂，审视其成功与不足，追寻其原因，有针对性地提出改进教学过程、提高教学效率的办法或建议。评价最重要的意图不是为了证明，而是为了促进。

4. 评价应是激励性的、多元性的、民主性的。进行课题研究这两年来，有许多思考：在强调教师角色转换的同时学生如何恰当地配合，这都是相当繁杂的问题；如何处理定性和定量评价的关系？在教育领域中很多内容是无法量化的，量化不科学，将会使教育评价异化。语文课堂教学改革，无论怎么改，都不能离开这两个大字："语""文"！一堂好语文课评价标准的基础当然是"语文课"，应细化一堂好语文课评价标准，构建新理念下语文课堂评价体系，更好地体现语文学科的特点；"一堂好语文课评价标准"应符合语文课堂教学新理念，但如何使它既具有规范作用和辨别功能，又实用、适用，能促进语文课堂教学的改革，提高语文教学效率？在今后的教学中，我们将做进一步的思考与研究，力争提高语文课堂教学效率，取得更好的成绩、更丰硕的成果。

（安徽省教育科学研究重点项目，获安徽省第六届教育科学研究优秀成果三等奖）

写字教学的指导方法与策略

一、研究的背景要义

在信息化的今天，将写字教学融入基础教育既是传承祖国优秀传统文化的需要，又是培养学生语文能力重要的一环。将写字教学与构建校园文化紧密结合，提出普及教育与精英培养相结合、集中练习与分散练习相结合、随课文写字与有主题写字相结合、指导课与欣赏课相结合，重练轻说、循序渐进的策略，结合多种指导方法，开展丰富多彩的活动，达到写字育人的目的，营造出浓浓的文化氛围。

二、研究目的及内容

研究的目的：对小学生写字提出了明确的要求，养成正确的写字姿势和良好的写字习惯，书写规范、端正、整洁；改进写字教学方法，优化课堂教学，提高教学质量。对于教师，真正转变教师角色，在研究课题的过程中，体验如何指导学生写字，如何作指导者，过程的监督者、帮助者和评价者，使学生真正变成学习的主人，在研究课题的同时摸索出使学生成为学习主体的途径、方法、策略。对于学生，在教师的指导下，学会写好字的方法，做到“提笔即练字”。提高写字水平的同时，逐步构建自主写字学习策略，形成良好自主学习的兴趣和习惯，提高自主学习能力；打造一支优秀的教师队伍，让所有教师具备扎实的基本功；对于学校，营造浓浓的文化氛围，构建新型的校园文化。

研究的内容：1. 通过课题研究工作的实施，营造浓浓的文化氛围，构建新型的校园文化；2. “写中国字，做文明人”，在传承祖国优秀文化的同时，培养学生的良好素养；3. 改进写字教学方法，优化课堂教学，提高教学质量；4. 立足课堂，延伸课外，谋求教育合力，真正使全校学生“会写字、写好字、写字好”。

三、所采取的措施

从问题入手，设计问卷调查，对学生进行全方位调查，目的是了解学生现状，查找问题，分析原因，确立实施的方式、方法和要求。根据课标的相关要求，我们对全校 16 个班，800 多人作调查分析，共 17 个问题。调查统计表明学生存在以下问题：资源缺乏，书写得不到重视，手头书写材料少。练习时间少，自主练习习惯、能力差，书写兴趣不浓，无计划，不能坚持。同时从问卷中反映，100% 的学生家长希望有效提高写字能力，但学生不能持之以恒。主要的原因是：没有良好的书写习惯；缺乏一定的书写策略和方法；没有充足的时间保证；没有科学性地指导学生书写。调查与分析，使我们了解到目前的现状。针对问题和原因分析，首先确定研究内容和研究方法，寻找对策，解决调查中存在的问题,制定系统的书写计划和训练程序,评价监控激励办法:进行实验开展行动研究。

课程设置、环境熏陶。在课程安排上,每班每周开设一节书法课(由聘请的专职书法老师任教)。每周二、五下午课前的20分钟小课设为写字课(各班语文老师指导学生练习)。此外课余时间开设了书法兴趣小组,并把这一规定作为教学常规贯彻落实下去。在兴趣培养上,要多鼓励、多举办活动。将班级好的作品张贴在班级的墨香角,获奖作品张贴在学校的宣传栏、文化墙,以此来熏陶和鼓励学生。为提高学生的积极性,只要有相关比赛,就组织学生参加。3年来我校先后参加区、市、省、国家级比赛20多次,都取得较好的成绩。除了部分较好的学生参加比赛外,每年一度的校园文化艺术节,为全校学生提供了展示的机会。

四、取得的成果综述

(一)写字教学的指导策略

1. 普及教育与精英培养。写字是一项重要的语文基本功,是巩固汉字的手段,对于提高学生的文化素养起着重要作用,学生必须从小打好写字的基础。热爱祖国文字、具备熟练的写字技能,并有初步的书法欣赏能力是现代中国公民应有的基本素养,也是基础教育课程的目标之一,作为承担基础教育的小学来说,责无旁贷。而且我校结合自身的校情,有意识地将写字教育与校园文化建设整合,其目的正是要带动全校师生共同发展与进步,这也是我们在课题开展之初反复强调的一个基本理念。在搞好普及教育的同时,兼顾特长生的培养,力求在提高整片"实验田"产量的基础上,多结出"几颗硕果"。学校书法兴趣小组的成立和书法课的设置就是基于这点考虑,这样的安排体现了写字教育的梯度发展。

2. 集中练习与分散练习。集中练习指学生在校内的写字时间,包括语文课、书法课、兴趣课和以此为主题的各项活动。集中练习时有教师进行现场指导,针对学生练习过程中出现的问题随时纠正,灵活有效地调整教学方法和手段,其不利因素是无法掌握校外练字情况,训练时间不足。分散练习主要针对的就是校外写字,主要就是指学生的作业和随时随地的笔记等。俗语说,字无百日功。叶圣陶先生也曾说过:"咱们天天为了实际需要而写字,其实天天在练字。"这正是我们倡导学生"提笔即练字"的思想源头。要解决学生写不好字,训练量不足的问题,就必须坚持两条腿走路:写字课时练,平时作业时也练。学生虽然集中练习的时间不多,但平日写字实践的时间相当多,如抄写生字,写日记,做各科作业。然而学生由于急于赶作业,注意力又不在练字上,所以往往缺乏训练意识,我们要引导学生养成这么一种良好习惯,不管在什么场合下写字,只要一提起笔来,就要一笔一画地写,认认真真地写,力求做到笔画清晰,间架合适,行款整齐。

良好的写字习惯的培养，是一个长期而艰苦的过程，也是磨炼学生意志、性格、品质的过程。对此，教师一定要从严、从实、从点滴抓起，要抓住小学阶段练字的最佳时期。当然，要让学生养成“提笔即练字”的好习惯，还必须取得家长的支持与帮助，让家长成为孩子的校外辅导员，形成教师指导、家长辅导的合力局面。

3. 随课文写字与有主题写字。学生的写字训练主要是结合语文课本上的生字学习而来的，因而不可避免地会出现各种字形结构、同笔画的不同写法、同结构的不同比例等情况，容易分散主题，不利于学生的练习。因而我们建议教师可以在具体的识字写字中创造性地使用教材，或者自主结合本单元、本学段的特点，开展有主题的写字。例如二年级上册第七单元练习的“写好铅笔字”，其主题就是写好半包围结构的字，要求学生把半包围结构的字写得匀称，关注里面的部分与整体字形的关系，做到大小合适。半包围结构字的书写是写字教学中的一个难点，教师可以就此专门开展一次主题写字教学，带领学生回顾本册课本，找到半包围结构的字，根据其特点归纳成诸如“冲出包围圈”“缩手缩脚”等几种类型，将零散的识字写字重新整理，使无序写字向有序写字过渡，潜移默化地教会学生找到汉字书写的规律。

4. 指导课与欣赏课。写字教学虽然是一门实践性很强的学科，重在技能的训练，但一味地强调技能会使之显得乏味。其实书法作为中华民族灿烂的文化流传至今，正因其变化多端、妙趣横生的特点，优秀的书法作品、脍炙人口的练字故事成为写字教学的最佳资源。指导课与欣赏课并行，就像是书法艺术的两翼，借此，我们的孩子才会成为华夏文明的传播者。

5. 兴趣先导，重练轻说。在前期的教学实验中大部分写字课倾向两个极端：一是整节课教师反复讲解，仅留少量时间让学生草草练习，或作为作业让学生回家练习；二是只练不讲，让学生盲目机械练习，教师不予任何技巧和理论指导。如何解决这两个问题？我们提出了“兴趣先导，重练轻说”的策略。兴趣是最好的老师，这个道理用在任何学习中都适合。激发兴趣的目的就是让学生不以为苦。众所周知，孩子们怕写字的一个重要原因是汉字书写讲究一笔一画，行款整齐，而汉字中笔画过十的不在少数，尤其小学生因其年龄特点，活泼好动，注意力特别容易分散，如果没有兴趣的支撑，写字教学要想蓬勃开展确实很难。在实践中，老师们想出了很多激发兴趣的办法，如创设情境、唱写字歌、举办书法名家故事会、竞赛、展览等，让孩子们在健康快乐的自我成长中建立自信心，在博大精深的书法文化中树立中国心。

经过三年的经验总结得出一节写字课的合理安排：教师的讲解控制在 8 分钟以内，学生练习时间安排 12 分钟为宜，因为据心理学研究，儿童的注意力集中时间在 20 分钟左右，时间一长，便会注意力分散，烦躁不安。剩余时间可穿插分析讲评，进行优秀作品赏析，经验交流等。学生练字时，教师应巡视指导，发现问题当场纠正，如有进步应及时表扬。点评还应注意的是：应以鼓励为主，对学生的点滴进步都予以表扬，使他们看到自己的成绩，体验成功的快乐，从而激发学生习字兴趣，促进习字的自觉练习。

（二）写字教学的指导方法

学生能否对汉字书写产生浓厚的兴趣，能否坚持练习乃至具有顽强的习字毅力，能否主动探究、树立勇于创新的精神，首先取决于学生自身的主观能动性，同时也与学习活动的组织者和引导者——教师——所采用的教学方法有着密切的关系。具体的教学方法有：讲授法、观察法、示范法、比较法、实践法等。

讲授法是教师通过语言将汉字书写知识、理论、技法传达给学生的方法。讲授法是学校各专业各学科最常用的基本方法。它的优点是，可以将知识系统地传授给学生，可以在各种条件下运用，能根据学生现场反应随时调整讲授内容。无论采用哪一种教学方法，都需要与教师的讲授相配合。突出目的性。每当讲课之前，首先明确本节教学目的，确定重点难点，抓住主要矛盾，做好充分准备。讲授一个概念，必须语言准确、精炼、明白、透彻；讲述一种书写技法，必须说明操作要领，以及需要防止出现的问题。唯有目的性强，讲授才能中心突出，不枝不蔓；唯有要言不烦，干净利落，才能在学生心中留下深刻的印象。在讲解技巧时要做到以下二类：一、讲求生动性。讲授的语言应力求生动形象，可以举实例、打比方，引用古诗典故、书法家的趣事来说明自己的论点。例如，讲毛笔楷书每到笔画转弯处须留意时，有位教师说，骑自行车、摩托车跑直道时可以目视前方，快速前进，而到了拐弯处必须放慢速度、控闸转把；写毛笔字与此同理，每到笔画转折，运笔速度应放慢，全部注意力要集中在提、按、转、回的运笔技巧上。这位教师的讲述，用学生身边事打比方，自然贴切，道理讲得透彻，学生印象深刻，久久不忘。二、注意通俗性。讲授写字理论、字形结构知识等可适当引用书法名词术语和书法家的名言，这些专门用语都有其特定的含义，而且有的还深奥难懂。当第一次引用时，教师要用浅显易懂的语言细致地加以解释，以后用到时就可以用书法术语直接表达。运用这类语言指导学生练字，言简意赅，深刻警人。例如给高年级讲汉字笔画知识，可引用王羲之名言："倘或一点失所，若美人之病一目；一画失节，如壮士之折一肱。"这句话说的是点如美人眼睛，画似壮士胳膊。从中可以体会书圣王羲之珍重书法，爱惜点、画如生命的严谨作风。

观察法是教师有目的、有计划地引导学生用视觉器官认识客观事物的方法。汉字是通过形体来反映意义和读音的，识字和写字首先要用眼睛观看。这种方法在写字教学中时时刻刻都要运用。观察法分析书法教学中的观察，其构成因素有两个方面：客观因素表现在书法作品的艺术美是潜在的，是静态与动态相结合的；主观因素方面，小学生阅历浅，观察能力差，难以达到全面深入。鉴于此，教师在指导学生观察时应充分考虑到主、客观因素，注意做到以下几点：1. 观察要有目的。引导学生观察之前，教师先要做好准备，头脑中明确让学生观察哪几个方面，明白、简要地讲给学生之后，还要注意启发引导，以免学生注意力分散，看了半天一片茫然，失去了观察的意义。2. 观察要有顺序。观察的顺序性，是对观察对象内在规律性的把握。高年级学生学写毛笔字最关键的环节是观赏名人字帖，书法术语叫“读帖”。读帖应训练学生掌握如下顺序：一看外形的气势；二看字的重心、主笔；三看结构比例安排；四看笔画长短、粗细、俯仰、穿插；五看整个字松紧、收展等特征。按此顺序读帖，基本上能把握汉字的构成规律。学生一旦形成这样的读帖习惯，将受用终生。

示范法，教写字只靠讲，动口不动手不行。学生承认教材上、字帖上的字美，但他们美的感受越强烈，就越想知道怎样运笔才能写出这些字。他们的希望全部寄托在教写字的教师身上，所以教师必须时时示范，让他们清清楚楚地看到一笔一画的运笔过程和最后完成的潇洒俊美的字形，他们才会下决心效仿老师，练好字，主动意识和进取精神充分激发起来。教师示范，动作宜缓慢分解。尤其教一二年级儿童写字，教师运笔要慢，合体字要分部件进行示范，一边示范一边讲解。例如教“学”字的写法，教师先写出“学”字的头部，讲解它与“光”字头部的不同，让学生在本子上写出“学”字头；教师再写出“学”字的秃宝盖，讲解写法，并让学生接着写出秃宝盖……分步示范讲解之后，再综合示范，让学生体会各部件如何组合。

比较法是就两种或两种以上同类事物辨别异同或高下。在写字教学中运用比较的方法可以收到明显的效果。低年级学生鉴别能力差，往往看不出笔画正确与错误、笔顺是否规范、间架结构是否合理。对此，教师可用比较的方法让学生锻炼鉴别能力。例如在讲汉字笔面“捺”的时候，先用大毛笔蘸水在黑板上慢慢运笔，一波三折写出标准的“捺”，并趁笔迹未干用粉笔双钩描出来，作为示范；然后再写出“扫帚”捺、“垂尾”捺和“翘尾”捺。学生面对上面正确的捺，再看看下面三个错误的捺，点头表示理解，并在教师启发下认真分析三个错误的捺错在何处。这样学习笔画印象深刻，记得牢固。讲笔顺、偏旁部首以及间架结构等知识都可以用比较的方法。与帖比较这种方法实用性强。教师要想办法引导学生树立一种主动探究、勇于否定、不断创新的精神。无论练习硬笔，还是毛笔，写完一页字应主动自觉与字帖对照，发现写得不好的地方用铅笔圈上，然后注意再写时一定改正。如果发现字帖上某字或某字的部件写得不好，也应用铅笔做个记号，再查阅其他字帖通过比较自己选定一个好的字形来练写。如果能长期坚持比较、鉴别、练习、创新，那么写字将有很大的进步。横向比较在学习写字过程中表现为同班同学的作业可以比较，兄弟班级之间也可以比较，甚至还可以发动学生从书法报纸、书法杂志上选来外地学校中小学生的书法作品在墙报上展示出来,供大家学习、效仿,其实这也是在暗暗的比较。许多书法家都认为,有多大的环境就有多大的眼界,只徘徊在小圈子里很难探求书法的真谛。比较法在各种类型的写字课上都可以使用,当然常常是与其他方法配合、交融,共同为提高写字教学质量发挥作用。

实践法是在教师指导下,学生通过实践练习掌握写字基础知识,获得技能技巧的方法。实践法是由写字教学的实践性决定的。学生学会写字,不只是理论上知道写字规则,更要紧的是在一笔一画的实践练习中体验和掌握写字技法,否则就好像在岸上说游泳,一下水就沉没一样,纸上谈兵,终究没有真本领。

(三)课堂指导基本教学步骤

一节写字课的教学过程,应该依据教学内容和学生的实际情况来确定。但根据人们认识事物的一般规律,一节写字课的基本教学步骤大致如下:①组织教学。组织教学的目的是稳定学生情绪,集中他们的注意力,使之对上好这节写字课做好心理上和用具上的准备。写字教学需要的是一种安静平和的气氛。唐人虞世南曾论及此,他认为在即将练字之时,应当排除杂念凝聚精神,目不旁视,耳不兼听,心正气和,那么写出的字常能与名家碑帖相契合;心神不正,字则歪歪斜斜。组织教学的方法应当从实际情况出发,采用灵活多变的语言,或配合运用目光眼神、表情手势,都可收到良好的效果。例如铃响学生起立,师生互相问好,学生坐下后,教师用亲切、鼓励的目光投向全班,就能起到稳定心神集中精力的作用。教师还可以询问写字用具准备情况如何,并讲一两句赞扬的话。如果一上课就发现学生精神振奋,用具齐备,就不必再组织教学了。在一节课中间有时也需要组织教学,这应视具体情况而定。组织教学时间宜短,教师语言要少而精。②温故导新。教师可用提问、引导性叙述等方式让学生回忆前几节所学的写字知识,其中与本节密切相关的内容教师可以简略板书,以备讲新课时运用。还可以从总结前次写字作业的情况自然导入新课。这一环节要注意:第一要有趣味性。例如本节写字课的任务是继续学习横的写法,有位教师的导语是:“多数同学已掌握了横的运笔技巧,应继续努力;少数同学写的横有三种,毛病(举出实例让学生看)是一像柴担,两头翘、中间弯;二像哑铃,中问细、两头圆;三像竹片,从头到尾平又扁。我们怎样改掉这些缺点,写好横呢?下面开始讲课。”第二要干脆利落,少占时间。这一环节重在起到“温故而知新”的作用,离题太远说起来没完是讲课的大忌。③提出目标。开宗明义地提出本节教学目标至关重要,这样等于发布安民告示,学生晓得本节要学的内容,既稳定心神又激发兴趣。教学目标是根据教学计划的安排提出来的。每学期开课之前,教师应根据教学大纲、课程标准以及教材妥善安排教学计划。每节课的教学目标都是构成整个计划链条中的一环,环环相扣,指引学生一步步前进,最后达成总的目标。教师在课堂上应先板书课题，再提出本节课教学目标，如果二者一致，教师板书本节课的中心课题，也就等于明确了教学目标。④讲解示范。这是一节课中最关键、最重要的步骤，是学生获得书法知识和理论的主要途径。讲解应当与分析范字相结合，与教师亲笔示范相结合。一般先挂出课前准备好的范字，教师引导学生观察，同时进行讲解。例如学习“点”的知识和技法，教师指导学生欣赏范字不同的点的佳妙之处，适时指出“点是汉字基本笔画之一，古人说‘点者，字之眉目，全藉顾盼精神’，也就是人们常说的‘人神在眼，字神在点’。点写好了整个字顿长精神，若写不好，如同美人失去眼睛”。这番话占用时间不多，但可引起学生学习写点的兴趣，激起强烈欲望。接着教师结合讲解亲笔示范。可用大毛笔蘸白色液体在黑板上书写。要突出讲清楚点贵在“头轻，尾重，背圆，腹平，体态饱满，顾盼有姿”。让学生观察分析教师写出的范字，其中的点是否符合理论的要求，观察并领悟教师写点的行笔路线。然后教师边示范边讲解竖点、横点、垂点、长点各自不同的运笔方法，最后出示错误的点的图片，诸如“凹腰”“尖头”“牛头”等病“点”，正反对比，印象鲜明。⑤指导练习。学生是学习和发展的主体。写字课的目标是让学生掌握写字的技能技巧，因此必须多多练习。从时间上说，写字课要有二分之一的时间让学生练习，教师巡回指导；语文课一二年级也是以识字、写字为教学重点，课堂上应当用三分之一的时间让学生写生字。中、高年级可适当留一点家庭写字作业，但要讲究科学合理性，不能“每个字写 20 遍！”“写错 1 个字，罚抄 30 遍！”这些严重挫伤学生积极性、扼杀学生求知欲的做法已受到社会各界和广大家长的猛烈抨击，必须坚决改正。指导练习这一环节对一二年级学生来说尤其重要，因为他们自制能力差，时时需要教师扶助那种放手不管，任你乱写，乐得清闲的态度是极其错误的。指导练习的一般做法是：第一步先引导学生仔细观察语文书后田字格中的范字（或是教学范字卡片），获得总体印象。第二步抬头看黑板，老师一笔一画地示范书写，这时要求学生必须集中注意力，不能走神。第三步老师带领学生作字形结构分析，独体字分析到基本部件或笔画，合体字先分析偏旁部首，再分析间架结构。这一步骤对于学生掌握汉字笔画书写、汉字结构规律最为重要。教师一定要培养学生形成自主、合作、探究的学习态度，积极主动地参与字形结构分析，这与坐在那里光听教师分析效果大不相同。第四步学生书空，口里说出笔画、部件或是部首名称，说出该字的间架结构类型。第五步当堂练写，第一遍要慢写，笔笔到位，第二遍要纠正第一遍出现的毛病。每个字写三遍之后略停，教师将桌间巡视发现的共性问题在黑板上指出、纠正，然后学生再写一两遍，教师个别指导。随着学生年龄、年级的增长，教师可逐渐放手，但应想办法激发学生练字兴趣，积极为他们创设学习情境，培养其自主学习的意识和习惯。⑥总结讲评。教师将当堂学习写字的情况作个小结，占用时间两三分钟。中心在于对照上课时提出的教学目标是否达到，存在什么共性问题。根据多鼓励、多表扬的原则,要充分肯定全班学生的学习积极性,对于表现突出、进步较大的学生应给予赞扬。⑦布置作业。俗话说“三天不写手生”。无论从掌握写字技巧的角度,还是从学会语文课所学生字的角度,小学生写字训练一天不可停顿。尤其是双休日、寒暑假更是学生独立识字、练字的大好时光。为此,教师应根据年级的不同,教学要求的不同,有区别地布置写字作业,但切忌超量,加重学生课业负担。

以上教学步骤是根据一般情况设计的,写字教学过程是师生双边活动过程,随时可能出现意外变化,所以教师应根据课堂具体情况灵活安排教学步骤。这里教师应该树立的新理念是:学生是学习和发展的主体,安排教学环节要从爱护学生的好奇心、求知欲出发,充分激发学生的主动意识和进取精神,为形成自主、合作、探究的学习方式而努力。

五、产生的价值效益

1. 科学把脉,对症下药。只有从学生实际出发,真实了解学生实际状况、写字条件、写字资料、写字水平,才能科学把脉,了解影响学生写出好字的困难,存在问题及原因,才能从问题入手,提供条件,排除障碍,预设拟解决的办法,为学生真实写字活动的开展制定科学的、合情合理的计划方案,自主写字、科学指导,边实践、边研究、边调整修改、边总结经验形成成果,努力争取以模式的方式呈现成果报告,以便推广。因此,我们对学生实验前后分别作了详细的阅卷调查,统计分析,肯定长处,查找原因,指出不足,再接再厉。

2. 良好的习惯至关重要。维持和发展良好的写字习惯是漫长而艰巨的任务,需要教师持久耐心,有努力和勇于创新的精神。教师先要有扎实的基本功,才能潜移默化地影响学生。坚持定期开展多种交流活动是一种手段,坚持和加强过程性监控,采用多种形式加强评价反馈,有利于提醒、要求、审视自己的写字活动和效果,学会反思,学会科学制订计划,自觉履行计划。及时有效的评价更有利于学生生成成就感,有了成就感才能激发写字意识,产生兴趣,强化动机,培养其自主写字能力,回归写字教学的本色。

3. 梯级写字训练是强化剂。有了写字兴趣,再施以科学的、系统的、分层写字技能训练,就为自主写字活动添上了翅膀。

4. 课程资源的利用方面有了新进展。实践表明,单靠课本与同步练习上的写字达不到课标对写字的要求,只有将课内与课外相结合,构筑课内外写字一体化模式才是最有效的。在资源的利用方面我们发现,将课内拓展资源和课外开放性资源相结合,才能激发学生写字的强烈愿望,产生兴趣,坚持写字,初步形成自主写字的习惯。

当然,教育不是付出即刻产生效益的产业,两年的研究并不能让我们的孩子立刻以崭新的面貌示人。不过,当我们看到写字课上小学生专注的表情,感受到教室里安详静谧的气息时,文化校园的构想已经不是梦。

(安徽省教育科学研究重点项目《写字教学的指导方法与策略》研究的核心成果)

散文教学内容确定及实施策略研究

一、相关概念界定与研究背景略述

（一）关于散文概念界定

散文是介乎文章和文学之间的文体。对于散文的定义，学界尚无定论。现在较为流行的观点认为，散文是与诗歌、小说、戏剧并称的一种文学体裁。其特点是通过对现实生活中某些片段或生活事件的描述，表达作者的观点、感情，并揭示其社会意义，它可以在真人真事的基础上加工创造；不一定具有完整的故事情节和人物形象，而是着重于表现作者对生活的感受。另有一种观点认为，散文通常有三个层次上的理解：广义散文，与韵文相对，指的是一切不押韵的文章；中义散文，包括除去诗歌、小说、戏剧和影视文学之外的一切叙事性、议论性和抒情性的文体；狭义散文，专指抒情散文。中学教学层面的散文，通常指的是狭义散文和中义散文的交叉，但其间并无分明的界限。我们的课题研究把这样一类散文作为研究的主要对象，不把具体概念的探讨和界定作为研究内容。散文形式自由，取材广泛，写法灵活，风格多样，具有构思的灵活性和较强的抒情性，作为一种“边缘、杂交文体”，因其多元、丰富和自由等特性，很自然地成为语文教学的第一文体。

（二）关于散文教学内容的确定

关于“教学内容”，具体有两个层面的意思。第一个层面的意思是学与教相互作用过程中有意传递的主要信息，一般包括课程标准、教材和课程等；第二个层面的意思是教学过程中同师生发生交互作用、服务于教学目标达成的动态生成的素材及信息。关于“教学内容的确定”，针对上述的第一个层次的“教学内容”即语文课程标准、语文教材，课题组主要是学习吸收；在学习课程标准和相关教材的基础上，本课题研究的主要是“教学内容”的第二个层面的意思。“教学内容的确定”，就是研究如何在课堂教学中确定每一篇课文的教学内容。具体到散文教学，由于用以进行阅读教学的散文文本，其内容是丰富的，其教育教学的价值必然也是多样的，教学时不可能面面俱到，所以散文“教学内容的确定”就是指在散文的阅读教学活动中，面对丰富多样的文本价值，语文教师在关注文本的核心价值的基础上，合理取舍，确定教学内容。

（三）散文教学内容确定的研究背景

初中散文教学的内容确定随意性过大，“教什么”与“不教什么”完全依据教师个人的喜好。很多教师在确定教学内容时，基本上没有经过严格的研究与分析，而是凭借自己以往的经验或照搬他人的模式——"我就是要教这些"。但是如果进一步追问:为什么教这些?是否应该教这些?许多教师通常会比较困惑。初中散文教学如果没有合宜的教学内容,所有的方法事实上就失去了意义。而初中散文事实上已经成为语文教学的主导文类:阅读教学以散文为主,写作教学有散文化趋势,语文测试中散文阅读几乎成为必选项目。既然散文事实上已经成为初中语文教学的主力,那么初中语文教学研究的当务之急就是要研究如何把散文教好,如何把散文教得像散文。内容决定方法,"教什么"决定"怎么教";同样,初中散文教学内容的确定是散文教学的关键所在。而真正系统研究散文教学内容的确定,一直处于散乱状态,各家众说纷纭,没有系统性,在此背景上我们提出本课题研究。

(四)课题研究的现实意义

通过问卷调查发现,就包河区目前散文教学情况看,很多一线教师在进行散文教学时,教师由于个人对散文文本的解读和把握能力有限,经常会出现教学目标模糊,甚至出现不合理的教学目标,对文本的解读停留在文字的浅层,文本解读能力较差,不知道该教给学生什么内容。同时由于缺乏系统的散文教学的知识,经常在课堂上出现教学随意性大,教学方法单一等问题。基于以上出现的问题,散文教学内容的确定及其有效实施的研究就尤为重要了。

一直以来,散文教学内容的确定没有一个明确的、科学的定位,教师的教学主观随意性强、盲目性大,整个初中散文分布在教材单元中,没有系统性,实际教学中教师常常凭经验教学着,面对一篇篇散文,确定教学内容的依据是什么?确定怎样的教学内容?确定教学内容后有哪些实施策略?针对当前的散文教学现状,在尚不完善的理论研究和实践情况下,将统编教材中的所有散文课文,全部选出作为专题研究,篇篇过关,课课落实,从三个层面进行研究。

二、研究内容、方法与目标简述

(一)研究内容

1. 根据散文文体的特征、文本的特性、学生的学情,确定初中散文合适的教学内容,梳理初中散文教学内容的系列知识点。2. 深入研究文本,确立初中散文教学的合适内容,探索散文教学内容确定的策略。3. 科学设计教学环节,选择教学方法,进而细化,落实初中散文的教学内容,构建初中散文课堂教学有效实施的途径。4. 对初中散文进行教学设计、选择教学方法,诸如个性化的言语表达、言说对象和独特的情感认知,形成散文课堂教学风格。

(二)研究方法

1. 文献研究:梳理同类课题和研究已有成果,对"散文教学""散文教学价值""散文教学内容"等关键词进行文献综述，为本研究提供借鉴，也为寻找创新性的研究空间奠定基础。2. 调查研究：以观察、访谈、问卷等调查散文教学的现状，了解师生的心理需求，为散文教学的实践提供依据。3. 行动研究：通过课堂教学层面的实践，探寻初中散文教学内容确定及其有效实施的途径，及时反思方案的科学性与可行性，及时总结实践经验，对研究方案做出灵活的调整。4. 案例研究：选取具有代表性的典型案例，研究初中散文教学内容的确定与相关教学设计，从个例中总结出具有典型意义的教学策略。

（三）研究目标

1. 探索散文教学内容确定的策略，并通过课堂实践不断检验，形成切实可行的散文课堂教学策略。2. 提升语文教师解读文本，特别是解读散文文本的能力和设计散文教材的能力，树立用教材教的观念，提升教师的专业素养，提高散文教学的效率，从而提高语文教学质量。3. 本课题是"初中散文教学内容的确定及其有效实施的研究"，它是以现代教育学和心理学为理论指导，以满足学生的自我发展为终极目标。在此过程中探讨研究初中散文教学内容的确定及其有效实施的有机结合，引导广大语文教师提高对散文教学内容确定的能力，并使得散文教学能够有效的实施。4. 调动学生学习散文的兴趣，让学生在学习的过程中提高对散文的认知、发现、理解的能力，从而提高学生阅读散文的能力。5. 在研究中生成一些实施散文教学内容确定的散文课堂教学典型课例和教研文章，提高散文教学的有效性。

（四）探索散文教学内容确定的依据

立足实践层面，我们认为确定散文教学内容有以下几点需要关注：

1. 以《课程标准》为基准。课标七至九年级语文"阅读"目标有15条，具体落实到文本解读，归结起来就是：读懂写什么？即写作思路，主要内容，作品内涵，作者的情感、态度、观点，重要词句在语言环境中的意义和作用；有自己的情感体验，获得对自然、社会、人生的有益启示。明白怎么写？即对课文的表达有自己的心得。了解叙述、描写、说明、议论、抒情等表达方式。这些要求虽是其基本依据，但过于笼统，还要根据散文的具体文本特点来确定教学内容。

2. 以《考试纲要》为准绳。散文的语言优美、内容丰富，形象生动、主题深邃，精巧而又不拘一格的形式，成为近年来现代文阅读考查的热点。然而面临着应试压力的现状，怎样在确定好教学内容的同时又能和中考有机统一？中考的考纲要求：品味文学作品中富有表现力的语言；对文学作品中感人的情境和形象，能说出自己的体验；对文学作品的思想感情倾向，能作出自己的评价……以《散步》为例，让学生抓住感悟亲情，珍爱生命情感，感悟文章的语言美，让学生明白尊老爱幼是中华民族的传统美德，让学生体验家庭责任感和社会责任感，既是对这篇文章主题的诠释，也是散文教学中的主要内容,更是中考考点,对一线教师来说要比较准确地把握。

3. 以教材编排体系为参考。许多教师以教材和教参为依据,参考“单元导读”和文本后的“研讨与练习”来确定教学内容。教师在备课前先读懂编辑的意图,再根据编辑意图来确定教学内容,然后去设计教学流程,这样课堂教学有了一个大致的方向。如一位教师在执教《紫藤萝瀑布》时是这样确定教学内容的:作者运用托物言志的写作手法,即运用工笔细细刻画紫藤萝瀑布,抓住女性作家那种细腻、柔婉艺术视角来展现生命不息和勃勃生机,教学效果比较好。

4. 以学生的实际学情为前提。散文教学内容的选择与学生的实际需要契合,这是很有必要的,只可惜这样的教师为数不多。众所周知,学生之间的差异决定了他们在学习上的需求有所不同,何况包河区教学资源不是很均衡,优质学校和薄弱学校之间存在明显的差异,即使同一所学校、同一个班级,由学生的成长环境、成长经历甚至于智力发展上的差异,对课文的理解更不相同,况且散文本身就比较难以把握。如《安塞腰鼓》一文,由于此篇课文合肥地区的孩子在六年级上册(苏教版)时学过简略版的,基本的内容结构、语言表达、修辞手法,小学时已涉及。对于中学生此文是一篇文质兼美的诗化散文,有着雄浑伟奇的画面,更有着与画面风格一致的气势磅礴的语言,内涵很丰富,可以挖掘的美点很多。到初中要避免“炒剩饭”,根据实际情况,初中的学生要能较深入地理解作者的写作意图和思想情感。要使学生感知安塞腰鼓的狂野奔放,黄土高原人的豪放、蓬勃旺盛的生命活力,激发学生热爱民间文化,热爱家乡的情感。另外,还要通过师生与文本对话,深入挖掘文本内涵,确定以下教学内容:理解文中短句深刻含义及排比句的运用,体会文章的节奏美、诗意美,深入体会作者热爱家乡的情感及赞美西北汉子旺盛的生命力,引导学生发现身边的美,并理解文章的思想情感与表达形式上的一致性。

5. 以一定的教育理论为支撑。我认为在具备一定的教育理论的基础上,还要有比较先进的教学理念,善于思考,形成自己的教学风格。一位教师对《济南的冬天》教学内容确定及教学设计就有自己的独特见解,在整篇课文的教学中应该先引领学生感受作者对济南的特有情怀,通过诵读训练学生的语感,体悟文章的神韵,在此基础之上,学生才可能有兴趣去关注、去探索语言的巧妙表达,技巧的巧妙运用,领略一代语言大师的风采。

6. 以自己的阅读理解为主导。教研中要求教师在平时的教学中,无论什么课,教师都要对每篇文章或文学作品,读上数十遍,读出一点自己的感受,在反复细心阅读文本的前提下,静静地想一想:我读出了一点什么,读懂了一些什么,应该教给学生什么。能教给学生什么,从而通过自己独特的思考,确定教学内容,设计教学问题。例如一位教师反复读《紫藤萝瀑布》文本后，确立教学内容是用生动细腻的描写这种表达方式去展现生命的不息与活力，在教学过程中抓住重点词句去揣摩和体味，理解文章的主旨，使语文教学具有语文味。以教师自己的阅读理解为主导，一则可以培养教师的独立思考能力，不断提高教师的课堂教学智慧；二则有利于教师形成良好的阅读习惯，促进教师坚持从学生出发来确定教学内容和设计教学问题，不至于偏离方向。

三、重要研究成果详细阐述

（一）初中散文教学知识序列基本教学内容建构

散文教学内容确定有了一定的依据，就要考虑散文教学的具体内容，在具体教学情境中对教学内容选择确定。通过反复论证，长期实践，教师对初中阶段的散文的基本教学内容进行了梳理，构建初中散文教学知识序列的基本教学内容。下面所列的篇目及确定的基本教学内容，供教师参考。

统编教材七年级上册（12 篇）散文确定的基本教学内容

1.《春》：让学生自己厘清文章思路，感知课文内容，把握作者的情感。通过阅读课文，提高学生的阅读能力，培养学生的语感，感受作者对春的赞美之情，培养学生对大自然的热爱之情；以品味优美语言为主，主要教会学生运用比喻、拟人、反复、排比等修辞手法；体会作者在文章中所饱含的对春的喜爱之情和赞美之情。

2.《济南的冬天》：在“整体把握”的基础上，品味课文亲切自然语言背后的旨趣、韵味，体会作者浓浓的温情，感受作者对济南之冬的热爱之情；揣摩课文的描写语气，尝试通过朗读的方式（即语调和语速的变化）来传达作者的语气，体验作者的情感并表现出自己对课文的理解；体会文中拟人、比喻等修辞方法在写景中的运用。

3.《雨的四季》：整体感知课文内容，了解昆明的雨的特点；通过多种朗读方式，反复品味昆明的雨中蕴含的情味；学习作者通过拾取生活中的琐细事物以表情达意的写作手法；感悟作者对过往人生的怀念与珍视。

4.《秋天的怀念》：在朗读中揣摩合适的语气，把握文章感情基调的变化；深入理解作者复杂的情感中既有对母亲深切的怀念，又有自己的悔恨与愧疚，更有对生命的思考；领会如何面对生命的残缺遗恨，生存在困境中也要勇敢镇定地“好好儿活”。

5.《散步》：指导学生在阅读中如何发现美、品评美，把阅读的过程当作对美点寻踪的过程，逐步提高赏读美文的能力；通过朗读去品味文中优美的画面和动人的细节；让学生体悟尊老爱幼是中华民族的传统美德，让学生体验家庭责任感和社会责任感。

6.《散文诗二首》：朗读诗歌，体会诗歌语言的音韵美；运用联想和想象，理解诗歌形象化的语言，体会诗人的情思；鼓励学生大胆动手进行改写、续写或创作。

7.《从百草园到三味书屋》：以“童趣”贯穿始终，把两段不同的生活融合在一起，让学生去体味其中不同的乐趣；富于层次感的写景也是本文的教学重点，让学生感受童年的天真烂漫在写景中的体现，培养学生细致观察的能力。

8.《再塑生命的人》：学习默读，逐步提高阅读速度，整体把握文章内容；感悟莎莉文老师这一形象，理解作者对莎莉文老师敬爱和感激的情意；品味、揣摩关键语句，体会作为盲聋哑人的作者对生活的独特感悟，学习其自强不息的精神品质。

9.《植树的牧羊人》：学习默读，在整体感知文章、了解基本内容的基础上提高阅读速度，并勾画关键语句；精读文章中间叙述部分，了解牧羊人这个人物形象，感受人物精神和人格魅力；结合自己的生活体验思考牧羊人植树行为的意义。

10.《走一步，再走一步》：默读课文，勾画出标志时间变化和空间转换的字句，梳理文章基本内容；品味文章中的心理描写，把握人物心理成长的过程；结合生活实际思考并实践文章所探讨的人生经验。

11.《猫》：在整体感知课文的基础上，着重体会作者的思想感情，探究抒情议论的句子；了解本文的写作特点，重点放在对动物的细节描写和直抒胸臆的抒情文字上。

12.《动物笑谈》：从对动物行为的冷静观察和炽热描述中，感受人们对动物的关爱和对人类自身行为的思考；练习用比较快的速度默读课文及评注的读书方法；学习文中准确严谨而又传神生动的语言，体会行文活泼又不乏幽默的特点；学习作者为探求科学真理而不懈努力的精神，培养热爱动物，善待生命的感情。

统编教材七年级下册(8篇)散文确定的基本教学内容

1.《邓稼先》：跳读课文，勾画牵动全篇的关键语句或段落，揣摩品析其含义；结合人物生平及所处时代，把握人物的性格特征；感受文章平实的语言，理解邓稼先的成就和襟怀，体悟文章的思想内涵。

2.《说和做》：梳理闻一多先生的“说”和“做”，厘清文章写作思路。关注文中的细节描写，理解细节描写的作用。勾画精彩语句，细细品味其含义和表达效果，感受先生的崇高品格和革命精神。

3.《土地的誓言》：品味欣赏精彩的语句和段落描写及充满激情的语言，把握作者的思想感情；厘清思路，整体把握，学习作者采用的人称变化、呼告、排比等的写作手法；结合时代背景把握文章主题。

4.《阿长与〈山海经〉》：学习围绕中心选择、安排材料及详略得当、先抑后扬的写作方法；把握文章记叙线索；分析人物形象，把握文章中心，理解文章所表达的思想感情；概括主要事件、品析人物形象和精巧的文章构思。

5.《老王》：整体把握课文，体察老王和“我”的人物形象及人性中的闪光点；厘清思路，理解主要内容，体味和推敲重要词句在语言环境中的意义和作用；赏析文章中的描写手法，特别是肖像描写，锻炼学生的观察力和写作能力；以善良体察善良，培养学生的爱心、同情心，使学生能有自己的情感体验和对“大爱”的感悟。

6.《台阶》：自读课文，抓住细节做适当批注；结合小说的文体特征，从情节入手，深入细节，欣赏人物形象；体会“台阶”的含义，充分把握小说的主题，进行多元解读。

7.《叶圣陶先生二三事》：略读课文，领会文章主要内容，复述故事情节；深入理解文章的主旨，体会作者在文中流露的思想感情；学习通过若干件小事写出人物特点的写作手法。

8.《驿路梨花》：进一步学习略读的阅读方法，了解故事梗概；把握文章的记叙顺序，分析理解文章“设疑—释疑—引出新悬念”的巧妙构思及其表达效果；细读课文，理解“梨花”在文中的不同含义，领悟文中所歌颂的互帮互助的良好社会风貌。

统编教材八年级上册（9篇）散文确定的基本教学内容

1.《藤野先生》：了解藤野先生的思想品格，鲁迅先生中青年时代的心路历程；学习本文选取典型事例和抓住主要特征刻画人物形象，多方面表现人物品质的手法；品味文章中富有感情色彩的语言；学习藤野先生严谨、认真、热诚、正直的高贵品质；体会鲁迅先生深沉的爱国主义情怀。

2.《回忆我的母亲》：抓住文章主线即母亲“勤劳一生”，通过作者回忆的具体事例感受母亲的品格；理解作者反复提及的“感谢母亲”，体会作者蕴藏在字里行间的对母亲的深情；细读文章，品味作者质朴无华又饱含深情的语言，同时注意找出抒情和议论的句子，理解其含义，体会其表情达意的作用。

3.《列夫·托尔斯泰》：把握列夫·托尔斯泰独特的外貌特征，进而探索其精神世界，理解作者的评价；厘清作者的写作思路，体会欲扬先抑的写作手法；揣摩精彩的语句，品味修辞手法的表达效果，感受文章典雅优美、酣畅淋漓的语言风格。

4.《美丽的颜色》：真实是传记的生命力，把握本文作为传记的主要特点；了解文中居里夫妇提炼镭的过程，感受科学家在艰苦条件下表现出的坚韧、忘我、淡泊名利的人格魅力；品味语言情味，感受文章含蓄委婉的语言风格，体悟作者流露的敬仰、爱戴之情。

5.《背影》：学会运用文章背景分析，理解文章的感情；抓住“背影”这一感情凝聚点，展现人物心灵的写法；通过细致的描写，品味文中深沉的父子情。

6.《白杨礼赞》：朗读课文，厘清文章脉络，把握文章昂扬向上的思想情感；理解烘托、对比、欲扬先抑等写作技巧的表达效果，在写作中学习运用；学习象征手法的使用，把握托物言志散文的基本特点。

7.《永久的生命》：感知课文内容，了解作者对生命的认识与思考；通过品读语言，感受议论性散文的特点,进一步领会文章阐述的哲理,进而获得有益的启示。

8.《昆明的雨》:整体感知课文内容,了解昆明的雨的特点;通过多种朗读方式,反复品味昆明的雨中蕴含的情味;学习作者通过拾取生活中的琐细事物以表情达意的写作手法;感悟作者对过往人生的怀念与珍视。

9.《蝉》:感受课文委婉轻柔、自然流畅的风格;了解欲扬先抑及由事物引发哲理(以小见大)的写作方法;体悟生命的意义和价值,积极、认真地对待生命。

统编教材八年级下册(8篇)散文确定的基本教学内容

1.《紫藤萝瀑布》:用生动细腻的描写这种表达方式去展现生命的不息与活力;抓住重点词句去揣摩和体味,即通过敲打词句,理解文章的主旨。我们要抓住三点:一是作者的情,二是所写的景,三是表现景和情的交融。

2.《安塞腰鼓》:把握文章基调,感受安塞腰鼓的恢宏气势;理解文中短句及排比句的运用,体会文章的节奏美、诗意美;体悟作者热爱家乡及赞美西北汉子旺盛的生命力。

3.《灯笼》:概括文章主要内容,厘清文章写作思路;理解"灯笼"所体现出的深刻文化内涵;分析作者的情感变化,体会作者与时代同呼吸、共命运的担当精神和家国情怀。

4.《大雁归来》:了解作者利奥波德及其作品《沙乡年鉴》,培养在快速阅读中筛选信息的能力,提高品味语言,理解关键词的能力;揣摩语句,体味句子所表达的思想感情,提高学生的语言表达能力;理解作者对自然万物的态度,感受作者的情怀。

5.《壶口瀑布》:通过朗读品味关键词句,体会壶口瀑布声如奔雷的磅礴气势;学习作者从声响、形状、态势等不同角度来描写壶口瀑布特点的手法;领会作者借自然奇观表达对于人生的思考,体会文章歌颂的无坚不摧、坚韧刚强的民族精神。

6.《在长江源头格拉丹东》:厘清文章的脉络,理解游记的特点;有感情地朗读课文,感受格拉丹冬雪山的壮美,感悟长江源头的神异不凡;抓住关键词句,品味文章的语言,领会文章所赞美的自然的伟力和民族精神的源头。

7.《登勃朗峰》:有感情地朗读课文,感知文章内容,感受壮美景色;抓住关键语句,品味文章优美又幽默的语言;学习文章写景叙事相结合的写法,详略得当,错落有致;理解作者的情怀,培养学生热爱自然、热爱生活的情感。

8.《一滴水经过丽江》:自读课文,感受丽江不同类别的美;理解本文构思新颖、视角独特的特点;培养学生欣赏美、热爱美、珍惜美的思想情感,提升学生的审美情趣。

总而言之,散文教学内容的确定,必须要找到最佳的教学价值和意义,做到:"聚焦而集中,清晰而突出",学生乐学易学,教师易教易控,避免教师在课堂教学中出现散、乱、偏的现象。经过几年的摸索,力图探求散文教学内容确定的共性,初步形成在实践中可供操作和借鉴的策略。

(二)散文教学内容确定的实施途径

通过三年的教材实践,基本形成了:“依据散文特点整体把握主题—确定具体内容—提炼教学目标—实施教学活动—落实教学任务”的实施途径,具体做法:(1)根据散文的特点,在整体上把握。教学内容提炼要精粹,任务规定要集中。一是散文题材广泛,结构自由,手法多样,篇幅长短不一,形式不拘一格,要抓住散文的主题。二是散文的情感深沉含蓄,蕴含哲理,情理交融,意趣盎然,是形成散文教学内容的重点,要牵住散文的情和理。三是散文讲究语言的锤炼,注重语言美,具有高度准确的概括力,在警句妙语融于朴实无华的文字中,同时作者的情感渗透在字里行间。抓住关键语句去品味,就可把握散文的基调,突出散文的韵味和格调。(2)按照散文的文体,在具体内容上把握。针对散文的文体特征与基本要素,确定教学内容的方法大体有四种:其一是发现“精要点”。即文章中精要、精彩、精妙的语句,体现散文的语言美感。其二是寻找“知识点”。教师不能碰到什么教什么,必须明确要教给学生哪些表达方式和修辞手法点,表现散文的巧妙写法或行文思路,注重训练学生的朗读技巧。其三是探寻“核心点”。对于一些写得比较贬义的文章,要抓教学主线,抓文眼或中心句。其四是着眼“能力点”。语文是开放的,多元的,内隐而不固定的,要处理好多元阅读与创造性阅读的问题,就要选取最能总领全文的主要内容。这是学生发展语文能力、提高语文水平不可或缺的知识,也是本课最合宜的教学内容。(3)按照文本的内容,在教学目标上把握。散文的教学内容确定好了,再来精心制定教学目标,分课时安排,明确每一节课的教学重难点,譬如一般散文教学常常从“构思特点”“语言品赏”“写景状物”和“情感体验”等方面去确定。还要在没有疑问之处找到疑问,用适宜的活动来丰富散文的教学内容。设计好本节课的具体操作流程,明确无误地传授知识,训练能力,交给学生解读散文的方法,在重点教学内容,体会散文的精美之处。要达到预期教学目标,做到教学内容和预定目标相一致,才能完成主要的任务。(4)按照设置的目标,在教学过程中把握。在进行教学设计的构想后,就要科学、合理、准确地设置教学目标,在课堂教学过程中实践并落实,而整个教学再检验其教学内容确定的是否科学、合理和正确。衡量教师教学水平的标杆就是对教学内容的整合和驾驭能力。教师在教学内容确定上不拘泥于上述表格中列举的范围,要根据自己对文本的解读适当补充一些适宜的内容,即在教学过程中对教学内容进行改造,包括对内容的重构、改编、整合、增删、更换等,删繁就简,灵活掌握,以帮助学生切实有效地获得散文基本素养的提升。

(三)散文课堂“四读法”实施方法

在具体实施的过程中,课题组以课堂教学为阵地,经过不断研讨形成了“四读法”散文课堂实施策略,即“默读感知—跳读析旨—精读品言—美读赏情”,具体阐释如下:

“默读感知”是指在课堂教学中让学生通过默读对文本进行感知。这一部分一般是针对散文文本较长的特点而定。教师在教学中应教给学生正确默读的方法，在默读中让学生圈点勾画，梳理思路，探究内容等，完成初步感知的任务。

“跳读析旨”是指在初步感知的基础上，通过第一阶段圈点勾画的内容对散文内容进行浓缩，根据浓缩内容分析文本的主旨，以及文本是表达怎样的情感或阐明怎样的思想。

“精读品言”是指通过散文中某一段或某几句精彩的段落、语句的精读来品味散文的语言特点，以点带面，举一反三，通过品味语言让学生充分领会散文语言的魅力，培养学生的散文语感。

“美读赏情”是指利用多样化的诵读方法，让学生进一步赏析作者在文字中流露的情感或阐明的道理。一篇散文不可能在课堂完成所有内容的教学，学生也不可能完全理解散文文本的内涵，通过美读让学生留下深刻的印象，然后在其成长的历程中通过阅历的增加，不断深入理解文本的内涵。

（四）散文教学内容“五步法”确定策略

在不断实践、总结、修改完善中，课题组最终形成了“重自我—扣课标—析学情—明内容—勤反馈”的散文教学内容确定的策略。具体阐释如下：

“重自我”就是在教学一篇散文之前，教师对散文进行自我的阅读，通过自我解读形成散文教学的内容点，这些点应围绕文本的内容、结构、语言、写作技巧等方面。同时教师对散文的解读应该围绕散文的“贵在有我”的特点进行挖掘，鼓励教师个性化的解读。

“扣课标”是指在自我解读文本的基础上形成一系列教学基本点，在确定基本点时应围绕“课程标准”来筛选。如：课标中有“在诵读课文的基础上，理清思路，理解主要内容”的阅读要求，根据这一要求确定散文教学中应该确定的教学点。同时考虑散文本身的特点，有的散文思路清晰，应重点训练学生梳理思路的能力，有的散文内容多元，应重点训练学生深层理解文本内容的能力。

“析学情”是指在实施教学内容基本点时还应该充分考虑学生的学情，因为不同学校、不同班级的学生理解层次是不同的，因此在确定教学点时，还应该充分考虑学情，根据学生的散文阅读能力确定不同的教学内容。

“明内容”是指教师将自己确定的散文教学点以教学目标或学生的学习目标的形式写出来，然后将目标以学校集体备课的形式进行讨论，最终确定。

“勤反馈”是指教学目标或学习目标在实施的过程中存在的问题，然后进行反馈，通过反馈对散文教学内容进行修改，最终形成适宜于学生学习的散文内容。

（五）散文教学“六通道”有效实施路径

在课题研究中确定散文教学内容的实施采用了“经典阅读—课堂比拼—主题沙

龙—教育论坛—多型课例—散文创作”有效实施的途径。具体阐释如下：

“经典阅读——涵养文化”。包河区教体局大力支持课题研究工作，拨付专项经费购买书籍，供课题组研究人员学习。研究人员积极搜集相关文献资料，开展读书沙龙活动，营造广大语文教师读书、教研的氛围，养成读书写作的好习惯，定期交流读书感受和原创散文。

“课堂比拼——彰显风格”。为配合本散文课题的研究，包河区教体局教研室于2013年5月举办了“包河区初中散文教学优质课评比”活动，要求每位参赛选手对初中散文进行深刻的文本解读和教学设计，对课题研究起到了很好的推进作用。2015年11月举行了包河区“散文说课大比拼”活动，通过说课形式进一步诠释教师对散文教学内容的确定以及课堂教学的把握。

“主题沙龙——各抒己见”。为进一步对散文教学内容确定策略进行论证，课题组定期举办研究人员主题沙龙活动。围绕主题，研究人员集思广益，献计献策，对策略不断进行讨论，并结合实际教学的效果进行论证，每一次主题沙龙活动都形成共同的修改意见，然后研究人员在实践中继续论证。正是通过不断的论证、总结、实践等活动，课题才不断完善。

“教育论坛——百花齐放”。利用散文课题的平台，研究人员定期举办教育论坛，迄今为止已经成功举办六届，论坛上研究人员可以对文本进行解读，也可以推荐散文进行解读，值得一提的是有些老师的原创散文更是精彩纷呈。通过论坛，课题组成员对解读后的散文要点进行点评、补充、完善，形成了散文教学基本内容确定一览表。

“多型课例——尽显风采”。自课题实施以来，围绕“散文教学内容的确定”策略及“四读”课堂教学策略，我们立足课堂，深入研究，走进教师，避免那种浮光掠影式的课例研究，研究课堂教学的切入点、主阵地和立足点，通过研究散文课例来不断完善策略，开展不同类型的散文研究课。迄今为止，举办市区级研讨课达到了20多节，参与观摩与研讨的教师近2000人次，对课题的进一步完善起到了很大的促进作用。

“散文创作——心灵碰撞”。课题研究有力地促进了包河区青年教师的成长，他们的作品时常见诸报端，研究论文亦常常刊载或获奖，各级各类获奖的散文教学论文或原创散文都获得了不同层次的奖项。课题研究带动了老师们研究的热情和自信，包河区一大批中青年教师专业化发展得到了很大的提高。

（六）形成“七类型”教师课堂教学风格

在课堂教学实施中，我们探究散文课堂教学教师风格，编印了《教师课堂风格评价表》和《学生评价教师教学风格表》，从教师的语言、教师的语速、学生获取知识的方式、教师对学生的评价、教师的个性等方面，通过分析研究，对散文教学的风格进行探索，归纳出“理智型、情感型、幽默型、技巧型、自然型、趣味型、灵动型”，逐步探讨了“七类型”教师课堂教学风格，促进教师散文教学策略的有效实施。

（七）编制研究成果系列文集《散文星空》

课题研究中，我们所有的研究教师积极参与，形成了一些有价值的教学论文、课件、课例、文本解读、教学设计、教学实录、教学反思、原创散文等，通过课题组的遴选，呈现出来的课题研究成果系列文集《散文星空》中包括《教学设计集》《文本解读集》《教学实录集》《教学反思集》《散文说课集》《原创散文集》《教学论文集》《学生作品集》《资料汇编集》《成果荟萃集》共10本。特别是散文研究也激发了课题组研究成员散文创作的兴趣，教师将自己的原创散文结集，最终形成原创散文集。它们凝聚了课题组成员们在散文教学研究上多年来的大量心得体会和实验精华，汇聚了老师们在散文教学研究上形成的深刻感悟和研究成果，也包含了学生们在课改研究中的真切体验和累累硕果。

在课题的研究中，我们凝聚了包河区一批挚爱语文教学教师，在这个平台上尽情挥洒自己的智慧，展示自我风采，探究语文航标。行者无疆才能风光无限，以本次课题研究总结出的宝贵精神财富，积极实践，不懈追求，不断提升自己的专业素养，读书写作，教书育人，我们将不惧困难，勇于担当，为挚爱的语文事业贡献绵薄之力，为包河区教育的快速发展贡献语文人的一份力量。

（合肥市教育科课题项目，获合肥市第四届优秀教育科研成果一等奖）

三位一体课内外阅读指导实践研究

2016年3月我们通过对学生阅读问卷调查，结果显示存在以下问题：一是阅读兴趣缺失且无阅读习惯，对于课外自主阅读兴趣不浓。二是有阅读要求而无阅读方法，只习惯于略读或精读，造成阅读效率低下或阅读兴趣下降，几乎所有被调查的对象都认为中学生阅读课外书籍是必要的，他们希望阅读大量的课外书籍获得更多的知识，丰富、完善自己的知识结构。三是有阅读行为而无阅读效果，大多只是满足阅读过程中的猎奇心理，停留在故事情节的了解层面上，至于阅读后得到了什么收获，除了情节的引人入胜就是情节的曲折离奇，而时间久了之后，情节也会渐渐淡忘。由此发现，初中生的阅读效果并不令人满意。四是有阅读数量而无阅读品位。目前初中生通过各种途径已经阅读了大量的书籍，但是他们阅读大部分都是卡通漫画绘图小册子、粗制滥造的武打言情小说、"搞笑"作品或写当代影视歌星、媒体主持、体坛明星之类的"时尚"杂志，甚至新生代的"另类文学作品"。做调查统计时发现45%的初中生没有真正读过一本完整的传统经典名著或外国名著。

一、对经典阅读的教学价值的思考

我们对学生的阅读情况进行问卷调查，主要是从阅读内容、阅读范围、阅读时间、阅读目的、阅读途径等方面进行的，之后对问卷进行深入细致的研究、分析，发现必须有针对性的改进实施办法。因此，我们将经典传统课文引入到中学生阅读教学中，通过激发阅读兴趣，使学生乐读；指导阅读方法，使学生会读；推荐相关读物，使学生多读。特别是在整本书阅读过程中，教师的第一要务是整合资源，明确阅读的指向和任务，设计学生阅读的活动，创设阅读的良好情境，让学生在阅读内容的探究、阅读过程的经历、阅读情感的体验中，逐步形成自主阅读习惯，教师在阅读教学中形成成熟的阅读策略，创新现有的阅读教学方法，切切实实提升学生的阅读素养。

全民阅读形象代言人朱永新给予《民国经典国文课》丛书高度评价："课文虽老，精神不老。从这些老课文中，我们不仅发现了民国时期教科书选编者的智慧、用心及其对于母语教育的丰富理解，也看到了今天学者们试图重新整理中华民族共同记忆的执着与努力。在时间的反复冲刷下我们仍然能够从许多选文中感受其温润和光芒。"让学生阅读民国经典国文课文，就是要继承其中的传统文化价值，挖掘民国经典国文作品中的资源，充分发扬经典传统课文"文以载道"的精神，弥补现代中学生的"文化断层"，抵制"快餐文化"对中学生的不良影响，消弭学生在当前碎片化阅读下的浮躁之气，把经典阅读与学生日常语文学习融合在一起，阅读这些课文，既是积累、体验语言，又是将它们转化成自己的精神养料，在完成个人语言习得的同时，也实现了中华优秀文化的传承。

将《民国经典国文课》纳入到学生阅读范畴并采取多种阅读策略，培养学生愿读、爱读民国经典文本，从而发展学生思维，并从中获得对于人生、成长、生命的感悟。其难点在于开发出一套学生喜欢、贴近学生生活的传统经典校本教材，并将探索一条学生阅读经典的方法体系。而民国时期，中华五千年文化激烈地碰撞，产生了璀璨的智慧结晶，名家名作灿若星辰，其中收录的正是这一时期的名篇，饱含了民国学人的智慧。它以"自然、亲切、富有意味"的特征，让学生愿意亲近，愿意阅读，学生也在学习的过程中，了解了中华深厚的文化与传统经典课文的阅读方法，对于现今的教育、文化、艺术和研究也具有重要的参考价值。

二、构建"三位一体"阅读基本框架及教育价值

阅读的基本框架就是构建一个从"课堂内阅读统编教材中经典"到"图书馆里阅读《民国经典国文课》"，再拓展到"课外阅读"的三位一体的阅读系统。其教育价值体现在：1. 诵读《民国经典国文课》，挖掘其内在文化价值，强化积累与能力养成，促进学生良好阅读习惯的培养，指导学生掌握良好的阅读经典传统课文的方法，让学生爱上传统经典文章，获得人生的感悟与提升；2. 探索《民国经典国文课》在学校的实施途径，有效提升学生传统经典课文的阅读质量；3. 培养学生浓厚的阅读兴趣，指导学生养成良好的阅读传统经典课文的方法；4. 改进当下的中学语文阅读教学方法，初步探索出一条传统经典国文阅读教学策略。采用泛读的方法，每周统一给本班学生规定一定的阅读量，能力强、时间多的学生可多看，主要目的是引导学生梳理相关故事情节，把握人物性格特点，下面以《水浒传》为例简要阐述。在八年级下学期要求学生开始阅读《水浒传》，每周规定每位学生至少阅读两个章回。也可用精读的方法，还可以采用个人批注与交流展示相结合的方式进行，每周或每两周在所读章节范围内选择一段文字，运用老师上课讲到的方法进行批注，主要是对作品的语言进行品味。批注的段落文字可以由老师指定，也可由学生自己选择；交流会的时间则根据具体的教学任务随机安排，但至少保证每两周一次。比如在阅读了《水浒传》22 回—25 回有关武松的相关情节后，教师做了如下安排：1. 运用老师上课时指导的批注符号与方法批注第 22 回中武松景阳冈打虎的相关文字；2. 小组交流，前后位 6 人一组进行交流，展示自己的心得体会；3. 课堂展示，每组选择一位同学到讲台上展示自己的学习成果；4. 经典示范，老师出示金圣叹关于此段文字的批注，进一步引导学生感受名著的魅力。采用泛读与精读相结合的方法将课内所学与课外延伸、情节梳理与语言品味、快粗略浏览与精心鉴赏有效结合，激发了学生阅读经典名著的兴趣。

三、探索经典阅读八类课型教学策略

如何进行阅读教学，有效地指导学生阅读呢？这是中学师生共同关注并亟待解决的问题。经过长期教学实践，我们初步探索出经典阅读八类课型教学策略：

（一）阅读导读课

导读课就是教师课前收集整本书的相关信息，激发学生阅读兴趣，感受经典名著魅力，指导学生阅读方法，规划阅读计划，提出阅读建议，形成阅读能力，由课内向课外拓展，并且激发学生的阅读兴趣的课。2016 年年初以来，在使用《民国经典国文课》系列教材之后，语文教师经过反复教学—讨论—研究—论证—实践，总结出如何读一本书的方法与步骤，并在《民国经典国文课》系列阅读课的教学中向学生慢慢渗透，让学生对《民国经典国文课》整本书的学习内容、方法及流程等有一个大致了解和良好的心理预期，对在学习过程中遇到的问题或困难做好行动上或心理上的准备，探究出如何对学生进行整本书导读的方法与步骤。当学生拿到一本书的时候，教师教他们了解大概内容，形成初步印象。学生选读精彩部分，并体验阅读乐趣。我们将此课定义为导读课。那么，导读课的策略有哪些？以探究《民国经典国文课》为例，教授学生阅读《民国经典国文课》整本书导读课时的步骤如下：

第一，指导阅读六步走：1. 了解主题概念。拿到《民国经典国文课 · 成长卷》这本书后，带学生先看封面的书名、插图、出版社等信息；再看扉页，然后读序言。这本书有总序和小序，总序告诉学生丛书编写的理念与特色；丛书编写的设计及选文的标准；丛书的使用。小序《在岁月余香中成长》更是对本书成长主题概念的介绍，以及展示了成长卷这本书编写的思路。注意如果有后记或跋、本书的文案宣传等要仔细读。2. 了解基本结构。研究目录页，对本书基本架构做概括性了解。第一章感恩至情，从亲人角度谈成长；第二章聒碎乡心，从家乡的角度谈成长；第三章与往来者，从朋友的角度谈成长；第四章生之杂味，从生活的角度谈成长；第五，为学者谈，从学习的角度来谈成长；第六章师恩旧忆，从老师的角度谈成长。3. 了解重要词目，有索引页，快速检阅索引，找重要词汇并且快速翻阅相关页。4. 了解作者介绍，读一读作者简介，以及宣传文案，有助于你了解这本书。5. 了解重点章节，选几个跟主题相关的章节看。6. 了解篇章体例，例如整本书的第一篇课文是朱自清的《儿女》，先是介绍读者及文本写作背景，然后是正文，最后是学生写的“悦读品悟”。再往后翻阅，发现所有文章单篇体例是一致的。

第二，进入阅读自由选。找一篇自己喜欢的文章去读。阅读要求：了解本篇文章的体例；阅读本篇文章，前后对比阅读；小组内交流阅读收获；小组反馈。

第三，阅读拓展延伸。要求学生写一份阅读报告；可以为这本书重新设计封面，插图；可以拿起手中的画笔，画下书中令你印象深刻的一幕，还可以描述图画内容；可以给作者写一封信,还可以写一写读后感等等。

第四,阅读展示分享。1. 小组内评出优秀作品,并在班级文化长廊展示。2. 尝试着自己去找一本名著按照本节课学习的方法去阅读。3. 可以把这本书带回家和父母一起阅读。

这是阅读整本书的导读课堂教学四个环节,由《民国经典国文课》的指导方法再拓展到其他整本书阅读,例如七年级名著导读《朝花夕拾》《西游记》时,我们就是按照这个步骤来上导读课,成功地激发了学生阅读名著的兴趣,消除了学生与经典的隔膜。还要不断地通过长时间的整本书阅读训练,才能形成自主阅读的意识,进而提高学生的阅读素养。

(二)群文阅读课

群文阅读课教学策略《民国经典国文课》与统编教材相结合:

1. 寻找关联点,合理选择群文。合理选择阅读文本是群文阅读教学开展的必要前提。教师要结合教学内容、教学目标、教学重难点以及学生学情等各种因素,精心选择文本,恰当组合,合理呈现。比如,我在教学《卖汽水的人》时,可以抓住以下关联点:一、卖汽水的是一个小人物,在统编教材中《老王》中的老王,《故乡》中的杨二嫂等都是现实中的小人物;二、《卖汽水的人》集中体现了周作人小品文"平淡冲和"的语言风格,这和鲁迅先生的文章语言风格形成鲜明的对比,如《中国人失掉自信力了吗》,这样的对比阅读可以帮助学生加深对鲁迅先生语言风格的深入体会。再比如,在教学《父亲的病》一文时,可以抓住的关联点是父亲的人物形象,在统编教材中也是很多的,比如《台阶》《散步》《背影》等。教师既可以以主题为关联点组成群文,也可以以语言风格、写作特点等为关联点,精选文本,组织学生开展递进式、举一反三式阅读,使学生在比较中掌握阅读的方法,更好地掌握文本大意、主旨。

2. 训练阅读方法,提高阅读成效。"授人以鱼,不如授人以渔",教会学生阅读的方法,并在教学中不断地训练,让学生能够熟练使用,这样才能够提高学生阅读的效果。例如,在《卖汽水的人》的教学中,我主要抓住四种阅读方法进行训练:默读法、跳读法、圈点批注法以及资料助读法。首先,读了课题之后,推测在这个人身上发生了什么事。接下来默读课文,找出文章写了关于秦的几件事。再接下来使用跳读法和圈点批注的方法去认识秦这个人。最后,采用资料助读法,借助《民国经典国文课》中的《悦读品悟》理解作者的哀伤。用鲁迅《父亲的病》与周作人《若子的病》比较阅读。在单篇教学时教会使用方法,并在群文阅读时进行训练,长期坚持,必定能让学生熟练掌握并使用。

3. 鼓励学生个性化阅读,训练创造性思维。阅读的主体是学生而不是教师,因此,教师要起到积极的引导组织作用,组织学生通过自主探究、小组合作学习等方式,让学生体验阅读的过程，产生独特的阅读感受，进而提出质疑，表明自己的观点立场。因此，在初中语文群文阅读教学中，教师应积极鼓励学生探究与质疑，培养学生思维的深度。在探究的过程中，学生会提出问题，教师也要结合教学重点难点给予补充，以问题激发学生思考，点亮学生智慧的火花。群文阅读，是对传统阅读的发展和有效补充，尤其是以《民国经典国文课》为例，结合统编教材的群文阅读，这是我们进行的新的探索和尝试。

通过逐字逐句详细阅读，对作品中重要的词语、语句进行点评，这一点评过程教师不作任何要求，完全由学生根据自己的认知进行；同时，也可以在空白处写一写自己的心得体会或简要赏析。这一环节带有研读的性质，引导学生深入作品，反复阅读，提升综合阅读水平。

（三）阅读分享课

整本书阅读分享课，是一种不以学习为主要目的的阅读活动。它与传统的阅读活动不同，特别重视学生自主的提问和参与。通过分享阅读学生能与他人进行友好、成功的交流，学习倾听和理解别人的语言和观点，能尝试组织语言表达自己的想法，在学生与他人之间形成一种愉快、友好的沟通氛围，增加人与人之间的亲密感。我在《民国经典国文课》的分享阅读研讨与实践中，也积累了一些粗浅的经验。现以《傅雷家书》为例，介绍分享课策略。

课前准备——导学案，例如在上八年级下册经典名著《傅雷家书》时，就采用了我们研究的整本书阅读分享课教学策略。教师根据《傅雷家书》由186封信组成的体例，课前向学生发放阅读导学案。导学案的内容如下：生活细节，读书求学，人际交往，感情处理，艺术追求。呈现活动要求：1. 你选的主题是________；2. 你选择的理由是________；3. 你选择的内容是（哪几封信）________；4. 请画出来你的思维导图。这是课前要求学生以小组的形式完成，接下来老师以母亲的身份去读傅聪母亲写给傅聪的信件，然后以"我的分享"为形式写一写读后感，课堂中向学生展示，起到一个抛砖引玉的作用。

课中我的分享——"抛砖引玉"。学生分享，生一：天底下的母亲性格不同，外貌不同，出身不同，社会职业不同……因此可以说小孩的妈妈没有一样的，就像世界上没有两片相同的树叶。但是有一样是相同的，就是如同朱梅馥女士对孩子那种发自肺腑，毫无保留的爱。

生二：是的，我，我妈，我外婆，我远在天堂的奶奶，天下的妈妈都会因孩子的快乐而快乐，因孩子的幸福而幸福。不管她以什么样的方式教育你、关心你、爱护你，也不管她身在何处。她们的语言看似絮叨，看似啰唆，体现的却是浓浓母爱，母爱配方不一样，但味道一样——既甜蜜又温暖。

阅读分享,课堂声情并茂地畅谈我自己的阅读感受,向学生渗透不动笔墨不读书的阅读意识,以及写读后感的阅读形式,这种形式必须我手写我心,内容要联系生活实际,情感要真实。

我们阅读探究出来的分享课的教学策略有:思维导图、教师分享、学生分享、学生选择性阅读、读后阅读报告等策略,也许还有更多策略等待我们去探索。

(四)阅读汇报课

"早期导读课"主要是激发学生阅读兴趣,引发阅读期待,明确阅读计划。《鲁滨孙漂流记》用一课时,设计教学目标五点:学会阅读小说,并复述故事情节;读懂小说内容,了解鲁滨孙在荒岛上战胜困难、谋求生存的非凡经历,体会鲁滨孙敢于战胜困难的积极的生活态度。早期导读课,培养学生自主阅读、自主感悟、合作交流的学习能力;通过主题探究性阅读,对小说进行深入理解,学会评价小说人物,培养孩子认知能力及人文素养。例如课前暖场,破冰之旅——《教师节的画像》,名言导入,呼唤书声,出示名言,激发阅读兴趣。1. 把一本有趣也耐人寻思的书,带到孩子们的面前,让他们兴致勃勃地阅读,朦朦胧胧间,竟然使他们的一生都有了方向。2. 初入文本起航书海——出示:有一个人,集冒险、坚忍、毅力、智慧、勇敢、进取、创新于一身,他就是鲁滨孙。3. 学生介绍主要内容。《鲁滨孙漂流记》叙述17世纪有个叫鲁滨孙的英国人,在航海中遇险,孤身一人流落到一个荒无人烟的小岛。为了战胜死亡,他依靠破船上剩下的一点生产和生活资料,同大自然展开了顽强的斗争。每做一件事,都要遇到很大的困难,但他经得起失败的考验,凭着艰苦的劳动,成功地在荒岛上建起了房舍,开垦了农田,营造了羊圈,使荒岛面貌有了改变,他的生活也有了改变。经过28年多的孤苦生活,他终于脱险,返回故乡。

"中期指导课"是把学生原生态的阅读引向语文专业。第二课时,突破原生。上节课对这本书的了解是朦朦胧胧的,基本上是"零认识""原生态"的。学以致用,贵在得法。这节课的学习,让我们认识到读书的方法至关重要,书如浩瀚的海洋,世界上的书一生一世也无法读完,这就要求我们读书要讲究方法。如与文本、作者直接对话;做摘要(教师引导学生,把握书中重点、精彩句子或生字、生词);做眉批;在阅读的过程中,积极培养学生的质疑能力,有疑问或心得、灵感时立即写下,以作阅读后的整理之用。撰写读书笔记,注重培养学生读后对文本的理解与感悟,提炼、深化阅读感悟。阅读指导,学有所法:

1. 掌握要义:出示三幅图片(遇险—历险—脱险),培养客观理解的能力。2. 优点赏析,培养感受与赏析的能力。3. 厘清疑惑,培养独立思考与判断的能力。4. 知识应用,培养灵活运用知识的处世智慧与解决问题的能力,这样便于我们用有限的时间读无限的书、用最佳的方法读有选择的书、以原生态的阅读体验走向语文阅读的专业化。

“后期汇报课”是知识竞答，分组竞答，依次答题，通过词语转盘，激发学生参与课堂的兴趣。深入文本，出示“主题探究学习单”主题探究，成果分享。其重点是主题探究性阅读。它积极倡导学生的学习主体性，让学生与文本进行充分接触，突出学生与文本之间的平等对话，尊重学生的阅读体验，鼓励学生以主人翁的态度对待学习，培养自主学习的习惯；通过主题探究的设计，学习单的呈现、汇报交流的形式、评价的开放形式，让学生喜欢阅读，感受阅读的兴趣，积累语言，内化文章的思想内容和表达方式；积极倡导自主合作探究的学习方式，注重生生、师生之间的互动；评价变得开放，结合学校的文化理念、“四好少年”进行评价，注重师生、生生评价，评价的目的不再只为了甄别与选拔，而是通过评价促进学生全面发展，让学生真正成为课堂的主人；采用朗读、思维导图、海报、表演、说一说、PPT……形式汇报，激发学生参与探究的积极性与主动性；在汇报过程中，积极倡导“全员参与”“探究内容丰富”“声音响亮”“自然大方”“形式多样（思维导图、海报、PPT）”等评价标准，培养学生树立自信、乐于表达、创新思维及动手实践等综合性素养能力。阅读推广等激发学生的阅读兴趣及潜能，让孩子爱上阅读，乐于阅读，让阅读成为一种习惯。

（五）阅读推进课

以《朝花夕拾》教学为例，阅读推进课的教学任务具体在于：了解作品诞生的文化历史背景，《朝花夕拾》原名《旧事重提》，是现代文学家鲁迅的散文集，收录鲁迅于1926年创作的十篇回忆性散文。此文集作为“回忆的记事”，多侧面地反映了作者鲁迅青少年时期的生活，形象地反映了他的性格和志趣的形成经过。前七篇反映他童年时代在绍兴的家庭和私塾中的生活情景，后三篇叙述他从家乡到南京，又到日本留学，然后回国教书的经历。反映了有抱负的青年知识分子在旧中国茫茫黑夜中，不畏艰险，寻找光明的艰苦历程，以及抒发了作者对往日亲友、师长的怀念之情。推动学生理解作品内容；指导学生提高读整本书的能力；引导学生用粗读和细读相结合的方法，了解全书的内容，探究精彩片段；通过品读重点语句、画思维导图的方式，用圈点批注的方法，画出体现人物特点的句子。品读重点时，用精读的方法，研读人物形象，从《小引》中可以了解到，《朝花夕拾》原名《旧事重提》，其中写了鲁迅童年、青少年时期的人和事，聚焦其中的人物。阅读整本书时，有方法可循，粗读可以让我们迅速地了解主要内容，精读能够帮助我们深入地剖析文本，写下自己的感受，学生试着画印象最深的人物的思维导图，能使学生的思考更有条理。用本课学到的整本书阅读方法，阅读鲁迅的《呐喊》《故事新编》；尝试用思维导图、手抄报等形式，梳理《朝花夕拾》《呐喊》《故事新编》中的人物形象或故事情节。

推进课教学策略:课前指导:师生共读整本书,利用问题牵引阅读,推动学生阅读进展。

课中阅读方法点拨:1. 知主题、看结构、读序言、识作者;2. 赏析人物形象,阅读经典片段;3. 设计探究问题,指导学生深层阅读;课后阅读拓展:比较阅读相关作品,或通过文本与电影、绘画等其他形式的比较,引导学生深入感悟文本。

(六)主题阅读课

主题阅读是针对同一主题或写法,在短时间内阅读多篇文章的方法。主题阅读的第一步是教师的选文,这是阅读教学展开的前提。如一位教师在执教统编版九年级语文上册书中一首余光中的《乡愁》,这就可以和《民国经典国文课》中的“聒碎乡心”部分放在一起做主题阅读。教师以“道不尽的乡愁”为主题,教学目标设计有以下三点:引导学生自主运用多种阅读方式阅读组文;通过对比阅读,使学生领悟到:虽然思乡的方式、寄托的对象因人而异,但是思乡的情是一样的;通过阅读学习借物抒情的写作方法。下面大的环节可以设计为四步:1. 创设情境,导入新课;2. 速读课文,感知内容;3. 合作探究,比较异同;4. 拓展延伸,巩固提高。第一个环节“创设情境,导入新课”教师是这样设计的:同学们,故乡,在游子的心里,永远是最温馨、最难以割舍、最令人魂牵梦绕的地方。余光中先生将自己深沉的乡愁寄托在了那小小的邮票,窄窄的船票,矮矮的坟墓和浅浅的海峡上。今天,我们一起走进一组以“思乡”为主题的诗文,品品“乡愁”。这个环节可以是从已学过的文章导入,还可以从学生的已有经验寻找起点。第二个环节“速读课文,感知内容”是让学生通读文章,这是下一环节的前提。学生以默读为主,并能用自己的语言概括文章内容。分三步:

1. 默读文章(巴金《繁星》、郑振铎《海燕》、沈从文《常德的船》);2. 小组交流阅读感受;

3. 概括三篇文章内容主要是指遇到生字和新词可以问身边的人,也可以去翻阅字典,在理解上,不求甚解。第三个环节是“合作探究,比较异同”。步骤:第一步是小组合作,探究《乡愁》和另外三篇文章的异同;第二步小组分享阅读成果;第三步配乐诵读《乡愁》。既然将同主题的几篇文章放在一起,就要注意比较发现。主要是相同点和不同点的比较,有横向和纵向的比较,有内容和形式的比较等。第四个环节是“拓展延伸、巩固提高”。即将这节课上所学的阅读方法推而广之,拓展迁移到其他主题的文章阅读上,也可以选择适当的小练笔作为拓展延伸巩固提高的内容。课外阅读冰心《梦》、王鲁彦《雪》、刘半农《一个小农家的暮》,比较和《乡愁》的异同。

(七)阅读整合课

《义务教育语文课程标准》在“课程基本理念”中提出:“拓宽语文学习和运用的领

域，注重跨学科的学习和现代科技手段的运用，使学生在不同内容和方法的相互交叉、渗透和整合中开阔视野。”在“综合性学习的具体建议”中提出“提倡与其他课程相结合，开展跨领域学习”。语文学科作为母语教学和语言基础学科，有义务在整个教学系统中架起沟通的桥梁，将本学科与其他学科在目标、内容、方法等方面交叉，使整个教学系统融会贯通。教师选取文本时，应尽量兼顾题材与内容的丰富性。指导这类篇章的阅读，设定教学目标、选择教学内容、开发教学资源、设计教学方式等均是教师对教科书的理解与整合。

阅读整合课的教学策略：1. 选择整合内容的方法与途径。以《民国经典国文课》中的课文为原点，有目的地从人教社统编教材中寻找相关写作对象，再从物理、化学、生物、地理等常识性学科中寻找同一对象或相关对象，节录后发给学生，让学生感受不同学科以不同方式呈现同一内容的差异，从而更好地感受语文学科工具性和语文性的特点。研读《民国经典国文课》是教学开展的必要前提。教师要结合教学内容、教学目标、教学重难点以及学生学情等各种因素，精心选择文本，恰当组合，合理呈现。比如，我在教学《雁》一文时将利奥波德的《大雁归来》与生物书上有关雁的内容相比较等。2. 主讲经典课文和统编教材，穿插其他学科内容。精讲经典课文和统编教材，略讲其他学科内容，并在教学中不断地迁移，逐步提高学生阅读的速度，拓展学生的阅读视野，提升学生的阅读品质。例如，在《蝉与纺织娘》的教学中，我主要抓住四种阅读方法进行训练：默读法、跳读法、圈点批注法以及资料助读法。首先，读了课题之后，推测蝉与纺织娘谁是文章的写作重点。接下来默读课文，找出文章写了蝉的哪些内容。接下来使用跳读法和圈点批注的方法勾画文章到底表达了作者什么情感，强调散文在于表达情感。然后讲读法布尔的《蝉》时，重点让学生抓住“文章从哪些方面告诉我们关于蝉的知识”；最后，把生物教科书和百度词条里关于蝉的内容链接给学生，让他们明白，工具书的资料包罗万象，科技图书具有专业性和权威性，而散文将抒情性文艺性和科学小品文的科学性融为一体。3. 鼓励学生阅读积累，培养学生多学科阅读探究的兴趣。比如，教授《蝉与纺织娘》一课时，班级生物爱好者们聚集在一起，寻蝉蜕、观察蝉脱皮、写观察日记，并找来相关文章阅读。教师选取文本时，应尽量兼顾题材与内容的丰富性。指导这类篇章的阅读，设定教学目标、选择教学内容、开发教学资源、设计教学方式等体现出教师对教科书的理解与整合。而说明文教学如何“识文辨体”，则有一些先例在，大可借鉴参考，其中“比较法”是一种重要的方法。如在教学法布尔的科学小品文《蝉》时，我们不妨选郑振铎先生的《蝉与纺织娘》这样的美文，加以一番比较，我们就会发现两者在形式和风格上的明显差异：《蝉》的对象是自然界，而《蝉与纺织娘》的对象是人化了的自然。法布尔的注意力始终在蝉身上，而郑振铎的目的则最终是要转移人们的视线，从对蝉的诗意描述中概括出一种属于人的“精神”。这样一来，学生就会明白：什么叫科学家，什么叫文学家；什么叫科学小品文，什么叫散文。

(八)读写互生课

《语文课程标准》中对于写作的要求是：“写作要有真情实感，力求表达自己对自然、社会、人生的感受、体验和思考。写作时考虑不同的目的和对象。根据表达的需要，围绕表达中心，选择恰当的表达方式。合理安排内容的先后和详略，条理清楚地表达自己的意思”，“写简单的议论性文章，做到观点明确，有理有据；根据生活需要，写常见应用文”。

读写指导课的教学策略：1. 引导、学习写作方法。(1)读：读懂读通、读深读透。(2)感：感受深刻、感触新颖。(3)写：引——概括地引述原文观点。感——以所引用的内容为基点生发展开，发表议论。引要能领起后面的感想；感想要能呼应前面的引用。联——在所引用的原文的基础上要联系个人生活实际。结——提出看法，小结全文。2. 调动阅读积累。大胆想象，结合自身实践，突出时代精神。3. 激发多读多写的动力。4. 展示文题，学生写作，集体评议。5. 总结提升，归纳注意点。

具体方法指导与策略：1. 先读书，学生每天阅读一定数量的原文(利用午间阅读时间)，比如：读《西游记》时，每天要求读一章，要求圈点批注，然后由小组长收上来检查，语文老师每周查一次。2. 阅读分享，《西游记》阅读时，有学生就提出为什么孙悟空学艺时要先到南赡部洲去穿人衣学人说话？为什么到西牛贺洲学艺时，写他要等很长时间才见到师父讲经、授艺？为此我们要借力助读，越是经典名著，各种名家解读越多，学生可以到图书馆借阅，到网络上搜索，综合百家之言，形成一己之说。3. 写感想，总而言之，写读后感，要以“感”为主，“感”是作文的重点。写读后感时，容易犯引述原文过多的毛病，写作时应注意避免。阅读是吸纳，而写作则是输出，本课例体现了有写作训练的阅读可以加深学生对作品的研读。

四、初中三年课外阅读指导策略

苏霍姆林斯基说：“让学生变聪明不是补课，而是阅读，阅读，再阅读。”经过多年的摸索实践，现已由原先的零散、随意的指导变为有序列、连贯性的指导，使我们的目标更明确，步骤更明晰，策略更优化。我们制定出与学生共处的三年阅读指导目标，即：“三级目标”——让阅读成为习惯(天天阅读)、让名著走进心灵(喜欢名著)、让思考伴随人生(学会思考)。实现三级目标的策略如下：

一级目标：让阅读成为习惯。策略：1. 调查分析找措施：对学生的阅读情况做调查统计，主要从阅读内容、范围、时间、目的、途径等方面进行问卷调查，对问卷进行深入细致地研究、分析，有针对性地提出实施办法。2. 家长会上谈认识：家长会上，我就学生课外阅读的现状做了分析，并就语文新课标中对阅读的要求做了介绍。3. 制订计划帮落实：针对学生的现状，拟定阅读计划，包括阅读目标和阅读书目。在阅读时间和做读书笔记方面，有明确的要求。时间上，我们规定每天至少有一小时的阅读，持之以恒，坚持不懈。在做摘记方面，要求学生“不动笔墨不读书”，只要读书就要做读书笔记，及时摘录精彩片段、警句名言或自己的感受，养成好习惯。4. 检查评价促养成：我将阅读作为一项语文作业布置下去，要求学生天天坚持阅读，并在自读本上每天记录。每周检查自读本，我对学生的阅读记录都细细看过，做到心中有数。对于记录中有思考、有创新的内容，及时表扬。另外，我还将课外阅读情况纳入语文综合素质评价中，作为学业成绩的一部分，对于在本学期课外阅读优秀的同学给予表扬。

二级目标：让名著走进心灵。策略：1. 认识到位，名著常读。2. 创设氛围，形成风气：教室内张贴读书名言；制作读书主题墙报；开展“每日一问”读书竞赛和“经典推荐”等活动。3. 传授方法，养成习惯：形成较好的非智力因素。4. 交流展示，提升实效：如成立阅读小组，开设读书沙龙，开展读书汇报会，出好读书手抄报等。5. 评价激励，巩固成果：如及时评价给予学生信心，善于发现及时表扬，活动评价形式多样，学期结束综合评价。

三级目标：让思考伴随人生。策略：1. 营造沉思的氛围，养成静思的习惯：凝聚共识；“静思”训练。2. 教授思考的方法，养成思考的习惯：如“三步”阅读，“六处”质疑。3. 读思录之相结合，养成独立思考的习惯：如读书笔记的撰写，心得写作。4. 挖掘阅读的魅力，养成乐思的习惯：如成果分享，自主探究。

通过教师的努力，力争将学生由最初顺着作者的思路去追寻目的的初级阅读水平，逐渐达到能够联系自己、联系社会，读出书之精髓的中级阅读水平，并向读书的高级境界进军——能够在读中翻出新意，为我所用。我更期待我的学生能够在高中学习阶段延伸读书活动，巩固阅读的诸多好习惯。让我们共同努力使青少年在阅读中快乐学习与稳健成长，然后展翅高飞，展望未来的璀璨人生。

“三位一体”阅读教学指导与实施策略，旨在对学生阅读指导方法上探索其多样性和灵活性。下一步我们将构建一个从“课堂内阅读”到“图书馆里阅读”，再拓展到“课外阅读”的三位一体的阅读思路，还要不断地研究整本书阅读策略，激发阅读兴趣，使学生乐读；指导阅读方法，使学生会读；推荐经典读物，使学生多读，让学生形成自主阅读的意识，培养学生的语文思维，提高学生的人文素养。

（合肥市规划课题“传统经典课文阅读与指导——以《民国经典国文课》为例”研究核心成果，2019 年 9 月获合肥市教育科研成果评选“良好”等级）

初中古诗文"四课型"建构之研究

传统文化反映出民族特质和风貌,是由文明演化而汇集成的民族精神。初中教材和《九年义务教育语文课程标准》中推荐的古诗文经典中,就蕴含着中华优秀传统文化,在初中语文教学中积极渗透优秀传统文化教育,以传承古代文化的视角开展语文课堂教学实践,以优秀传统文化为教育内容,创新语文教学新思路,提高学生对古诗文经典的学习兴趣,增强学生对中华优秀传统文化的理解力,使中华优秀传统文化教育在语文教学中得到生动有效的落实。我们对近 1080 名学生和 102 名教师开展了问卷调查,根据数据分析,我们尝试多样的教学形式,开展生动活泼的学习活动,激发学生学习优秀古代经典的兴趣,把学生从玄幻、悬疑小说和动漫中吸引过来,改变古诗文教学"抄写、翻译和背诵"这一简单乏味的现状,因此,对初中阶段语文教材中的古诗文进行梳理,分析归类,建构古诗文四种课型,探索基于传统文化的初中语文"四课型"教学策略的研究十分必要。

一、吟诵课

我们开设基于传统文化的初中古诗文吟诵课,就是来用以"读"或"唱"为主要教学手段的一种课型。用吟唱的形式,寓教于乐,感受古代经典的精神气韵。吟诵是传统诵读方式,有着两千年以上的历史,代代相传,人人皆能,是我国优秀的非物质文化遗产,在历史上有着重大的文化价值。汉语的诗词文赋,大部分是使用吟诵的方式创作的,通过吟诵能深刻体会其精神内涵和审美韵味。因此,我们尝试开展吟诵课,一是传承延续经典古诗文;二是激发学生学习古诗文的兴趣;三是改进教师的教学方法。下面看一个教师执教《登幽州台歌》的教学创意,这是一节以"吟诵传统经典传承优秀文化"为主题的公开研讨课,活动的主题是传统经典诗歌的吟诵,也就是旨在通过这一节课,将"吟诵"这一诵读、欣赏、传承经典诗文的学习方法推荐给学生;同时也通过对"吟诵"教学方法的实践与探究,激发听课教师对这种解读经典诗文的新的教学策略进行深入思考,从而为今后的语文教学提供另一种古诗文鉴赏学习的途径。因此,本节课的教学目标和重点之一确定为"了解吟诵古诗文的基本方法,尝试用吟诵的方式品味赏析古诗文"。此外,本诗被选编入统编版初中语文教材七年级中。本课在《教师用书》中明确提出"引导学生学习知人论世的阅读方法",这首《登幽州台歌》,诗歌意思较为浅显,但是意境深远、内蕴丰厚、情感浓郁,而要让学生充分感受到这些,正需要通过"知人论世"这一手段,对诗歌的情感主旨进行深入解读,方能有所感悟。因此,本课的教学目标和难点便可确定为“知人论世”。此外，该教学内容学生刚刚学过，因此，淡化整体感知、初步理解的过程，在快速巩固诗歌内容之后，即进入以上两个教学环节。

二、赏析课

赏析课是以欣赏分析古诗文的主题思想、结构特点、抒情特色、语言艺术等为主要教学内容的课型。教授学生赏析古诗文的角度和方法。赏析课教学策略：1. 初读感知，疏通文意；2. 字斟句酌，品味语言；3. 诵读涵泳，体察情感；4. 合作探究，明晰主旨。看下面课例《次北固山下》的教学创意：1. 体现传统文化。中华传统文化源远流长，博大精深，而古诗文是其中之精华。在初中阶段，应调动各种教学手段，激发他们对古代诗歌的热情，浸润于古典作品中，受到潜移默化的熏陶感染。2. 体现文本深意。这首诗歌通过“雁足传书”这个典故巧妙地抒发思乡之情，用得巧妙、恰当，可以使诗词意蕴丰富、简洁含蓄、庄重典雅，使表达更加生动形象，诗句更凝练，言近而旨远，含蓄而婉转，从而提高作品的表现力和感染力。一些教师在讲解古诗的时候，常常会忽视典故的运用。其实，每个典故的背后都是中华传统文化的体现。3. 体现教学艺术。改变古诗固有的教学模式（讲解、背诵、默写），试着从古诗的合辙押韵入手，感受古诗的语言特点（声音和谐优美，节奏分明铿锵）。《次北固山下》以准确精练的语言描写了冬末春初时作者在北固山下停泊时所见到的青山绿水、潮平岸阔等壮丽之景，抒发了作者深深的思乡之情。首联以对偶句发端，写神驰故里的漂泊羁旅之情怀；颔联写“潮平”“风正”的江上行船，情景恢弘阔大；颈联写拂晓行船的情景，对仗隐含哲理，给人积极向上的艺术魅力；尾联见雁思亲，与首联呼应。全诗用笔自然，写景鲜明，情感真切，情景交融，风格壮美，极富韵致，历朝历代广为传诵。相比较而言，这首诗的难度不大，比较适合七年级刚入学的新生赏析。

三、摹写课

摹写课是在诵读、赏析的基础上，引导从古诗文中学习写作的课型，向古人学写作，在摹写中获得写作技巧和提升写作能力。摹写课的教学策略：1. 初读感知，疏通文意；2. 诵读涵泳，手法赏析；3. 写作引领，实践操作；4. 交流评析，总结提升。下面看课例《武陵春》的教学创意：首先，有感情地吟诵全词，感受易安词的婉约美。其次，在品词、炼句的过程中体悟词人的情感，理解词人的内心世界。最后，是学习鉴赏比喻、夸张等手法赋予词的艺术魅力，让学生通过学习这首词，初步掌握艺术手法，自主选择用比喻、夸张的修辞方法写一篇短文，达到学以致用，提高学生的写作素养的目标。

四、拓展课

拓展课是学习教材中诗文的同时，举一反三，拓展学习与之在题材、主题、意境、艺术手法等方面相关诗文的课型，也是“群文阅读”的一种呈现方式，探究对古诗文进行合理延伸和多元拓展的策略。其教学策略为:1.定向预习,熟悉文本;2.整体感知,立足课外;3.联系现实,把握关联;4.多元拓展,深度阅读。请看课例:贬官文学"拓展课"的教学创意:"贬官文学"是中国古代文学独特的文化现象,这些文章的作者遭贬被逐以后,创作愿望和创作激情反而更为强烈了,作品质量更见功力。统编版教材编选的古诗文中,贬官文学在其中占有大量的篇幅。审视这些作品,其思想情感是如此的多彩纷呈:《陋室铭》中刘禹锡所表达的安贫乐道、洁身自好的高雅志趣和不与世事沉浮的独立人格;《记承天寺夜游》中苏轼流露出的贬谪的悲凉、人生的感慨、赏月的欣喜和漫步的悠闲;《小石潭记》中鱼的生动传神,水的清澈见底,都各尽其妙,意境之深,令人拍案叫绝;《醉翁亭记》中山间朝暮四时之美景、滁人扶老携幼之游乐、太守醺然之醉态,恍若图画呈现在眼前……赏析这些作品,其艺术境界宠辱不惊、洒脱自如。贬官文学的作者大都是积极有为的文人士大夫,贬官文学也多佳作绝唱。

贬官文字课的设计和实施,适合初中九年级古诗文的复习指导课,立足初中古诗文课堂,整合课内多篇诗文,对古诗文教学系列性的知识进行梳理,挖掘出一个共同的主题,并围绕《岳阳楼记》中"先天下之忧而忧"为"课眼"展开来,契合文本。教学中努力传递社会中向上的力量、传播中华优秀传统文化,引导学生获得面对现实的智慧、把握未来的勇气。充分关注现实,从文本中发掘文化主题,获得真切的启示和现实的意义,更有效地促进学生的精神成长。立足教材,从教材生发开来,由群文阅读的形式向教材内、外延伸,拓展迁移,从而带动对这些经典的深入领会。带领学生走进谪宦文学浩渺的湖海,继承谪宦文化积极精神,积极进取,自强不息。

探索古诗文课堂教学的四种课型,即"吟诵课""赏析课""摹写课""拓展课"等课型,意在吟诵古诗词中,交流诵读经验,相互感染,以吟诵会友,重视引领学生开展传统文化活动,激发起学生对古代诗文经典的浓厚兴趣,让经典文化的博大精神滋润学生们的心田。

(发表在《教育艺术》2019年第8期,刊号:CN11-2632/G4)

传统文化语文课堂教学实践研究

中华优秀传统文化凝聚着民族最深沉的精神追求，是中华民族历经五千余年生生不息、傲然屹立的精神支柱。习近平总书记在2014年教师节走访北师大时提出："我很不赞成把古代经典诗词和散文从课本中去掉，'去中国化'是很悲哀的。应该把这些经典嵌在学生脑子里，成为中华民族文化的基因。"古诗文经典是中华文化的重要载体，具有很强的现实意义和实践价值，作为语文教师应当肩负起这一职责，并积极探寻在语文教学中加强中华优秀传统文化教育的方法和策略。

《完善中华优秀传统文化教育指导纲要》(教社科〔2014〕3号)(以下简称《纲要》)指出：当前"对中华优秀传统文化教育重要性的认识有待进一步提高，教育内容的系统性、整体性还明显不足，重知识讲授、轻精神内涵阐释的现象还比较普遍……"《纲要》站在"立德树人"的高度，要求重视中华优秀传统文化教育，培育广大青少年对民族文化的认同和自信。《义务教育语文课程标准》(以下简称《课程标准》)指出"语文课程对继承和弘扬中华民族优秀文化传统和革命传统，增强民族文化认同感，增强民族凝聚力和创造力，具有不可替代的优势。"在《纲要》和《课程标准》的指导下，2016年开始使用的部编版语文教材加大了古诗文比重。七至九年级教材古代诗文总计130篇(首)，约占总篇目数的52%，每册书综合性学习中都有一个专门的传统文化专题；但是一些教师并没有深度研究，课堂教学依然故我，而安徽省在2019年中考加大古诗文检测分值，充分说明对传统文化的高度重视。

一、初中古诗文教学的现状

通过长期去各学校听课和问卷调查，我们发现在中学语文课堂上对中华优秀传统文化，很多一线教师出现忽视或者淡化传统文化精华的现象，有时对传统文化的教学目标设置不合理，对传统文化的解读停留在文字的浅层。目前初中阶段古诗文的常态教学还偏重于死记硬背，语文教师对传统文化的传承重视不够，课堂教学偏重于字词的疏通，句子的翻译，忽视思想内涵的挖掘、文化精神的传承；教师对古代经典缺乏热情，教学方法单一，课型意识模糊，不能调动学生学习的积极性；学生对古诗文经典的学习兴趣不浓，精神文化层面的熏陶感染亟待加强。

初中古诗文经典中蕴含的中华优秀传统文化，既是指文明成果，包括风俗礼仪、姓名称谓、科举制度、天文历法、音乐文娱、武器刑罚、饮食器用等；更是指民族精神，包括古仁人的理想信仰、道德传承，也包括古代知识分子以国家民族大义为己任、自强不息的家国情怀，还包括仁爱天下、四海一家、道法自然等思想智慧和勤劳勇敢、团结统一的精神观念。

初中古诗文经典的文本范围包括初中语文教材和《九年义务教育语文课程标准》（以下简称《课程标准》）中推荐的古诗文，根据学情适当补充适合初中生学习的优秀古诗文。依照《课程标准》规定的内容，以部编版教材中古诗文经典为主要文本，选择适当的教学方法，向全班学生进行授课

因此，探索优秀传统文化与现代语文课堂教学实践的融合，努力改进和创新语文课堂教学策略，引导教师处理好古诗文教学中“言”与“文”的关系，梳理初中古诗文经典文本的内容及教学方法，探索采取怎样的课堂教学策略，更有效地传播古代文化的精神内涵，有效提升初中生语文核心素养。

二、初中古诗文课堂教学的愿景

我们旨在探索在初中语文教学中积极渗透优秀传统文化教育，以传承古代文化的视角开展语文课堂教学实践，以优秀传统文化为教育内容，创新语文教学新思路，探索优秀传统文化与初中语文教育教学深度融合的途径和策略，形成操作性强、比较稳定的基于传统文化的初中古诗文经典的课堂教学程序。提升课题组教师的专业素养，提高经典古诗文的教学效率，带动语文教学质量的提升。通过开展多样的社团活动，改进教学方法，提高学生对古诗文经典的学习兴趣，增强学生对中华优秀传统文化的理解力；促进中华优秀传统文化教育在初中语文教学中得到生动有效的落实，使学生热爱古诗文经典，热爱中华优秀传统文化。

三、探寻初中古诗文教学的课型结构的途径

探寻初中古诗文教学的课型结构，可以采用以下措施：1. 从源头抓起。集中全体教师的力量，以集体的智慧备好课，提高教师设计教学过程的能力，有利于资源共享，有利于教师业务能力的提高。2. 从核心抓起。反思需要收集教学信息，记录教学行为，并对行为进行调整，借助一定的平台，对教学设计及其执行过程进行审视，力求教学的最优化。3. 从课堂抓起。为了推进语文课堂教学研究的有效开展，以优化课堂教学结构，我们定期组织专题研讨活动。4. 从评课抓起。采取一课多评，上课教师都要进行评课议课，多向互动型评课。课例研讨注重教学后的教师自我反思与同伴研讨，评课以讨论为主、以研究为主，营造民主的课堂教学评课氛围，每次研讨课都要求听课教师“发现一个亮点、提出一个建议”，让教师在教学中研究、在行动中发展。5. 从求新抓起。四种课型在课堂教学中实施，无论是哪个阶段，哪个年级，都有相同之处，关键是找寻共通共融的规律，探讨古诗文教学的艺术，进行创新研究方式，从求新、求变、求异、求实的角度出发。让全区的语文教师来共同观摩，进行比较研究，领略不同教法的独特之处，互为补

充，相互借鉴，共同提高，在教师们之间产生较大的反响，效果明显，形成了较成熟的教学流程。

著名特级教师余映潮在《关于课型创新的若干思考》中指出，在真正的日常教学之中，课型研究始终是一个比较薄弱的环节。本课题将着眼于教材的运用和教学研究来研究课型的创新，探索初中经典古诗文课堂教学的基本课型，让古诗文经典的教学有法、有序、有效；并且尝试在现代文教学中注入传统文化。探究部编本七—九年级古诗文篇目的教学内容和方法。编辑完成《基于传统文化的初中古诗文教学教学策略》。课题组教师依据对课型特点的探索，对初中阶段语文教材中的古诗文进行认真细致地分析梳理，给出每一课的教学内容、教学重点和教学策略，运用于教学，改进提升。契合学生古代文化积累和古诗文延伸拓展的需求，编纂《经典古诗词赏读》。深入解读部编本语文教材的古诗文，对每篇课内讲读的古诗文从主题、艺术手法、语言特色等方面进行延伸拓展，辅助以“古代文化”的讲析。以课堂为阵地深度研究课型，进行中学语文统编教材传统文化与文本深度解读的课堂艺术研究，一位教师执教《次北固山下》，用诵读抑扬顿挫，诠释了中华古诗的合辙押韵，她用信手绘图带动学生赏析，想象诗中有画、画中有诗的诗歌意境。课堂上语文老师重视诵读，带头示范，经典美文诵读，通过诵读激发起了学生对古代诗文经典的浓厚兴趣，经典文化的博大精神滋润学生们的心田。

我们确定课堂教学为研究的切入点，课堂教学是主渠道，主阵地，更是立足点，只有不断地提高课堂教学水平，多层面、多角度分析课堂，研究才能真正落到实处。

四、梳理统编版语文教材古诗文教学内容

我们对初中阶段语文教材中的古诗文进行了细致认真地梳理，分析归类。确定每一篇古诗文所属课型，依据单元教学目标和课文特色，从课型视角确定其教学目标、教学重点，在此基础上提出相应的教学策略。从教学中总结，在教学中提高，各校情况不同，教育对象千差万别，提倡灵活运用，改进创新。篇目梳理的项目和内容不断修改更新，随着古诗文教学实践，得到逐步调整和完善。现将部编版语文教材七、八、九年级古诗文“四课型”篇目梳理的教学内容总结如下，供教师参考。

适宜于“吟诵课”的篇目如下：

七上第一单元：4. 古代诗歌四首：《观沧海》/曹操；《闻王昌龄左迁龙标遥有此寄》/李白；《次北固山下》/王湾；《天净沙·秋思》/马致远。

教学内容：准确、流利、有感情地朗读，结合朗读展开想象，感受诗歌的韵律；感悟诗歌中寄寓的情感，初步领会诗歌情景交融的特点；初步了解古代诗歌的一些常识，学习欣赏诗歌。读得准确、流利、有情感；在朗读中发挥联想和想象，在脑海中想象诗歌画面，进入诗歌的意境，补充画面中未写明的内容，丰富艺术空白。以朗读贯穿教学全过程,在熟读中感知,体会各篇作品感情基调的不同,朗读能准确表达情感。了解古代诗歌体裁,懂得押韵、平仄、对仗等一般格律知识,引导学生更好地感受诗歌,激发兴趣。

七下第二单元:8.《木兰诗》,诵读课文。识记文中重点文言词语;反复诵读诗歌,体会诗歌刚健明朗、质朴生动的民歌情味;把握诗歌中人物形象的特点,感受人物的魅力。借助注释,阅读课文;这首民歌既展现花木兰的英雄气概,也表现她的女儿情怀,要从这两方面把握花木兰这一人物形象。

七下第五单元:20. 古代诗歌五首:《登幽州台歌》/陈子昂;《望岳》/杜甫;《登飞来峰》/王安石;《游山西村》/陆游;《己亥杂诗(其五)》/龚自珍。了解吟诵古诗文的基本方法,尝试用吟诵的方式品味、赏析古诗文;学习知人论世的阅读方法,深入领会诗歌的主旨内涵。有感情地朗读诗歌,读出节奏和音韵美;体会诗歌表达的情感,理解诗歌中蕴含的哲理;背诵并默写古诗词,学以致用。通过"吟诵"将诵读、欣赏、传承经典诗文的学习方法推荐给学生;诗歌意思较为浅显,但是意境深远、内蕴丰厚、情感浓郁,需要通过"知人论世"这一手段,引导学生对诗歌的情感主旨进行深入解读。

八上第三单元:11.《与朱元思书》/吴均。根据阅读提示和注释自读课文,整体把握文意;抓住"奇山异水,天下独绝",把握作者笔下景物的突出特征;学习作者描绘景物的手法;体会作者寄情山水的高雅的审美情趣。积累文言知识,重视朗读训练,逐步提高文言文的朗读和翻译能力,背诵并默写全文;体会文中作者追求自由的情怀,把握课文的主旨。引导学生品味赏析文章的语言美,培养其对语言文字的感悟能力,逐步提高鉴赏水平;通过教读本文,激发学生热爱祖国传统文化、热爱祖国大好河山的感情,培养健康的审美情趣。

八上第三单元:12. 唐诗五首:《黄鹤楼》/崔颢;《使至塞上》/王维;《渡荆门送别》/李白;《春望》/杜甫;《钱塘湖春行》/白居易。诵读诗歌,领略律诗的韵律之美;结合相关背景,领会诗歌主旨,体会诗人的情感;了解律诗起承转合的结构特点,借以分析诗歌,领会诗人谋篇布局之精巧;体会诗歌的意境,积累优美的诗句。深入体会古诗的韵律,有感情地朗读和背诵课文;通过诵读,品味诗歌的意境美和语言美,了解诗歌的艺术特色;培养热爱祖国传统文化的思想感情,提高文化品位和审美情趣。了解诗歌的章法结构;借助诗歌的品析,增强学生的语感;从美好的情境、美好的情感中让学生获得审美鉴赏能力的提升和情感的熏陶。

八上第六单元:24. 诗词五首:《饮酒(其五)》/陶渊明;《行路难(其一)》/李白;《雁门太守行》/李贺;《赤壁》/杜牧;《渔家傲》/李清照。诵读不同体裁的诗歌,体会它们不同的韵律特点;结合诗人生平和诗歌创作背景,理解诗歌中寄寓的情感;初步学习品析诗歌中传情达意的艺术手法。了解诗意,背诵诗篇;品味诗歌语言,了解诗的艺术特色;

查找相关资料，体会诗歌所表达的思想感情；反复朗读，体会不同体裁诗歌不同的韵律特点；通过设疑、点拨、讨论等方式深入体会诗人情感。继续加强诵读的训练，要求学生根据对诗歌的初步理解划分节奏，诵读时细细体会诗歌的情感；有意识地积累和欣赏名句，不仅是背诵和抄录，更要加深理解，并在初步鉴赏的基础上学会运用。

八下第三单元：12.《诗经》两首：《关雎》《蒹葭》。诵读诗歌，把握好语气语调，读出韵律和节奏；了解《诗经》重章叠句的特点和赋比兴的手法；把握诗歌内在的情韵。了解《诗经》的基本常识，掌握重章叠句的形式特点，能够掌握四言诗的诵读节拍；深刻体会赋比兴的艺术手法，了解我国古代人们对理想与真挚爱情的向往，陶冶高尚的情操。调动学习兴趣，激发对民族文化的自豪感；加强诵读，给予学生具体的诵读指导。

八下第六单元：24.《卖炭翁》/白居易。反复诵读，体会古体诗在句式、用韵等方面的特点；结合注释理解诗歌内容，感受诗中描述的社会现实，体会诗人的情感；品味诗中的精彩描写。反复朗读，熟读成诵；了解卖炭翁生活的艰辛，品析卖炭翁、宫使形象；体会诗人对劳动人民的深切同情和对统治阶级与不合理制度的愤怒与抗议。通过比较阅读，体会本诗与文中另一首诗歌《茅屋为秋风所破歌》的不同体式和风格；可从形式、内容、思想情感方面进行比较，也可从写法上进行比较。

九年级上册：13.诗词三首：《行路难》/李白；《酬乐天扬州初逢席上见赠》/刘禹锡。注意诗词形式特点和不同作品的艺术风格，体会其韵律之美，在此基础上，熟读成诵。了解诗词以及不同体裁的诗歌在形式上的特点。体会作者的思想感情，熟读成诵。分析作品的意蕴和艺术特点。介绍作品的创作背景，把握作者的情感基调，深入理解作品内容。比较阅读，延伸拓展，联系同一时代不同作家的其他作品，就其思想内容、艺术特色、语言风格、抒情方式等方面加以比较。

九年级下册：词四首：《渔家傲·秋思》/范仲淹；《江城子·密州出猎》/苏轼；《破阵子·为陈同甫赋壮词以寄之》/辛弃疾；《满江红·怒发冲冠》/岳飞。了解“词”这种艺术样式，句式长短不一，讲究韵律，能自由表达思想感情。反复诵读这四首词，感受词的音韵美，并注意体会各首词中蕴含的情感。能用自己的语言描述作者笔下的情景，并说出每首词表达的思想感情。掌握词中用典及其要表达的意思。背诵并默写这四首词。能结合作品内容和写作背景，理解作者抒发的思想感情。能够仿照示例，从课本中另选几处富有表现力的词句进行点评。

九年级下册：23.诗词曲：《十五从军征》/佚名；《白雪歌送武判官归京》/岑参；《南乡子·登京口北固亭有怀》/辛弃疾；《过零丁洋》/文天祥；《山坡羊·潼关怀古》/张养浩。体会古乐府、歌行、律诗、词和曲的不同特点；能够用自己的话描述诗词的内容，赏析诗词曲中名句。找出《白雪歌送武判官归京》中写景的句子，赏析作者是如何描写边塞风光的。请学生谈谈对《过零丁洋》中“人生自古谁无死，留取丹心照汗青”这个千古名句的理解。结合全诗的内容和作者的生平，理解诗歌中的名句；能够从怀古诗所咏叹的历史，理解怀古诗寄托的怀古之情。发挥想象，扩充细节，将诗词改写成记叙文，增强学生的理解。

适宜于“赏析课”的篇目如下：

七上第二单元：8.《世说新语》两则：《咏雪》《陈太丘与友期行》。借助注释疏通文意，初步感知古今汉语的差别；感受古人的生活情趣和文化修养，欣赏古代少年的聪慧方正。注意关于《咏雪》的两个比喻的分析，体会家庭生活情趣；注意探讨元方的行为是否失礼，要言之成理，体会“方正”。启发激励：先让学生自由说从这两个故事中读懂了什么，再探讨：谢安认为哪个比喻更好？文中哪些地方能体现元方的“方正”？

七上第三单元：12.《〈论语〉十二章》。进一步熟悉文言文，体会文言文与现代文的不同特点，掌握重点词语和重要句式；结合补充资料，正确理解课文内容，体会《论语》中倡导的“为学之道”。借助文中注释和工具书，自主阅读，了解课文含义；补充资料，在比较、分析中加深对课文的理解，感受古代思想家和古代典籍的魅力。初读课文，疏通文义，了解基本内容；再读课文，深入理解，思考孔子思想的现代价值，讨论：孔子身上最打动你的是什么？谈谈你对“为学之道”的理解。

七上第四单元：16.《诫子书》/诸葛亮。在掌握重点难点词语的意义和用法的基础上疏通文章大意；适当补充作者生平资料，引起学生兴趣，帮助其感受传统文化，接受古典作品的熏陶。积累常见的实词、虚词和文言句式；厘清文章思路，明确“静”与“明志”“成才”的关系；引导学生结合具体文本有所感知，把握文章深层内涵。预习检测：小组内互译互评，组长提出未能解决的问题；梳理文章结构，把握关键语句，深入思考：成才须具备哪几个条件？

七下第四单元：16. 短文两篇：《陋室铭》/刘禹锡；《爱莲说》/周敦颐。在基本了解课文字面意思的基础上，指导学生诵读，将全文意思大体掌握；学习托物言志的方法，并理解作者所表达的高洁志趣。积累文言词句，尤其是经常出现在诗文作品中蕴含文学文化含义的词语。疏通文意，在学生预习的基础上组织学生互助学习；主旨探究，思考：陋室主人一天的生活如何？作者心目中君子是怎样的？

八上第三单元：10. 短文两篇：《答谢中书书》/陶弘景；《记承天寺夜游》/苏轼。积累重点文言实词、虚词，了解背景；把握文意，品味文章精练的语言，学习借景抒情的写法；领会文章的意境，感知山川之美，领悟作者达观处世的心态。了解作者及写作背景，背诵全文；通过品读和揣摩课文，理解作者复杂微妙的感情；感受作者热爱生活、追求美好事物的情怀，树立正确的人生观、价值观。苏轼自称“闲人”有何深意？小组合作，交流探讨,代表发言,教师点拨;主旨探究,两篇文章各表达了作者怎样的思想感情?

八下第三单元:9.《桃花源记》/陶渊明。积累文中常见的文言词语,背诵全文;品味语言,学习文章层层设疑的写法;理解“世外桃源”所寄托的作者的社会理想。积累词语,关注词语的古今异义现象;了解“记”这种文体特征,学会品味语言;认识作者通过描写“世外桃源”对理想社会的追求。厘清线索,概述内容;品味语言,小组探究:找出能体现本文笔法简洁而内涵丰富的语句,发挥联想,进行扩写;体会作者情感。

八下第六单元:21.《庄子》故事两则:《北冥有鱼》;《庄子与惠子游于濠梁》。了解庄子的作品及思想,整体把握课文大意;进一步学习揣摩文言文的语言,理解寓意;把握作者的思想感情。了解作者的思想主张,积累常用文言词语;体悟人物对话时的语气,阐述寓言蕴含的道理;体悟作者淡泊名利的思想。预习反馈:分小组讲述寓言故事;寓意探究:说说两则寓言分别蕴含怎样的寓意?体会情感:结合作者思想简要谈谈自己的认识。

九上第三单元:11.《醉翁亭记》/欧阳修。感知课文内容,体会其艺术表现手法和语言风格,把握文章的精神情怀。品味骈句的妙用,分析其表达效果。分析醉翁的形象。辨析体会“也字体”的妙用。调动学生的阅读兴趣。了解本文的创作背景和文化意义,把握其精神实质。赏析本文的语言风格和艺术手法。坚持熟读成诵,在诵读中积累语感,加深理解。联系本文的时代背景,以及作者的精神气质、为政理念,指导学生领会文章内涵。

12.《湖心亭看雪》/张岱。引导学生理解本文的白描手法,通过对“独往”“痴”等问题的研讨,走进作者的精神世界。比较苏轼《记承天寺夜游》、柳宗元《江雪》和陈子昂《登幽州台歌》,深化理解。熟读并背诵课文,体会本文白描的写法。整体感悟,细心品读,体会本文的审美意蕴。联系作者的生平事迹及创作背景,体会其家国之思。以学生自学为主,从理解文意到熟读成诵,注重学生的参与意识。选取闲适情调、高远立意和诗性表达上相近的诗文,进行比较,强化对课文的解读。

适宜于“摹写课”的篇目如下:

七上第一单元:24.寓言四则:《塞翁失马》《淮南子》《杞人忧天》《列子》。在阅读教学的基础上深入体会联想与想象对写作的作用;鼓励学生在写作中运用联想和想象,使文章内容更丰富,表达更生动。思维既不拘泥于眼前的实景,又具有合理性,从现实出发,最后回到现实。深入文本,体会联想、想象带给人的丰富审美体验和憧憬遐思,提高欣赏和阅读能力;通过片段写作训练,活跃学生思维。

七下第一单元:4.《孙权劝学》《资治通鉴》。写出人的精神:字斟句酌解析人物形象,提炼人物精神。学会选择典型事例,写出人物精神的方法;初步掌握人物肖像、语言、动作、心理描写方法，揣摩人物心理；有创意地表达，通过恰当的写作手法和表达方式反映人物个性。揣摩文本中人物的语气，通过细致的观察，抓住体现人物精神的典型语言及动作，注意人物在文本中的前后变化，并可辅以侧面烘托的方式，凸显人物精神。

八上第三单元：9.《三峡》/郦道元。学习描写景物；了解景物描写的概念，掌握基本的描写景物的方法，学会有序地观察景物；抓住景物的特征，调动各种感官，借助多种手法，多角度描写景物。熟读文本，体会抓住景物形状、颜色、质地、音响等方面的特点，多角度发现和感知的写作方法，并学习文本把握不同时间、不同地点表现景物特征的技巧。

23.《周亚夫军细柳》/司马迁。描写人物的方法：通过对比、反衬刻画人物形象，抓住语言描写的感情色彩刻画人物的性格。学习通过对比、反衬刻画人物的形象。以文本为例，拓展延伸，体会不同人物之间的对比与人物自身的前后对比产生的艺术效果，学习并运用到自己的文章中去，从生活中提炼素材，拓展写作空间。

八下第三单元：10.《小石潭记》/柳宗元。学写情景交融的记叙文；理解并运用直接抒情和间接抒情的方式；巩固景物描写的基本要求。明确的写作目的，决定写景材料的取舍、详略及顺序。梳理文中“情”“景”的具体内容，了解两者是如何联系起来的。

八下第三单元：11.《核舟记》（节选）/魏学洢。学写读后感；了解读后感这种文体，初步掌握读后感的基本要求和写法；用所学知识写读后感，加深对课文的理解，培养对文章的评价能力；培养并提高阅读和表达能力。掌握写读后感的一般步骤和方法。让学生找准“感点”写出的读后感有自己的真实感受。与同学交流阅读感受，在分析、思考的基础上，选择最值得发表、感受最深、见闻新颖独到最有针对性和现实感的感受来写作。

九下第三单元：9.《鱼我所欲也》/孟子。熟读课文，能用自己的话说出课文的大意。根据课文内容，理解作者的论证思路。着重学习比喻论证和对比论证的使用，学会运用这两种论证方法写作议论文。联系日常生活中的事例尝试进行类比说理，写一段话，说明一个道理。

九下第六单元：《曹刿论战》/左丘明。结构严谨，前后照应，脉络分明；剪裁精当，叙述有重点，详略得当。围绕主题来写，凡是与表现主题无关的枝节就尽量省略；前后照应，相辅相成。

21.《邹忌讽齐王纳谏》。梳理课文情节，体会“三问答—三类比—三赏赐—三变化”的巧妙构思；体会本文“千古臣谄君蔽，兴亡关头，从闺房小语破之”的语言艺术。学习课文从“治家”中悟出“治国”道理的写法，善于类比说理；借鉴语言艺术，学习本文劝谏艺术的高妙之处。从已知的事物中推出同类事的例子，从生活中举例，引出要论述的对象；直截了当固然明快，但委婉曲折，一样可以做到振聋发聩；抓住人物性格，把握身份的区别，运用对话来刻画人物的形象。

适用于“拓展课”的篇目如下：

七上第一单元：20.《狼》/蒲松龄。掌握一些常见文言词语和句式，活学活用，让积累转化为兴趣，促进理解；在拓展阅读中进一步熟悉文言文。在熟悉屠户与狼斗智斗勇的过程中，把握主题，并阅读同类题材的文言短文，培养文言文阅读兴趣。补充《狼三则》的另外两篇，引导学生课外主动去阅读《聊斋志异》中一些较浅近的小故事。

七下第三单元：12.《卖油翁》/欧阳修。理解关键语句，熟悉故事内容，感受文言表达的简洁之美；抓住描写人物的重点词语、句式，揣摩人物的心理和态度；体会文言小故事所蕴含的大智慧。将关键语句与关键词的解释相结合，让学生既读懂词句，又理解文章；抓住描写人物的重点词语、句式，感受人物对话的语气，分析人物特点。补充《庖丁解牛》及欧阳修《归田录》中浅近的笔记小说，体会古人关注日常生活，文言语言简洁，形式灵活，风格平易闲适的特点。

七下第六单元：24.《河中石兽》/纪昀。了解故事情节，把握作者观点；积累文言词汇，训练阅读浅近文言文的能力；培养独立思考的习惯，训练质疑思辨的能力。借助注释，关注古今词义的异同，增加文言文实词的积累量；对课文叙述的故事，有独立思考的能力。补充课后“思考探究二”和《阅微草堂笔记》中较为浅近的课外文言，诸如奇闻逸事类，激发学生对文言文学习的热情和兴趣。

八上第六单元：21.《孟子》二章：《富贵不能淫》《天降大任于是人也》。借助注释和工具书大致读懂课文，把握作者的观点和思路；反复诵读，体会孟子善用比喻、类比手法和对举、排比句式说理的特点；背诵，积累文中的名言警句。在疏通文意的基础上，注意把握观点和论述思路，并从中受到教育与启发。补充《孟子》中许多历代传诵的名言警句，拓宽阅读视野；推荐阅读《孟子》书目，如金良年《孟子译注》等。

八上第六单元：22.《愚公移山》《列子》。结合注释和工具书，疏通文意，积累词语；继续加强朗读训练，培养和强化文言语感；探究质疑，理解本文的寓意。反复诵读，揣摩人物语言，体会人物的态度、心理、性格。补充《列子》中许多脍炙人口的寓言故事，举办《列子》寓言故事会，帮助学生进一步掌握读寓言的方法。

八下第四单元：23.《马说》/韩愈。借助注释和工具书，自读课文，理解作者的写作意图和思想感情；结合具体语句理解虚词在表情达意上的作用；反复朗读，体会文章的语气，培养文言阅读语感。进一步学习自读，体会虚词在调配语气、表达情感上的作用。推荐一些古人的短论给学生阅读。

八下第六单元：22.《礼记》两则：《虽有嘉肴》《大道之行也》。反复诵读，体会文言句式的特点;初步理解儒家“教学相长”的理念和“大同”社会理想。体会文言文中散句和整句的特点;通过文言学习,深入理解中华优秀传统文化中的宝贵财富。补充《礼记·学记》相关内容和古人对“大同”社会的理想追求等文化常识。

九上第三单元:12.《岳阳楼记》/范仲淹。诵读文本,理解文章立意,对比手法和文体特色。通过比较阅读《左迁至蓝关示侄孙湘》《续资治通鉴长编》《西南联大校歌》等,汲取谪宦文化中的积极精神。审视古典,立足当代,领悟新时代的家国情怀和范仲淹以天下为己任,以利民为宗旨,立德修身的精神内涵。契合安徽省中考文言文阅读的命题特点,带动初三年级的文言文复习。坚持以诵读为主的教学方法,借助注释反复朗读,体会文体特点,梳理结构层次。

13.《唐雎不辱使命》/刘向。学习本文通过对话描写表现人物形象的写作方法。学习唐雎作为小国之臣却不畏强暴、敢于斗争、善于斗争的精神。领悟本文言辞的巧妙之美(言之有节,言之有据,言之有力)。积累常用文言虚实词;学习人物形象的塑造方法;学习本文委婉而富有深意的语言表达艺术。加强诵读,从整体文意的把握来帮助理解文中的字、词、句,从对文中关键字词句的确切理解来帮助掌握整体文意,双向互动地学习古文,探讨唐雎不畏强权、为国赴难精神的现实意义。

九上第三单元:14.《送东阳马生序》/宋濂。积累一些文言字词;了解“序”这种文体;体会对比手法的作用;理解并熟读背诵课文。培养学生养成勤奋刻苦的习惯,以积极乐观的心态面对人生中的挫折困难等。积累“趋”“俟”“食”“遗”等文言字词;把握文章深刻内涵,挖掘其现实意义。引导学生学会借助注释和工具书疏通理解课文内容;通过多种形式的朗诵训练,提高学生诵读文言文的能力;通过自主合作探究的学习方式,理解积累字词,解决疑难点,把握文章内涵。

九下第六单元:22.《出师表》/诸葛亮。了解“表”的特点以及写作背景;积累文言实词和虚词,学会翻译文言文;学习诸葛亮“鞠躬尽瘁,死而后已”的精神。背诵并默写全文;掌握常用文言词语,理解课文内容。了解本文议论中融入叙事、抒情的写法。领会诸葛亮提出的广开言路、严明赏罚、亲贤远佞三项建议的进步性。掌握正确的停顿,有感情地诵读课文;启发思考:诸葛亮就国内政治问题提出了哪些建议?哪一条最重要?课文后几段追述哪几件事?有什么意义?

三年来梳理了初中古诗文教学内容,在此基础上整理汇编而成,提高了教师对传统文化研究能力。在包河区中学语文教师中营造了诵读学习古诗文和古代文化的浓厚氛围,课堂教学的四种新课型教学产生区域影响。我们在大量常态课的基础上,开展研讨课和教师吟诵活动,促进了课型探索,把握了古诗文鉴赏的基本方法,又促进了学生语言的理解与建构,展示了赏析课的教学艺术。王一枝名师工作室对工作室学员进行了古诗词教学研究的专题培训。张峰老师为学员们示范诵读，吟诵了陆游的《卜算子·咏梅》，并畅谈了自己对诵读与吟诵独到的见解。然后，全体学员自选统编教材中古诗词现场诵读或吟诵（储谦《卜算子·咏梅》《将进酒》、汤汝昭《登飞来峰》、张晓茹《诗经·子衿》、张薇《破阵子·为陈同甫赋壮词以寄之》、汪书萍《诗经·关雎》、王勇《渔家傲·天接云涛连晓雾》、陈冉《卜算子·黄州定慧院寓居作》、张媛媛《登幽州台歌》、陶蕾《泊秦淮》）。王一枝老师对学员诵读给予了点评与指导，充分体现了包河区语文教育组对年轻人的厚爱，对包河区中学语文教学中的传统文化教学提出了新的要求，要加强对教材中古诗词的教学研究。传统文化的传承，要链接和落实到生活热点中，聚焦课堂，才能够让语文课堂在传统文化的土壤上散发经典的芬芳。

五、初中语文课堂教学实践研究的思考

突破古诗文中的传统文化教学的藩篱，就要深度研究，还要进一步拓展，不能局限在传统经典本身。部编版教材每年都有篇目上的变动，随着教材的调整，教学也要有必要调整和补充，基于传统文化的初中语文课型的研究涵盖还可以更加广泛，我们根据教学任务、活动方式对四种课型进行了探究，努力呈现四种课型的教学策略；但四种课型远没有涵盖中学语文教学的全部领域，比如群文阅读课、名著阅读课、综合实践课、展示分享课、读写联动课等，进一步探究传统文化在这些课型上如何得到呈现。

已培养的传统文化的氛围和风貌需要保持和发扬，包河区中学语文教研团队，精诚合作，以文会友，吟诵享宾朋，开展多样课题研究活动；学校社团建设亦有语文人活跃的身影，诗教包河、书香包河、演讲比赛、合肥市青少年国学大赛等，在传统文化精神的滋养，培养起热爱传统文化、传扬经典传统的情怀需要永葆，让中华优秀传统文化在校园文化建设中保持永久的生机与活力。我们既自豪于几年来孜孜不倦的努力所取得的丰硕成果，又真切地感受到语文课堂传播传统文化的实践任重道远。我们愿在弘扬中华优秀传统文化的实践中，发挥语文教师独特的优势，让语文教学有更多的文化魅力，有更深厚的传统文化底蕴。

（合肥市规划课题“基于传统文化的初中语文课堂教学实践研究”核心成果，2019年9月获合肥市教育科研成果评选“优秀”等级）

第三章

阅读·写作·指导

关键问题:激发课外阅读兴趣

课外阅读是指学生在课外的各种独立的阅读活动,它是课外语文活动中最重要的内容,是课内阅读的继续与扩展,是阅读能力训练必不可少的组成部分,也是激发学生学习兴趣,培养学生语文能力不可或缺的一部分。高尔基曾经形容自己对书本的热爱是“就像饥饿的人扑在面包上一样”,足见一本好书可以影响人的一生。多读、多看、多听对提高学生的语文能力是非常有帮助的,多读就是强调语文教学中要重视课外阅读,而不只是一味埋头于课堂上的书本知识。就目前而言,无论是各大网络调查还是问卷、访谈等调查显示,初中生离课外阅读已经渐行渐远。在当今的教育体制下,语文课外阅读的开展情况是非常糟糕的,很多学校根本不重视课外阅读,老师只为考试而教学,学生只为考试而学习,学生也没有时间看课外书,这种教学是非常不利于学生全面发展的。是什么原因致使他们越来越不喜欢阅读?大概与当下的语文阅读教学是脱不了干系的。波罗果夫也曾说:“书就是社会,一本好书就是一个好的世界,好的社会,它能陶冶人的感情和气质。”而正处于世界观、人生观形成的重要阶段的中学生,更应该从好书中受到思想上的启迪和感情上的陶冶。许多老师也常常无奈地表示,在日益激烈的中考压力下,语文课教学已经在很大程度上束缚了学生的个性自由,而往往阅读教学也未能使学生真正实现对文本的深入阅读。这才导致了学生缺乏学习的愿望和兴趣。基于此,我们确定了“如何激发学生课外阅读的兴趣”这个初中语文关键问题的实践研究课题。

初中语文新课标指出:要重视培养学生广泛的阅读兴趣,扩大阅读面,增加阅读量,提高阅读品位。关注学生通过多种媒介的阅读,鼓励学生自主选择优秀的阅读材料,加强对课外阅读的指导,开展各种课外阅读活动,创造展示与交流的机会,营造人人爱读书的良好氛围。很显然,重视课外阅读,是课程标准的一个根本性导向。课程标准关于“少做题,多读书,好读书,读好书,读整本的书”的提倡和呼吁,已经成为广大师生的共识。我国当代著名语文教育家张志公先生说过:“学生们生活在语文的海洋里,需要的是各种有关方面——报纸、广播、电视、话剧,等等所谓的新闻媒体散布的语言,孩子喜爱看一些杂书以及各种文学作品散布的语言,如果不仅仅是规范化的,并且是优美的,熏也把孩子们的语文能力熏高了。”光在课堂上学习语文,是不能真正学好语文的,从积累语言、培养语感、发展思维的角度说,学好语文更多的还要依靠课外阅读。让每一个学生都能爱读书,这是课程标准的基本意旨。因此,我们从新课程标准解读和课外阅读现状入手进行关键问题分析。

一、课程目标内容的描述

《义务教育语文课程标准》(2011 年版)明确指出:具有独立阅读的能力,学会运用多种阅读方法。有较为丰富的积累和良好的语感,注重情感体验,发展感受和理解的能力。能阅读日常的书报杂志,能初步鉴赏文学作品,丰富自己的精神世界。能借助工具书阅读浅易文言文。背诵优秀诗文 240 篇(段)。九年课外阅读总量应在 400 万字以上。五次提到"课外阅读"一词,并明确规定不同学段的课外阅读总量。第四学段(7—9 年级):养成默读习惯,有一定的速度,阅读一般的现代文,每分钟不少于 500 字。能较熟练地运用略读和浏览的方法,扩大阅读范围。能利用图书馆、网络搜集自己需要的信息和资料,帮助阅读。学会制订自己的阅读计划,广泛阅读各种类型的读物,课外阅读总量不少于 260 万字,每学年阅读两三部名著。背诵优秀诗文 80 篇(段)。四个学段关于"课外阅读"目标和内容的表述由浅入深,变化较大,能级十分明显。由阅读浅近的、自己喜欢的到优秀的、优美的,由阅读一般读物到各种类型的读物,由朗读、默读到略读、浏览,由养成阅读习惯到学会制订阅读计划……课外阅读总量呈现出倍增的趋势,最终达到"九年课外阅读总量应在 400 万字以上"的总目标。下面对该问题中的四个关键词即"兴趣""课外阅读""总量""习惯"加以描述:

兴趣:古人云:"知之者不如好之者,好之者不如乐知者。""兴趣是最好的老师",如果让学生对课外阅读产生浓厚的兴趣,他们就能够自然而然地把心思转移到课外阅读上来。这样,即使再忙,学生也会挤出时间来读书,尽情享受阅读的愉悦。同时要求教师要切实减轻学生的课业负担,消除那些机械的、烦琐的"题海",腾出时间来让学生痛痛快快地去读,潇潇洒洒地去读,走进书中,真正地进行心灵对话。还要求教师为学生创设良好的读书氛围,让学生拥有一种自由、惬意的读书情境。如果条件允许,提倡家长和孩子共同阅读,享受亲子阅读的乐趣。只有这样多管齐下,才能为孩子们营造出一个良好的读书氛围,保障和激励他们与课外阅读"零距离"。学生只有产生阅读的兴趣,才能在内心深处对课外阅读产生动力。因此教师不仅要激发学生的阅读兴趣,还要让学生"乐此不疲"地进行课外阅读,让阅读成为学生的爱好。

课外阅读:《教育大辞典》说:"它是语文课外活动的一种,它相对于课堂阅读而言,是指学生课外通过阅读书报、影视、网络等进行学习的方式。课外阅读具有课堂教学和学科活动所不能替代的作用,它能扩大、巩固和加深课内所学知识,增强求知欲望,丰富精神生活,培养高尚情操,还能帮助学生形成自主学习能力,形成良好的学习习惯。"这种阅读应该是在教师的指导下,根据初中生已有的阅读基础、阅读经验,以培养学生阅读能力和阅读习惯为目标的阅读过程。

总量:雨果曾说过:“书籍便是这种改造灵魂的工具。人类所需要的,是富有启发性的养料。而阅读,则正是这种养料。”我们应该清楚地意识到只有量变积累到一定阶段才会引起质的飞跃。中学语文教学大纲(试用修订版)首次对学生的课外阅读提出了具体的量的要求:“养成读书看报的习惯……(初中学生)课外自读每学年不少于80万字(其中文学名著2—3部)。”《语文课程标准》(试验稿)在此基础上,针对不同学龄阶段学生的实际情况,作进一步的阐述,如,对7—9年级学生的课外阅读要求是:“学会制订自己的学习计划,广泛阅读各种类型的读物,课外阅读总量不少于260万字,每学年阅读两三部名著。”《义务教育语文课程标准》(2011年版)明确规定不同学段的学生课外阅读总量。可见,积累一定的课外阅读量对于拓展学生的知识面,提高文学素养和完善人格都具有重要的意义,同时它为目前语文研究性学习架起了桥梁。

习惯:萨克雷说:“播种一种行为,收获一种习惯;播种一种习惯,收获一种性格;播种一种性格,收获一种命运。”只有当阅读成为一种习惯,学生才会在课外主动地、有选择地阅读,并在阅读过程中,对信息加以鉴别,以促进语文素养的提高和身心健康发展。初中阶段是阅读的黄金时期,也是学生养成良好阅读习惯的最佳时机。如果错过大好阅读机会,将会终身遗憾。新课标对学生良好阅读习惯的培养作出了明确的要求——具有独立阅读的能力,这是适应时代要求的。教师应加强对学生阅读的指导、引领和点拨,正所谓“授之以鱼,不如授之以渔”。

这四个关键词之间存在着紧密的逻辑关系,兴趣是学生进行课外阅读的首要前提,而学生的课外阅读只有达到一定的量才能成为一种习惯,良好的阅读习惯习得之后又会激发学生更大的阅读兴趣,如此形成良性循环。

二、课外阅读现状及问题分析

国内有很多以调查局部地区课外阅读现状的调查报告。如2006年张树良在《语文教学与研究》第11期发表的《中学课外阅读现状及对策》,他从调查某校初二、初三共100名学生的阅读现状着手,得出结论:“中学生阅读现状堪忧是不争的事实,尽力改变课外阅读的被动局面迫在眉睫。”陕西渭南教育研究所的张云峰在作《当前中学生课外阅读的现状与对策》时得出结论:“结果让人深感忧虑。”甘肃宁县长庆石油学校的郭世擘在作《加强学生的课外阅读指导》时说:“目前中学生课外阅读现状不容乐观。在应试教育压力下,面对繁重的学业,学生根本不可能去读课外书。”青海西宁市第十四中学的艾青玲在作《中学生课外阅读调查与分析》时说:“‘阅读量少,阅读面狭窄。’‘课业负担重,言情、武侠小说挤占了学生的主要阅读空间。’‘读书仅凭兴趣,走马观花,看看热闹。’‘远离名著。’”中学语文课外阅读现状不容乐观已是一个不争的事实。大部分学生不能养成课外阅读的习惯,即使认识到课外阅读对学习的重要性,实际生活中也很少会有学生利用课外时间进行课外阅读，在课外阅读与休闲娱乐之间他们往往会选择后者，对课外阅读的态度普遍不好，兴趣不高。多数教师缺乏对课外阅读的指导和帮助。就目前的形式看，许多语文教师也都能认识到课外阅读对语文学习和学生的全面发展有帮助，但受考试制度的逼迫，他们又不得不把工作重心放在应对考试上来，一切为了中考、高考，所以对中学生课外阅读几乎没有指导，只是偶尔在课堂上介绍一两本名著，让学生有时间就找来看。在这种情况下，语文课外阅读是无法开展的，更别提语文教师会加以指导。家长对于课外阅读的理解存在误区。部分家长认为教师安排课外阅读是在浪费孩子的时间，分散孩子的精力；还有一部分家长认为阅读课外读物纯属娱乐休闲行为，没有什么益处，发现孩子阅读课外读物就会责骂，导致孩子在心理上产生对课外读物的排斥。就学校为中学生提供的阅读条件看，大部分城市中学有相应的图书馆或阅览室，但是有考试制度和升学压力的压迫，他们也不敢让学生把宝贵的时间放在课外阅读上。而大部分农村中学几乎没有可供学生阅读的阅览室，所以就学校为学生提供的阅读条件来看，情况也不容乐观。

综上所述，目前中学生课外阅读的现状是不容乐观的，是什么造成这一现状？我将从以下三个方面来进行阐述。

（一）阅读目的呈现功利性，仍受应试教育的束缚

尽管近些年来一直强调减负，强调素质教育，然而中考成绩，决定进什么样的高中，进而影响高考的成绩。在中考的指挥棒下，学生的实际阅读时间与他们的阅读心理需求是不成正比的，不少学生都在抱怨，作业太多了，没有时间阅读。许多学生读书目的大体分两种，小部分同学阅读是纯粹为了消遣、娱乐，大部分同学认为阅读是一种方法，通过阅读可以获取高分。这就导致有的学生只看《文学名著导读》《文学名著解题》等，有些家庭订阅了杂质、期刊，但都是教辅类的，如《考试与作文》《语文报》等，还有些同学等老师统一发下提纲，死记硬背那些重要人物、主要内容和主题思想。部分教师也没有认识到课外阅读在素质教育中的地位，认为“上面考什么，我们就教什么”，许多家长也将学生的阅读牢牢地限制在课本中。由于考试制度的严酷，学生对于课堂以外的阅读开始渐渐失去兴趣，学习变成了功利行为，这严重影响他们吸收精神方面的养料。很明显，现在学生的课外阅读仍然受到了应试教育的“压迫”和不可摆脱的“束缚”。

（二）缺乏良好的阅读习惯，阅读作用无法体现

受应试教育的压制，学校每天的课程都安排得很满，早自习、正课、晚自习，中学生每天的课程安排在十二节以上，课后还有大量的作业，可以说除了正常的上课时间、休息时间，已经没有其他时间用来看课外书。从时间上来说，中学生课外阅读的时间很受限制，他们除了利用休息或饭后的时间看一会课外书外，很难再找到其他时间，更别说

有专门的时间来课外阅读，据一些教育专家统计“大多数学生每星期花在课外阅读上的时间不足一小时”。即便有少数孩子每天坚持课外阅读，读什么书，读书方法是否恰当也至关重要。这是个信息爆炸的时代，各类广告宣传铺天盖地，但是中学生由于年龄、社会经验等因素的制约，没有太多的分辨能力，受到网络造势、报刊炒作的影响较深，以为所谓的“畅销书”、所谓的“文坛新星”写的书就是好书，而放弃了真正适合他们阅读的经典著作。也有许多学生以家庭藏书作为自己课外阅读的主要来源，而这些藏书是否适合初中学生阅读，是否对初中学生成长有帮助就不得而知了。

新课标中阅读的阶段目标(7—9 年级)第 8 条中要求：“欣赏文学作品，能有自己的情感体验，初步领悟作品的内涵，从中获得对自然、社会、人生的有益启示。对作品的思想感情倾向，能联系文化背景做出自己的评价；对作品中感人的情境和形象，能说出自己的体验；品味作品中富于表现力的语言。”而许多同学在选择图书的时候往往会关注里面的情节是否波澜曲折，里面的矛盾冲突是否激动人心，看不到作品内在的东西，阅读带给他们的对社会、对人生的思考、认识也就无从体现了，这其中反映出来一个普遍存在的问题，就是学生的阅读缺乏正确的指导。

(三)网络媒体的强势冲击，课外阅读的氛围被淡化

钱钟书在《槐聚诗存》序文里回忆说：“余童时从先伯父与先君读书，经、史、‘古文’而外，有《唐诗三百首》，心焉好之。”而现在的初中生很少有喜欢阅读古典文学的，略知的大概也只有四大名著了。比如《红楼梦》《三国演义》等，可能还是通过电视等其他媒介了解的更多一些。这与现在呆板枯燥的古文教学脱不了干系，复杂的文言语汇、陌生的社会背景、枯燥无味的学习方法让许多学生怕读古文、怕上古文课，从而抹杀了学生对古典文学的兴趣。电视、电脑、电子产品及通俗读物的冲击，充分满足了青少年喜欢新事物、喜欢猎奇的心理，电玩、漫画、游戏、网络上盛行的武侠言情等通俗小说吸引了很多学生的注意力，成了他们紧张学习之余最好的调剂品，同时也让学生习惯了这种快餐式的阅读，而对经典读物却置之不理。在家庭中，虽然父母的学历越来越高，但生活压力也越来越大，工作越来越忙，有良好读书氛围的家庭越来越少。尽管父母对孩子课外阅读的要求没有降低，但缺乏榜样的引领和良好氛围，学生的阅读习惯就难以培养。与此同时，其他环境对于学生课外阅读也有着不同程度的影响。比如班级的阅读氛围，如果班级积极倡导课外阅读，同学、老师之间能够就此进行相互交流，无意间就扩大了学生的阅读视野，也激发了他们的阅读兴趣。另外有些学校门口的小书摊、小书店摆放着各类武侠、言情小说，各式日本漫画，学生是他们最大的顾客群。这些书籍内容低俗不堪，对正值花季少年的初中生来说是极为有害的。

三、课外阅读关键问题的分析

新课程改革下，有人对课外阅读发出了质疑的声音：“让学生课外阅读，会不会增加

学生的负担,与新课标改革的精神是否相悖?”我们可以确切地说:“不会增加学生负担,不会与新课标改革的精神相悖”。苏霍姆林斯基说:“课外阅读,用形象的话来说,既是思考的大船借以航行的帆,也是鼓帆前进的风。没有阅读,就既没有帆,也没有风。”吕叔湘先生曾经说过:“少数语文水平较好的学生,你要问他的经验,他们会异口同声地说是得益于课外看书。”这是总结了无数的成功经验之后得出的朴素的真理,我们每一位从事语文教学的老师,也都会有这方面的深切体会。因此,提倡并引导学生多读多思多写,绝不是什么不合时宜的老生常谈,而是应该发扬光大的优良传统。只有明确这一态度,充分肯定课外阅读的重要性和前瞻性,解决“如何激发学生课外阅读的兴趣”这一问题才有实际意义。要想解决这一问题,必须厘清以下几个问题:1. 课外阅读的概念和范畴。2. 课外阅读与课内阅读教学的关系是怎样的。3. 好书的标准是什么? 4. 我们应该如何帮助学生正确、自主地选择阅读材料?

由这些问题,我们可以看出关于激发学生课外阅读的兴趣也需要一定的心理学理论和研究成果支撑。初中生课外阅读兴趣反映出初中生的特殊心理需求——乐趣是初中生喜欢课外阅读的最基本的心理需求。初中生在繁忙的学习之余挤时间来看课外书,借此满足自己的自由需求。基于爱和归属的需求,语文老师和父母也影响着初中生对课外阅读书目的选择,并出现同伴之间传阅书籍的现象。透视初中生爱读的流行书籍,发现它们在内容、形式和主题上契合初中生对于自由、权力、爱和归属、乐趣的需求等。所以加强对初中生课外阅读兴趣的培养,必须让他们基于乐趣的基础上阅读,让他们在阅读中“自由呼吸”,激发他们深层的阅读动机,并使之走向基于需求的个性化阅读。

四、课外阅读关键问题的解决

我们要解决以下几个关键问题:

1. 概念界定问题。“课外阅读”的概念和范畴,前文已经摘录了《教育大辞典》“课外阅读”这一词条。《阅读辞典》中对“课外阅读”是这样表述的:“语文课的课堂阅读是教师直接指导的在课堂上进行的阅读活动,其本质是语文教材性阅读,主要指课本阅读。它是学生获得知识、形成能力、发展智力的主要途径之一。语文课的课堂阅读把阅读知识、培养阅读能力和良好阅读习惯作为特定任务,它为其他各科的阅读奠定了基础,提供了条件,影响着它们的阅读质量;其他各科的阅读则是阅读知识和阅读技能的运用,反过来促进语文课的阅读。”不难发现,前者更注重课外阅读对阅读主体的作用,后者更详细地阐述了课堂阅读以外、课本阅读以外的行为,都称之为“课外阅读”。

2. 课外阅读与课内阅读教学的关系是什么? 叶圣陶老先生早就指出:“语文教本只是例子,从青年现在或将来需要读的同类的书中举出来的例子;其意是说你如果能够了解语文教本里的这些篇章,也就大概能阅读同类的书,不至于摸不着头脑。所以语文教本不是个终点,从语文教本入手,目的却在阅读种种的书。”这段话表明了课内阅读教学是手段,课外阅读才是目的。也就是我们常说的“得法于课内,得益于课外”。山东省青岛市第二中学教师王泽钊先生,每学期利用一个月时间上完所发课本的内容,然后就与学生一起自选文章,自编教材,学生对语文的学习自然而扎实,学习成绩有目共睹。王老师的自觉实践,使之赢得了“自然式教学法研究者”的称号。

3. 好书的标准是什么?新课标中将“丰富自己的精神世界,提高文化品位”作为学生课外阅读的最终目标。那么,好书的标准是什么呢?余应源教授在其主编的《语文教育学》(江西师范大学出版社)中为我们定出了标准:①思想内容好,教育价值高;②语言文字好,堪为学生学习的典范;③符合学生年龄特征,便于学生独立阅读;④适当照顾学生学习其他学科的需要;⑤尽可能和课内阅读教学取得某种程度的联结。有了这些目标和标准,我们就可以给学生开出一个书目,以供他们在课外进行有计划的阅读。平时我们说开卷有益,其实读一本坏书比不读书要有害得多,所以,我们要读好书,读能充实自己的书。

4. 我们应该如何帮助学生正确、自主地选择阅读材料?《义务教育语文课程标准》(2011 年版)附录 2 中明确提出“关于课外读物的建议”。“要求学生 9 年课外阅读总量达到 400 万字以上,阅读材料包括适合学生阅读的各类图书和报刊。对此提出如下建议:童话,如《安徒生童话》、《格林童话》、叶圣陶《稻草人》、张天翼《宝葫芦的秘密》等。寓言,如中国古今寓言、《伊索寓言》等。故事,如成语故事、神话故事、中外历史故事、各民族民间故事等。诗歌散文作品,如鲁迅《朝花夕拾》、冰心《繁星·春水》、《艾青诗选》、《革命烈士诗抄》、中外童谣、儿童诗歌等。长篇文学名著,如吴承恩《西游记》、施耐庵《水浒传》、老舍《骆驼祥子》、罗广斌和杨益言《红岩》、笛福《鲁滨孙漂流记》、斯威夫特《格列佛游记》、夏绿蒂·勃朗特《简·爱》、高尔基《童年》、奥斯特洛夫斯基《钢铁是怎样炼成的》等。教师可根据需要,从中外各类优秀文学作品中选择合适的读物,向学生补充推荐。科普科幻作品,如儒勒·凡尔纳的系列科幻小说,各类历史、文化读物及传记,以及介绍自然科学与社会科学常识的普及性读物等,可由语文教师和各有关学科教师商议推荐。”台湾学者陈品卿对课外阅读书籍进行了如下分类:①中国名人传记;②外国名人传记;③中国文学名著;④外国文学名著;⑤历史故事;⑥古今名人书信;⑦社会学科论著;⑧自然学科论著;⑨学术思想性论著;⑩名人札记;⑪古今名人言论;⑫其他学科论著。学生平时阅读书籍,可以依照以上分类的标准进行选择,力求让自己做一个高尚的人,做一个纯粹的人,做一个精神生活充实的人。

在明确上述关键问题中几个子问题的前提下,我们针对课外阅读现状就“如何激发学生课外阅读的兴趣”这一关键问题从教师、学校、家长三个角度出发提出以下策略：

（一）教师必须对学生提供必要的指导和帮助

一代国学大师钱钟书先生在清华大学读书时，立志“横扫清华图书馆”。凡老师讲课时提到的书目，他全部加以阅读，而且“以注对质本文，若听讼之两造然，时复检阅所引书，验其是非；欲从而体察属词比事之惨淡经营，资吾操觚自运之助”。这是一种极其自觉自悟的课外阅读，无怪乎钱先生能学贯中西，令海内外人所共仰。作为语文教师，可以做而且应该做的是首先自己要成为一个读书人，学生读书的兴趣与水平直接受教师影响。“学高为师，身正为范”，因此，教师读书不仅是学生读书的前提，而且是整个教育的前提。在此前提之下，教师才可以对学生提供必要的指导和帮助。第一，找准学生阅读的兴趣点。都说兴趣是最好的老师，在课外阅读的指导上也要有效地激发学生的兴趣，找准学生兴趣点，以点带面地推动学生的阅读。比如介绍与之“性相近”的读物，上到《夏感》时推荐学生阅读梁衡的散文集《把栏杆拍遍》，上到《孤独之旅》时推荐学生阅读曹文轩的长篇小说《草房子》，通过这样一种连带效应来激发学生的课外阅读兴趣。此外还可开展各种有益的读书活动带动学生的阅读兴趣，如美文阅读推荐比赛、美文朗诵比赛、读书笔记交流、读书报告交流等活动。第二，科学合理地推荐书目并尊重学生的阅读自由。推荐课外书必须科学合理，语文老师必须考虑到课外书的阅读价值，“读物要面宽，要考虑学生的文化水平，生理心理特点和实际需要”，才能向学生推荐。但要给学生提供独立的阅读空间，给学生真正的阅读权利，在一定范围内尊重学生的阅读选择，不能硬性要求学生只读名著。不同的人或同一个人在不同的年龄阶段，阅读的兴趣是不一样的。只要是有益的东西，都要鼓励学生读。老师家长要在“开卷有益”这一大前提下，不要太多地干预，让他们自主选择，愉快地读，津津有味地读，尽情体味自由阅读的乐趣，收益会更大。第三，指导阅读方法，适时检查课外阅读效果，鼓励学生养成写读书笔记的好习惯。要培养学生良好的阅读习惯和提高他们的阅读能力，最重要的是教师还要教给他们读书的方法，指导学生确立一定时期内的具体阅读目标，并列出课外阅读的书目，提出阅读方式（精读、泛读）等。阿德勒说：“如果你能随时拿一支笔，那么阅读起来必将得心应手，这支笔将成为阅读时使你专心仔细的督促力。”教师要指导学生做好读书笔记，比如看了一本书或一篇文章要写出自己的感受和体会，边看边摘抄优美句子，有不懂的做好批注请教老师等。

（二）学校应做好引导工作，营造浓郁的读书氛围

学校为什么称之为学校？是因为学校有书可读，在改善课外阅读的现状方面起着重要作用。只有学校提倡中学生课外阅读，学生才会有阅读的空间和条件。学校应把阅读的时间还给学生。在课程的安排上，适当安排一些阅读课时间，让学生有时间看课

外书,有时间到阅览室借书或看书。为学生营造良好的阅读环境,为他们提供阅读场所和书刊,时时添新,做好新书推荐,鼓励学生到阅览室看书。我们可以利用学校及班级的现有条件,积极创设读书的氛围。在班级中,教师要用读书来提升学生精神境界,引领学生营造丰富的精神家园,从而建立一个充满智慧和生机的班级。具体措施:一、重视环境的布置,营造书香氛围,做好教室的环境布置,让班上的墙壁、黑板、书橱充溢着浓烈的书香。在教室雪白的墙壁上贴一贴关于读书的名人名言等。利用黑板报、学习园地以及教室走廊,布置读书名言,让学生作品上墙。二、设计班级读书宣言、行动口号。每位学生都要会背诵班级读书宣言与行动口号。三、图书角建设,积极发动学生将家中的藏书有选择性地带到班级里来。图书以每位同学自由捐赠为原则,开展"捐一本、看百本"活动,充实班级图书角,由专门班委负责登记。四、制定图书借阅制度,推选好班级图书管理员,所有书籍由班级里的图书管理员进行登记后供学生借阅。推广"图书交换站""好书大家看"等活动。开放学校的阅览室和图书馆,借助网络媒体和多媒体教室,让学生遨游在声、光、画所营造的一流的视听感受中,放松心灵,去做一次畅美的精神乐园的旅行。列出读书计划,积极开展读书活动,如每学年举行一次全校或全年级的"读书节"活动,倡导学生"好读书,读好书,书读好"。提倡学生对震撼自己心灵的作品或自己喜爱的文章的段落背诵,每学期举行一到两次"美文朗诵会",要求朗诵者声情并茂,并对作品要有真实的领悟。在校刊上开辟相关栏目刊发同学们自己的课外阅读感悟。

(三)家长配合学校,为学生创造良好的阅读环境

家庭是教育的组成部门,家庭教育要与学校教育结合,家长定期到学校了解孩子的学习情况,同时督促学生在家的学习情况,如果父母有阅读习惯也会影响孩子,所以家庭方面也须加强教育。具体做法:第一,作为家长首先对课外阅读要有正确的认识,不要以为孩子读课外书就是"读闲书",反而要鼓励孩子多看书。第二,要保证学生的书籍来源,让孩子有书可看。第三,有条件的家庭可为孩子提供阅读的空间,爱看书的家长也会直接影响孩子养成爱看书的习惯。最后,家长还要根据青少年的心理特点和对孩子的了解,帮助孩子们选择他们感兴趣的图书,向他们推荐优秀的书籍。

(四)有序推进阅读进程,加强课内外阅读衔接

课外阅读是语文教学中的一个重点,课外阅读读好了,对学生素养的提升会有很大的帮助;同时它又是一个难点,由于学习时间紧,家长不够重视等诸多因素使得学生缺乏兴趣,不愿深入,教师要加强课内外阅读衔接。七年级学生的年龄特点和心理特点是:对外界事物比较好奇,对美的事物有自然而然的亲近感,然而由于年龄比较小,阅历比较少,阅读的技巧和方法都不够。根据学情,下面是一位教师在教学《草房子》时通过

和学生分享童谣导入新课，以期激发起学生阅读的兴趣，初读文本，谈谈初读的印象。因为之前已经将选文发给学生且要求预习，《草房子》中节选的这部分内容贴近学生生活而且篇幅短小，学生不存在阅读障碍，能够有初步的阅读感受。如何阅读新书？教给学生读新书的基本方法，以此来帮助他们掌握故事的梗概。课外阅读教学最重要的是交给学生阅读的方法和技巧，进而激发学生的阅读欲望。因此在这一部分我用下面两个问题来引导学生如何进行阅读：1. 当我们要读一本新书时，你会先看这本书的哪些部分呢？（封面、内容提要和目录）2. 翻开封面，想较快了解这本书讲了什么，可以怎么做？然后通过这两个问题来和学生一起梳理《草房子》的故事梗概，这样一方面交给了学生方法，同时也让学生在这样的活动中体验到小小的成就感，对于阅读兴趣的培养有很大的帮助。读两个典型人物，激发阅读欲望。为了让学生进一步激发阅读欲望，接着我安排了一个读书交流活动。《草房子》中的小主人公和我们的学生年龄相仿，有很多共同之处，能够唤醒学生内心的很多东西。"秃鹤"和"桑桑"是两个很有特点的孩子，通过对这两个小主人翁的讨论交流，可以帮助学生更好地走进文本，又能够通过这两个人激发学生去了解其他小主人翁的欲望。名家点评，激发兴趣。在收课的时候安排了名家对《草房子》的评价，希望以此来进一步激发学生将阅读进行下去，并且推荐了类似的阅读篇目。

教学评述：李玉芬老师是下功夫去琢磨的，从阅读的导入到方法的传授，再到阅读的延伸，李老师都进行了精心的构思，始终围绕的是提高学生的阅读兴趣。但在阅读中也不免出现一些过于追求技法训练，而忽视了阅读主题情感体验的现象，这需要她在今后的教学中进一步改进和完善。对前面提出的解决方案进行综合性评析，并就该关键问题的解决提出更多的范例教学探索建议，引导使用本资源的教师主动参与关于这一关键问题教学创新的探索。《草房子》是曹文轩先生的一部长篇小说。小说展现的是记忆美好的童年时代，展示良好的少年形象，赞颂美好的人间友谊，刻画幸福的乡村生活，语言清新、优美，富有诗情画意。绿油油的油麦地，美丽的草房子，纯洁的小伙伴，纯洁的乡情，纯洁的品质，构成了一幅纯美的生活画卷。这部作品非常适合十四五岁的孩子阅读，李老师通过"童谣的激趣导入——建立直观兴趣""介绍读新书方法，了解故事梗概——体验阅读乐趣""认识两个人物——激发阅读欲望"三个层次，层层推进，引导学生在获得基本的阅读方法和技巧的同时，在活动中走进文本，也提升了学生的阅读兴趣和欲望。这是课外阅读教学最重要的东西。

（入编教育部基础教育课程教材发展中心《初中语文教学关键问题指导》，高等教育出版社，2016 年 7 月）

科学高效:中考“四型复习法”

长期以来我一直研究中考语文,总想摸索出一套比较科学有效的复习方法。今年历时一个半月的中考视导,面对学校、教师、学生的种种情况,颇有些焦虑,通过总结、分析、提炼和实践,不敢说具有针对性、科学性、高效性、综合性、前瞻性、权威性、实用性,但对迎接中考语文复习,能给予广大师生提供可以借鉴的参考,也算是尽一点绵薄之力。

我们以课标为依据,以考纲为准则,以教材为基础,以省考试题为参考,以强化训练效果为手段,以提升学生的语文素养为宗旨,以提高学生的中考学业成绩为契机,探索出既适合毕业班教师的教学,又有助于优化学生复习效率的“四型复习法”。

一、线型复习法

根据课程安排和教学进度,大多数学校一般新课在三月初结束,进入复习阶段,可采用线型复习法,主要任务是回归课本,抓纲固本,讲究系统性、基础性,苦练内功,夯实基础。梳理书本知识以教材为本,帮助学生过好课本关,掌握好课本上的基础知识和基本技能。把握落“实”的原则,采取知识点归类复习的方式。主要内容:对初中语文六册课本及所有中学语文知识内容有序复习,如:汉字、填词排序、修改病句、名句默写、综合性学习、文言文阅读、组合阅读、精读、写作,由于学生基础较薄弱,这一轮准备加大力度去做。时间安排在3月10日至3月25日,复习方法可按“重点知识梳理与强调—教师重点归类与讲解—基础知识巩固与训练”三个步骤进行,指导学生对初中阶段语文的基础知识、基本要点的梳理和主要教学内容有总体把握。每节课复习一至两篇课文,教师重点归类、系统讲解,如作者、背景、重点字词解释、中心句、主旨句、关键问题、主题、结构等。根据各册的重点课文,再选取和自编配套练习加以巩固,打好坚实的基础。

写作同样可用线型复习法,也就是将写作贯穿在整个复习阶段之中,但要进行分类型的主题写作,不能散乱、无序复习,犹如串起珍珠项链,篇篇精练,一线贯之,系统安排。命题趋势正朝着“生活化,学生关注自己,热爱读书,热爱生活,关注社会,理解他人”的角度发展,命题形式多为命题作文、半命题作文、材料作文,要求学生在文体选择上大多以记叙文为主,写好全命题作文就可以以不变应万变,指导学生注重素材积累,审好题目,学会用事实说话,抒写主体真情实感,在立意上多下功夫,作文的谋篇布局和书写上也要特别强调,最好找出学生平时作文中普遍存在的问题,如:选材单调,千篇一律,缺乏新意;审题不清,不理解命题者的意图;基本功不扎实,词汇量少;文章结构不严谨,思路不够清晰;内容单薄,缺乏真情实感;语言表达不流畅,晦涩且没有文采;有模式化倾向，文章缺乏灵动；卷面模糊，字迹不够清晰，对症下药。因此，教师应有相应的复习方法，创设写作情境，有效激发学生写作兴趣，在针对中考的写作训练上注意学生主动有为，可以收集自己平时习作，从中挑选出那些能体现自己较高写作水平的文章，再加以充实、完善和修改。教师还要注意引导学生读写并举，多招制胜，特别是进行审题、构思、立意、选材、组材等方面不可小觑，尤其要贴近生活，力避宽泛性题目，拓展思维，鼓励创新，真情表达，个性鲜明，力求创意。

二、块型复习法

按照近几年中考语文试题命题规律，分专题分类复习，聚焦课堂，上好每一类型的复习课，突出实效性、系统性。还要师生一起研究考纲，了解命题特色、考查范围、题型样式、细化考点、落实措施等，时间安排在3月25日至4月22日，内容为六大板块，具体细化为：

1. 默写古诗文：教学应注重诗句的理解，复习中不能只背默34首古诗，对16篇古文中的名句、重点句子也要记诵，注重诗句的理解、内涵的把握，关键在落实，措施要得力，句句默写，一一过关，背会写对方为良策。

2. 语段阅读题：命题特色是考查学生独立识字的能力、常见词句的理解能力、修辞及句式的把握。不仅要加强片段阅读的训练，还要引导学生注重对片段的整体感知，加大语言品析的难度，培养学生的语感。

3. 名著阅读题：均在考纲推荐的八部名著范围之内，命题特色考查题分为文学常识和重要内容等，考查内容具有简化、细化、深化等特点，掌握作品的作者简介、内容主旨、主要人物的性格特征及大概的故事情节等。试卷命题意在引导学生读经典原著，有一定的难度，多以填空题为主，仅仅看看故事梗概、名著导读、影视剧是行不通的。要把阅读名著作为一项重要工程来对待，平时教学中适当开展一些阅读名著的语文实践活动、老师可以布置灵活、有趣的作业，引导学生作读书笔记，扩大阅读面，提升阅读品质，增强阅读能力，积淀、丰富文化涵养，考前学生不可能重读长篇巨著，教师用图表式归纳复习要点让学生进行温习，比较有效。

4. 综合运用题：命题特色以主题活动的形式呈现，题目的设置均有语境提示，题型有广告设计、拟宣传用语、应用文写作、选择主体材料、修改语病等。要把综合分析、表达运用的能力培养渗透到教学中，适当地讲解句式变化、句子成分等语法知识。诸如理解语义、分析材料、概括信息、语言表达等各方面能力，做到立足语文，整合试题，揣摩题意，训练能力，综合实践。以各种活动为载体，实际考查的还是语文，虽然功夫在平时，临阵也需强化，切不可忽视。

5. 现代文阅读：安徽省中考试卷中现代文阅读不仅考查学生的基础知识和基本能

力，还要能较强地把握语文学科的特点，尊重学生的认知规律。在现代文阅读方面体现得尤为明显，文本的选取注重文学性，命题关乎人文性。注重阅读欣赏，强调整体感知，着眼语言品味，彰显个性化解读，这使中考试题中记叙文阅读的文学性特征格外突出，尤其是当代名家的散文，备受我省命题专家的青睐。教师要重点关注以下五种文体：

（1）记叙文的基本考点有“三性”趋势：①阅读的文学性。从能选文章来看，尤其是当代名家名作，备受青睐，这些文章语言优美、感情真挚、脍炙人口。②命题的人文性。中考试题处处体现出鲜明的人文意识，尊重考生的情感认知，培养学生的人文精神。③答案的开放性。试题都设置了开放型试题，问题设计合理，答案开放。可灵活选择答题角度，便于考生自主发挥，只要紧扣语段，运用发散思维，从多角度、多方面来思考即可。

（2）散文阅读是重点也是难点，对师生而言都具有挑战性，教师要抓重点知识梳理，如散文的概念、分类、特点、线索、语言、意境、手法、思想内容等，教会学生掌握常考的10种类型：全文信息提炼；局部信息提炼；表达方式；段落的作用；修辞句式；仿写句子；加点词表达效果；散文的象征意义；结构思路的梳理；启迪与感悟等，努力突破散文阅读这个老大难问题。

（3）议论文考点相对比较容易把握，如，中心论点及分论点的概括：一看标题，二看首尾，三看关键句，四看分析论据。补充论据：先要明确所证明的观点，概括时做到简明而典型。文章结构、选材分析、行文思路厘清：理解议论文的一般结构与思路，抓住显示结构思路的语言标志：“再说”表示推进；“反之”表示转入相反方面论证；“总之”表示分总归纳；“同样”表示类比推理。品析语言：善用对比法，删去关键词前后做比较，体会议论文语言严密、深刻等特点。

（4）说明文要关注常考的考点：说明对象及其特点、说明方法及作用、说明顺序、材料分析、文章结构、语言特点、实践运用等。一般是说明事物的说明文居多，阐明事理的说明文较少。对于体会重点语句在具体语言环境中的作用、整合信息、概括说明内容等，进行有针对性的训练。学生答题技巧：①细致阅读文本，关注文章标题，整体感知，厘清脉络，明确说明的对象及特点；②审明题干，确定范围，找准信息点出处，找语言标志，辨析顺序；③把握说明性语言特征，结合具体语境，评析语言；④明确搜索范围，摘取关键语句综合分析，灵活、准确、全面、分点作答，说明文尽量用文中的话来答。

（5）小说阅读，选文会优先选择记叙类小说文章，题目的设置，考查的角度，要求学生在深入理解文章的基础上，分析人物形象。如2013年考题就涉及对人物心理的揣摩，并进行细致入微的表达，这对学生来说要求相对较高，还会考查学生对阅读的感知，并作理解思考，难度不会太大，符合中学生阅读认知水平。

6. 文言文阅读：通过比较历年的“古文阅读”试题，我们可以发现一些规律，试题命制稳中有变。不变考点:实词解释、句子翻译、文意理解等每年都考。变化考点:启示感悟、概括分析、积累拓展、评价赏析等,在继承中有创新,基本沿袭近几年的命题模式。教师要点面结合,注重基础,平时的教学依靠单词、单句、单篇的记忆落实是不够的,缺乏词与词、句与句、段与段、文与文之间的联系和沟通,从而造成了割裂、失衡,乃至混乱。专题复习阶段,不要再拘泥于年级、册序,应该将16篇古文、34首诗词进行科学分类,归类复习,对文言文实词的积累,可以按照通假字、一词多义、词类活用、古今异义词等方面分类整理,要求学生用一本专门的语文大笔记本记录,从而对知识按一定的关系形成了“知识块”。

近几年文言文的考查主要以比较阅读的形式出现,主要注重文言词句、文章基本内容的理解和领悟能力的考查,它涵盖了所有文言文考查的形式,以文言基础知识和对选段的内容理解为主,也有适当的延伸拓展。我们首先要抓好重点,对文言文中常见的实词、一词多义、古今异义、词类活用的词语拎出要点,总结规律。要把握考点。文言文比较阅读是对文言文知识的综合考查,试题一般从横向(字、词、句、篇)和纵向(文章内容及批判继承等)两方面设计考题。另外应注意作者的思想倾向,抓住作者基本的感情立场,联系文章主要情节及主要人物,抓住评论性的语句,多角度、多侧面思考作答。

搜集中考文言文阅读的试题,打印制作成若干练习卷,通过近半个月的文言文阅读复习,让学生掌握文言文最基本的文言知识、最主要的内容,短期内提升阅读能力。针对省中考命题的要求和方向的预测来进行专题类的训练,先将各类专题进行分类,精选题型,训练过程注重方法、技巧的传授,而非练习题的堆砌,要侧重考点、命题意图和答题技巧的梳理和归纳,有的放矢地进行训练。

三、球型复习法

这种复习的核心体现出研究性和思辨性。根据安徽省中考试卷的难易程度来安排,按中考考查学生识记、理解、分析综合、表达运用、欣赏评价五种能力,五个层次呈阶梯式安排,每个较高层次的要求都包含较低层次的要求,进行综合复习训练。从“考纲解读”“考点聚焦”“典型试题”“解题指导”“提升能力”等出发,针对考试试题特点,精讲巧练。重点考查内容要关注,B层级(理解指领会并能作简单的解释),涉及表达方式的作用、修辞的表达效果、重要词句的意义及作用;C层级(指从整体的角度着眼,分解剖析和归纳整理语言材料),主要从整体把握文章大意,从中获取重要信息;准确概括段意或层意,归纳文章的中心;根据不同的写作目的,搜集、选择合适的写作材料加以考查;E层级(指对语言材料或生活现象的赏析和评说,考查学生对美的欣赏能力和健康的审美情趣),考查学生阅读中,感受形象,品味语言,领悟、评说文学作品内涵的能力。我省对阅读的要求在整体感知的前提下,着重考查学生的理解、分析综合和欣赏评价的综合能力,使学生阅读能力得到提升,针对学生的问题作相关训练。重点是现代文阅读的考查,在题目的设置上,一般都是按照“整体—局部—整体”的顺序进行的,复习时应把握考点,要求学生掌握答题技巧。教师可印发不同文体的材料给学生训练,分析学生中考现代文答题失误的原因:研读不深,分析不透;审题不清,答题不慎;归纳不全,遗漏要点;语句不通,表意不明;信马由缰,随心所欲;习惯不良,发挥不当;不合要求,答案重复。有针对性地指导学生中考现代文答题策略:遵循阅读规律,明确解题思路;认真审准题干,揣摩命题意图;掌握答题技巧,把握答题方法;加强表达训练,力求规范表述;尽量优化组合,努力写全写顺;回到原文中去,验证答案正误;关注创新试题,走出答题误区。

写作是学生语文水平和语文素养的全面反映,作文复习要重点解决教师复习的无序和学生写作的无趣,体现趣味性、规范性、策略性。复习时应注重以下几点:1. 继续引导学生做生活的有心人,深入了解生活,养成良好的观察事物、观察生活的习惯,就能为作文提供丰富的素材,从而提高作文的写作能力。2. 指导学生仔细了解作文命题方式和评分标准,明确作文评分标准,可使学生有针对性地改正作文中的不足之处。3. 帮助学生熟悉、掌握题型特点,熟练掌握各类作文题型特点。4. 考场作文的应对技巧。对学生作文的突破点是进行阅读能力的训练和写作能力的提升,对此要加大力度,再进行三至五套的高质量的模拟考试,以检验学生的全面掌握情况,达到球体内部核心内容的强化复习。

四、塔型复习法

中考冲刺阶段的自由复习阶段,即个性化复习,时间安排在4月22日至5月28日,对安徽省近五年中考试题深度研究,让学生熟知并会细化考点与题点,强化答题思路与规范书写,弥补薄弱与空白,教师研究学生学情,兼顾全体与个体,分析班级学生学情,进行培优、拔中、补差的个性化辅导。学生在老师的指导下,根据自己的实际情况查缺补漏,教师侧重点拨应考能力、考试方法与答题技巧,师生基本做到:1. 针对性。熟悉考点,通过巩固学生对考纲、考点以及对中考试题的理解与认识,将之融会贯通到实实在在的答题技巧与能力中,明了中考命题的落脚点,找准得分点,有的放矢,强化重点,切实提高得分能力。2. 有效性。对积累与运用类、阅读类、写作类进行练习强化,复习内容精讲、讲透彻,全面检测复习效果。可进行模拟考试,考试过后,作好认真分析,针对存在的问题,做好下一轮复习安排。了解题型,把握未来命题方向。3. 个性化。通过研究近年来安徽省中考试卷中的典型试题,进一步对考纲、考点进行具体化、细致化的解析,并通过对命题意图、考点设置以及对参考答案的条分缕析的解读,缩小范围,减轻压力。4. 实用性。总结每年中考试卷中的易错题、较难题的答题情况,分析失分的原因,列举阅卷过程中发现的学生答题的不足之处，告诉学生考场答题时应该注意的地方，避免失误。解题指导时吃透了题目，针对“典型试题”中的中考原题，通过“错题分析”，帮助学生规避常见的答题误区，再通过“规范答题”，让学生确定答题思路、找准答题角度，并学会运用恰当的表述方式。5. 准确性。教师要认真研读课标、考纲和教材，深入思考，反复推敲，精心编写，原创而成的模拟试题，确保试题具有科学性、准确性、实用性。让师生对题目的套路能够了然于胸，做到“知己知彼”。6. 拔高性。教师可用 3 课时从审题、立意、选材、构思、结尾、铺陈、过渡、照应、书写等方面进行讲解指导，要注意写文章时“化大为小，以小见大”，“独辟蹊径，表现个性”等技巧，学生针对自己的实际，用 3—4 节课写出 3 篇以上的考场模拟作文，将写好的作文相互评析、修改并储备起来，以便中考时灵活化用。

在前几种复习法灵活运用的基础上，最后再用一两套中考模拟试卷，与安徽省中考试卷相吻合，提升学生应考能力，积累考试经验。中考的语文考试内容基本充实和饱满，学生的语文学习能力整体上大有提升，完全可以应对。值得注意的是前一阶段，任务较为艰巨，学生的心理压力大，情绪变化也很大，但适度的心理放松是必要的，一定要做好学生的心理疏导工作，调动学生的积极性，发挥能动性，减少教师和家长的关注度，把学生心态调整到最佳状态，充满自信，奋力冲刺，努力就好。

以上四型复习法，基于初中教材，立足于基础，源于教学实践，遵循语文教学规律，善于总结复习经验，分析问题的原因，提炼可操作性的技法，探究其命题规律，把握其命题趋势，关注中考动向。四型复习法有其层次性，有内在逻辑关系的，前后勾连，简单到复杂，由浅入深，由点到面，内外结合，由整体到重点，再到综合，螺旋式上升，整体推进，形成一个比较系统的框架，这样我们才能做到从容应对，教师不妨尝试改变固化的思想，探讨出一些更为新颖独到的策略，原来语文中考并非痛苦不堪，那种如临大敌，如履薄冰，战战兢兢的复习、考试的窘态，会大为改观，也可以风景这边独好。

（发表在《中学课程辅导》2014 年第 8 期，刊号：CN14—1307G4）

经典引路:名著导读知识系统

《语文课程标准》特别强调扩大学生的阅读面,增加阅读量,并明确要求九年义务教育阶段学生的课外阅读总量应达到400万字以上,这一目标的达成,当然离不开对课外文学名著的阅读。《安徽省初中毕业学业考试纲要》规定了其中的8部文学名著作为考试内容,具体要求是知道纲要所规定的课外读物的基本内容和相关常识。对于考纲中所提到的文学作品,应在初中三年展开切实有效的课外阅读。在复习迎考阶段,可在平时精读的基础上,依据近年来中考的考点要求,进行归纳、梳理,整理出有效信息,做到有的放矢,避免复习的盲目性。

2020年教育部取消考纲,各地中考对名著阅读的考查也愈加重视,当然离不开对课外文学名著的阅读,考查的形式也由最初的较为泛化的简单识记到现在纵深化、精细化。下面就学生必备的名著文化常识一一导读。

一、《简·爱》

作家简介:夏洛蒂·勃朗特,英国19世纪著名作家。人们普遍认为《简·爱》是夏洛蒂·勃朗特"诗意的生平写照",是一部具有自传色彩的作品。

内容概述:主要是讲一个孤女简爱,从小被收养在舅舅家,舅母十分讨厌她,在她舅舅死后,将还未成年的她送到一家教会学校,由她自生自灭。几年后,她大概十八岁离开炼狱般的学校,到一家庄园做家庭教师。由此爱上了庄园男主人——罗切斯特先生。而正当两人举行婚礼之际,得知男主人居然有一个妻子,还是疯子,就被关在她每天生活的城堡里。于是,她伤心离开,被一户兄妹三人所救。她隐姓埋名又做起了简陋临时学校的教师,而三兄妹的大哥却发现了她的秘密,原来他们竟然是表兄妹的关系,并且得到了一个死去亲人的一大笔遗产。找回亲情,拥有财富的简爱心中挂念罗切斯特先生,悄悄回到那个庄园,却发现罗切斯特先生在疯妻放火烧屋的行径下,受伤成了盲人,城堡也成了废墟。于是简爱回到了已经单身,没有束缚的罗切斯特先生身边,两人开始了幸福的生活。

人物形象:简·爱,孤女,家庭教师,自尊自强、热忱刚烈、叛逆反抗、重视自我、追求精神上的自由、平等、意志坚强、智慧过人;罗切斯特,桑菲尔德庄园主人,表面有些冷漠、顽固,骨子里多情、善良。渴求真爱,自尊心非常强;谭波尔,寄宿制学校的女教师,友善、细心,对学生一视同仁。

写作特色:在写作风格上,夏洛蒂也独树一帜。她文笔简洁而传神,质朴而生动,加之第一人称的叙述语言,使得小说贴近读者,贴近现实。同时,小说又体现了欧洲浪漫主义文学传统的特点,显示出作者丰富的想象力和诗人的气质。作者在叙述中自然地使用了梦境、幻觉、预感、象征和隐喻等手法,使小说的“自然”境界扑朔朦胧,情节扣人心弦。

二、《海底两万里》

作者简介:儒勒·凡尔纳(1828—1905),是19世纪法国著名小说家、剧作家及诗人。出生于法国港口城市南特的一个中产阶级家庭,早年遵从其父亲的意愿在巴黎学习法律,之后开始创作剧本。在与出版商埃泽尔父子合作期间(1862年至凡尔纳去世),凡尔纳的文学创作事业取得了巨大成功,他的不少作品被翻译成多种语言,受到了各国读者的喜爱。

凡尔纳一生创作了大量优秀的文学作品,以《在已知和未知的世界中奇妙的遨游》为总名,代表作为《格兰特船长的儿女》《海底两万里》《神秘岛》以及《气球上的五星期》《地心游记》等。他的作品对科幻文学流派有着重要的影响,因此他与赫伯特·乔治·威尔斯一道,被一些人称作“科幻小说之父”。而随着20世纪后叶凡尔纳研究的不断深入以及原始手稿的发现,科幻学界对于凡尔纳的认识也在趋于多样化。

写作背景:儒勒·凡尔纳生于法国西部海港南特,他在构成市区一部分的劳阿尔河上的菲伊德岛生活学习到中学毕业。父亲是位颇为成功的律师,一心希望子承父业。但是凡尔纳自幼热爱海洋,向往远航探险。11岁时,他曾志愿上船当见习生,远航印度,结果被家人发现接回了家。为此凡尔纳挨了一顿狠揍,并躺在床上流着泪保证:“以后保证只躺在床上在幻想中旅行。”也许正是由于这一童年的经历,客观上促使凡尔纳一生驰骋于幻想之中,创作出如此众多的著名科幻作品。《海底两万里》的作者儒勒·凡尔纳,他的惊人之处不仅是他写的夸张、动人而富有科学意义的小说,更惊人的是他在书中所写的故事,尽管在21世纪的今天已不足为奇,但是在凡尔纳的时代,人们还没有发明可以在水下遨游的潜水艇,甚至连电灯都还没有出现。在这样的背景下,凡尔纳在《海底两万里》中成功塑造出鹦鹉螺号潜水艇,并在小说发表25年后,人们制造出的真实的潜水艇,与小说描写的大同小异,这是怎样的预见力,所以说凡尔纳作品中的幻想都以科学为依据。他的许多作品中描绘的科学幻想在今天都得以实现;更重要的是他作品中的幻想大胆新奇,并以其逼真、生动、美丽如画令人读来趣味盎然,他的作品情节惊险曲折、人物栩栩如生、结局出人意料,具有永恒的魅力。

三、《骆驼祥子》

作者简介:老舍,本名舒庆春,字舍予,笔名老舍(另有笔名絜青、鸿来、非我等)。1899年2月3日出生。北京满族正红旗人,原姓舒舒觉罗氏(一说姓舒穆禄氏,存疑),

中国现代著名小说家、文学家、戏剧家。“文革”期间受到迫害，1966 年 8 月 24 日深夜，老舍含冤自沉于北京西北的太平湖，终年 67 岁。

作品简介：老舍一生共写了 800 余万字的作品，被称为“人民艺术家”。1924 年夏应聘到英国伦敦大学东方学院当中文讲师。在英期间开始文学创作。长篇小说《老张的哲学》是第一部作品，由 1926 年 7 月起在《小说月报》杂志连载，立刻震动文坛。以后陆续发表了长篇小说《赵子曰》和《二马》，奠定了老舍作为新文学开拓者之一的地位。主要著作有：《猫城记》，中篇小说《我这一辈子》《月牙儿》，短篇小说集《赶集》《樱海集》《东海巴山集》《蛤藻集》《火车集》《贫血集》，剧本《龙须沟》《茶馆》《西望长安》。另有《老舍剧作全集》《老舍散文集》《老舍诗选》《老舍文艺评论集》和《老舍文集》等。

内容概述：《骆驼祥子》讲述的是旧中国北平城里一个人力车夫祥子的悲剧故事。祥子来自乡间，日益凋敝衰败的农村使他无法生存下去，他来到城市，渴望以自己的诚实劳动，创造新的生活。他试过各种工作，最后选中拉洋车。这一职业选择表明祥子尽管离开了土地，但其思维方式仍然是农民的。他习惯于个体劳动，同时又渴望有一辆像土地那样靠得住的车。买车，做个独立的劳动者，“这是他的志愿，希望，甚至是宗教”，城市似乎给了祥子实现志愿的机遇，经过三年奋斗，他买上了车，但不到半年，竟被人抢去；但祥子仍然不肯放弃拥有自己的一辆车的梦想，尽管他对自己的追求不无怀疑，几度动摇，但仍然不断振作起来，再度奋斗。应该说，祥子以坚韧的性格和执拗的态度与生活展开搏斗，构成了小说的主要情节内容。而搏斗的结局，是以祥子的失败告终的，他终于未能实现拥有自己一辆车的梦想。“他没了心，他的心被人家摘去了。”一个勤劳善良的农村青年，就这样被改塑为一个行尸走肉般的无业游民。

写作背景：小说《骆驼祥子》，以 20 世纪 20 年代的北平为背景。祥子所处的时代是北洋军阀统治的时代，是黑暗的、畸形的、失衡的旧社会中国，人民过着贫苦的生活，祥子只是广大劳苦大众的代表。他们虽然有了一定的自由，但不得不为生计而奔波，贫穷又剥夺了他们手头仅有的可怜的自由。1936 年，老舍的一位山东大学朋友谈起他雇佣车夫的经历与见闻：一位车夫买了“洋车”不久又卖掉，如此三起三落，最后还是受穷。当时老舍觉得该题材可以写成一部小说。新文学诞生以来，胡适、鲁迅等作家都先后写过人力车夫，但都是从知识分子的角度以俯视的姿态表达对车夫的同情，并未深入其内心和灵魂深处去体味车夫的人生。老舍因出身贫苦市民家庭，从小就与下层民众接触，对劳苦大众的生活状况和心理有着较深入的了解，这一切都为老舍创作《骆驼祥子》提供了材料。老舍的朋友随后又说起另外一个车夫的故事，他被军队抓去了，哪知转祸为福，乘着军队转移之际牵回三匹骆驼，这便是《骆驼祥子》故事的原型。老舍决定把骆驼与车夫结合到一起，用骆驼引出主人公祥子的出场。老舍把祥子放到了自己熟悉的北平。1936年的春夏，老舍痴迷地搜集材料，不断润色祥子的形象。山东大学闹了学潮，老舍辞去教职，专心地投入到《骆驼祥子》的写作中。1937年1月，小说在《宇宙风》连载。

四、《名人传》

作者简介：罗曼·罗兰是20世纪上半期法国著名作家。

主要内容：本书叙述了贝多芬、米开朗基罗和托尔斯泰苦难和坎坷的一生，赞美了他们的高尚品格和顽强奋斗的精神。

阅读感受：人生难免会遇到磨难，生活也并非充满了鲜花和欢乐；要想取得成功必须克服现实生活中的种种困难；评价人物要看人的品质和价值，而不能以貌取人，以偏概全。

五、《西游记》

作者简介：吴承恩（1501—1582），字汝忠，号射阳山人，淮安府山阳县（今江苏省淮安市楚州区）人，汉族，明代小说家。吴承恩大约40岁才补得一个岁贡生，到北京等待分配官职，没有被选上，由于老母家贫，去做了长兴县丞，终因受人诬告，两年后"拂袖而归"，晚年以卖文为生，在81岁时去世。吴承恩自幼喜欢读野言稗史，熟悉古代神话和民间传说。官场的失意，生活的困顿，使他加深了对封建科举制度、黑暗社会的认识，促使他运用志怪小说的形式来表达内心的不满和愤懑。他自言："虽然吾书名为志怪，盖不专明鬼，实记人间变异，亦微有鉴戒寓焉。"

主要内容：《西游记》是一部中国古典神魔小说。书中讲述唐朝法师西天取经的故事，表现了惩恶扬善的古老主题。《西游记》成书于16世纪明朝中叶，自问世以来在中国及世界各地广为流传，被翻译成多种语言。《西游记》是中国古典四大名著之一，是最优秀的神话小说，也是一部群众创作和文人创作相结合的作品。小说以整整七回的"大闹天宫"故事开始，把孙悟空的形象提到全书首要的地位。第八至十二回写如来说法，观音访僧，魏征斩龙，唐僧出世等故事，交代取经的缘起。从十四回到全书结束，写孙悟空被迫皈依佛教，保护唐僧取经，在八戒、沙僧协助下，一路斩妖除魔，到西天修成了"正果"。本书主要描述了孙悟空大闹天宫，唐僧出世和师徒四人西天取经等故事，赞扬了以孙悟空为主的师徒四人不畏艰险、百折不挠的可贵精神。

写作背景：吴承恩生活在明代的中后期，历经孝宗弘治、武宗正德、世宗嘉靖、穆宗隆庆、神宗万历五个朝代。明朝中后期的社会情况与开国之初有很大的不同，政治上阶级矛盾、民族矛盾以及统治阶级内部矛盾不断激化，并日趋尖锐；思想文化上启蒙思想兴起，人性解放思潮高涨，市民文学日益蓬勃发展，小说和戏曲创作进入一个全面繁荣兴盛的时期，经济上产生了资本主义萌芽。

阅读感受:这部小说善于说故事,可读性强;善于塑造人物形象,它所塑造的孙悟空、猪八戒等人物使人过目不忘;全书充满了天马行空的想象和大胆奇特的夸张。

六、《繁星春水》

作者简介:冰心,原名谢婉莹。

主要内容:冰心一生信奉“爱的哲学”,她认为“有了爱,便有了一切”。主要有对母爱与童真的歌颂、对大自然的崇拜与赞颂、对人生的思考和感悟。

艺术特色:冰心的诗歌集中国古典诗词和泰戈尔哲理小诗之长,善于捕捉刹那间的灵感,以三言两语抒写内心的感受与思考,形式短小而意味深长,语言清新淡雅,晶莹明丽,明白晓畅又情韵悠长。

典型情节:在《繁星》里,她不断唱出了爱的赞歌。她最热衷于赞颂的是母爱。除了挚爱自己的双亲外,冰心也很珍重手足之情。她爱自己的三个弟弟。在后来写作的一篇散文《寄小读者·通讯十三》里,还把三个弟弟比喻成三颗明亮的星星。冰心赞颂母爱,赞颂人类之爱,赞颂童心,同时她也赞颂大自然,尤其是赞颂她在童年时代就很熟悉的大海。歌颂大自然,歌颂童心,歌颂母爱,成为冰心终生创作的永恒主题。

在《春水》里冰心虽然仍旧在歌颂母爱,歌颂亲情,歌颂童心,歌颂大自然,但是,她却用了更多的篇幅,来含蓄地表述她本人和她那一代青年知识分子的烦恼和苦闷。她用微带着忧愁的温柔的笔调,述说着心中的感受,同时也在探索着生命的意义,表达着要认知世界本相的愿望。

七、《水浒传》

作者简介:施耐庵(约1296—约1370),原名彦端,字肇瑞,号子安,别号耐庵。泰州兴化人,祖籍苏州,舟人之子,生于兴化白驹镇(今盐城市大丰区),13岁入私塾,19岁中秀才,29岁中举人,36岁中进士。36岁至40岁之间官钱塘二载,后与当权者不合,复归苏州。至正十六年(1356)60岁,张士诚据苏,征聘不应;与张士诚部将卞元亨相友善,后流寓江阴,在祝塘镇教书。71岁或72岁迁兴化,旋迁白驹场、施家桥。朱元璋屡征不应;最后居淮安卒,终年74岁。著作是四大名著之一的《水浒传》。

主要内容:《水浒传》是一部著名的描写农民起义的长篇小说。史籍曾载宋江等36人造反的故事,而后水浒故事在民间广泛流传。元末明初,以水浒故事为题材的话本、戏剧相继问世,最后由明人施耐庵加工整理、再创作而成。文学名著《水浒传》如一幅长长的历史画卷,展示了宋代的政治文化,市井风情,社会景观。梁山好汉最引人注目,他们侠肝义胆,敢抱打天下不平,其性格光彩照人,令世人敬仰。宋朝统治者腐朽凶残,太尉高俅原本是个无赖,因为会踢球,得到了皇帝的赏识,从此青云直上,无恶不作。他的干儿子高衙内横行霸道,为了霸占80万禁军总教头林冲的漂亮妻子,诬陷林冲带刀进入军机重地白虎堂图谋不轨，把林冲发配充军，还想在野猪林把他杀死，幸亏花和尚鲁智深仗义相救。蔡太师过生日，他的女婿搜刮十万贯金银财宝，送往京城庆贺，派杨志护送。晁盖、吴用、阮氏三兄弟等人定计智取生辰纲，事后与朝廷激战，最终大伙一块投奔梁山。又有打虎英雄武松因为西门庆勾结大嫂潘金莲害死大哥武大郎，因而将他们杀死，被判充军，最终经历一系列波折，他也被逼上梁山。此外还有宋江、鲁智深等众多好汉，共 108 人，最终都因为种种不同原因而被迫在梁山落草为寇，揭竿起义。他们举起义旗，打着替天行道，劫富济贫的口号，杀遍大江南北，沉重地打击了反动统治者的嚣张气焰，张扬了人民群众的神勇斗志，干出了一番轰轰烈烈的大事业。

《水浒传》是我国第一部歌颂农民起义的长篇章回体小说，它生动地描写了梁山好汉们从起义到兴盛，再到最终失败的全过程，特别是通过描写众多草莽英雄不同的人生经历和反抗道路，鲜明地表现了“官逼民反”的主题，是一部反抗封建暴政的英雄传奇。

阅读感受：1. 人物形象鲜明生动，惟妙惟肖；2. 本书采取了先分后合的链式结构，使小说的故事情节环环相扣，头绪众多而线索分明；3. 语言上，小说采用古白话，所以本书语言描写生动形象，活灵活现。

人物形象：鲁智深（花和尚）疾恶如仇、侠肝义胆、粗中有细、勇而有谋、豁达明理。武松（行者）崇尚忠义、勇而有谋、有仇必复、有恩必报（不足：滥杀无辜），是下层英雄好汉中最富有血性和传奇色彩的人物。武松行侠好义、刚猛不屈、敢作敢当（留名“杀人者，打虎武松也”）、疾恶如仇、恩怨分明、知恩图报（对宋江，对施恩）。吴用（智多星）梁山军师，足智多谋、神机妙算、能谋善断。林冲（豹子头）武艺高强、有勇有谋，但为人安分守己、循规蹈矩，被逼上梁山、逆来顺受，在忍无可忍没有退路时才坚决反抗。李逵（黑旋风、铁牛）疾恶如仇、侠肝义胆、脾气火爆、头脑简单、直爽率真、反抗精神最彻底。宋江（及时雨、呼保义）身在公门，胸怀大志，精明练达，仗义疏财，广结好汉，善于用人，具有领袖气质和才干；但他忠孝思想根深蒂固，想封妻荫子，青史留名，以致带领梁山义军招安，起义失败。晁盖（托塔天王）仗义疏财，结交好汉，虚怀若谷，耿直真诚，重情重义。卢俊义（玉麒麟）被陷害入狱，拼命三郎石秀独力劫法场，救出卢俊义，让他投奔梁山。卢坐上第二把交椅，受招安后被封为武功大夫，后被高俅用药酒毒伤，不能骑马，乘船时失足落水而死。杨志（青面兽）武艺出众，忠勇老实，不向恶势力低头，有仕途思想。三阮：小二、小五、小七直率豪爽，侠肝义胆，疾恶如仇（金圣叹批《水浒传》时，对阮氏三雄做以下评论：“阮小七是上上人物，写得另是一样气色。一百八人中，真要算做第一个快人，心快口快，使人对之，龌龊都销尽。”）燕青（浪子）理智心细，忠诚义气，英俊机灵，勇力过人。石秀（拼命三郎）好打抱不平，重情重义，敢作敢为，勇敢机智。

八、《格列佛游记》

作者简介：作者乔纳森·斯威夫特，英国 18 世纪前期最优秀的讽刺作家和政论家。

主要内容：本书讲述的是英国船医格列佛因海难等原因流落到小人国、大人国、飞岛以及马(慧骃)国等地的经历。

阅读感受：小说充满了奇异的想象和童话色彩，辛辣、尖锐而深刻的讽刺是小说的灵魂所在。小说包含某些对人性及人类社会的悲观见解，但在尖刻与悲观的态度背后，却隐藏着一种苦涩而热切的忧世情怀。小说作者借游记、借外人之眼来评议自己国家的现状。

九、《童年》

作者简介：高尔基，苏联著名作家。

主要内容：本书通过讲述阿廖沙三岁到十岁这一时期的童年生活，生动地再现了19世纪七八十年代俄罗斯下层劳动人民的生活状况。

阅读感受：读来令人感到悲哀，但不过于沉重，使人在黑暗中看到光明，在邪恶中看到善良，在冷酷无情中看到人性的光芒，在悲剧的氛围中感受到人们战胜悲剧命运的巨大力量。

人物形象：阿廖沙，爱讲故事的外祖母，乐观纯朴的小茨冈、正直的老工人格里戈里、献身于科学的知识分子“好事情”，都给过阿廖沙以力量和帮助，使他在黑暗污浊的环境中仍保持着生活的勇气和信心，并逐渐成长为一个坚强、勇敢、正直和充满爱心的人。外祖母，如一盏明灯照亮了阿廖沙敏感而孤独的心，她还经常讲一些怜悯穷人和弱者、歌颂正义和光明的民间故事给他听。塑造了慈祥善良、聪明能干、热爱生活、胸怀宽大、善于忍让的外祖母形象。外祖父，经常毒打外祖母和孩子们，如阿列克谢因染坏一匹布，被他打得昏死过去；狠心剥削工人，暗中放高利贷，怂恿帮工偷东西。塑造了吝啬、贪婪、专横、残暴的外祖父的形象。

十、《朝花夕拾》

作者简介：鲁迅，原名周树人，浙江绍兴人。

内容概述：本书为鲁迅1926年所作回忆性散文的结集，共十篇。最初以《旧事重提》为总题目陆续发表于《莽原》半月刊上。1927年7月，鲁迅在广州重新加以编订，改名《朝花夕拾》。这十篇散文，是“回忆的记事”(《三闲集·〈自选集〉自序》)，比较完整地记录了鲁迅从幼年到青年时期的生活道路和经历，生动地描绘了清末民初的生活画面，是研究鲁迅早期思想和生活以至当时社会的重要艺术文献。这些篇章，文笔深沉隽永，是中国现代散文中的经典作品。

思想主题：这十篇散文描绘了从清末到辛亥革命时期的若干社会生活风貌，是一幅世态图和风俗画。虽是回忆性散文，却具有现实的战斗性和深邃的思想性，蕴含着作者对历史的深刻思考和对现实的执着态度。

人物形象:长妈妈:《阿长与〈山海经〉》中迷信、唠叨,却善良、纯朴,是旧中国农村劳动妇女的典型代表。范爱农:《范爱农》中性格倔强、耿直,孤傲不羁、愤世嫉俗,也是一个负责任的人,可惜一生坎坷,辛亥革命后备受打击与迫害,不为社会所容,最终被逼得走投无路。陈莲河:《父亲的病》中绍兴城中所谓的"名医",贪婪、谨小慎微,装模作样,以药引作为诈骗的花样,肆意敲诈,骗术败露后即溜之大吉。

十一、《红星照耀中国》

作者简介:埃德加·斯诺(1905—1972),美国著名记者。

内容概述:《红星照耀中国》是美国著名记者埃德加·斯诺的不朽名著,一部文笔优美的纪实性很强的报道性作品。作者真实记录了自1936年6月至10月在中国西北革命根据地(以延安为中心的陕甘宁边区)进行实地采访的所见所闻,向全世界真实报道了中国和中国工农红军以及许多红军领袖、红军将领的情况。毛泽东和周恩来是斯诺笔下最具代表性的人物形象。

写作背景:《红星照耀中国》又名《西行漫记》。作者埃德加·斯诺,于1928年来华,曾任欧美几家报社驻华记者、通讯员。1933年4月到1935年6月,斯诺同时兼任北平燕京大学新闻系讲师。1936年6月斯诺访问陕甘宁边区,写了大量通讯报道,成为第一个采访红区的西方记者。1936年6月至10月,作者对中国西北革命根据地进行了实地考察,根据考察所掌握的第一手材料完成了《红星照耀中国》。

斯诺同毛泽东、周恩来等进行了多次长时间的谈话,搜集了二万五千里长征第一手资料。此外,他还实地考察,深入红军战士和老百姓当中,口问手写,对苏区军民生活,地方政治改革、民情风俗习惯等作了广泛深入的调查。四个月的采访,他密密麻麻写满了14个笔记本。1936年10月底,斯诺带着他的采访资料、胶卷和照片,从陕北回到北平,经过几个月的埋头写作,英文名《红星照耀中国》、中文译名为《西行漫记》的报告文学终于诞生。

斯诺作为一个西方新闻记者,对中国共产党和中国革命作了客观评价,并向全世界作了公正报道。

十二、《昆虫记》

作者简介:让·亨利·卡西米尔·法布尔(Jean-Henri Casimir Fabre,1823—1915),法国昆虫学家、文学家,被世人称为"昆虫界的荷马",昆虫界的"维吉尔"。他用水彩绘画的700多幅真菌图,深受普罗旺斯诗人米斯特拉尔的赞赏及喜爱。他也为漂染业作出贡献,曾获得三项有关茜素的专利权。

内容概述:《昆虫记》是法布尔的传世佳作。它熔作者毕生的研究成果和人生感悟于一炉,将昆虫世界化作供人类获得知识、趣味、美感和思想的美文。被达尔文誉为"无与伦比的观察家”的法布尔以人性观照虫性，书中描写昆虫的本能、习性、劳动、婚恋、繁衍和死亡无不渗透着人文关怀；并以虫性反观社会人生，睿智的哲思跃然纸上。在其朴素的笔下，一部严肃的学术著作如优美的散文，人们不仅能从中获得知识和思想，而且阅读本身就是一次独特的审美过程。

典型情节：《昆虫记》是法布尔以毕生的时间与精力，详细观察了昆虫的生活以及繁衍种族所进行的斗争，然后以其观察所得记入详细确切的笔记，最后编写成书。《昆虫记》十大册，每册包含若干章，每章详细、深刻地描绘一种或几种昆虫的生活：蜘蛛、蜜蜂、螳螂、蝎子、蝉、甲虫、蟋蟀、苍蝇等。

十三、《钢铁是怎样炼成的》

作者简介：尼古拉·阿列克谢耶维奇·奥斯特洛夫斯基（1904—1936），苏联作家，坚强的布尔什维克战士、著名的无产阶级作家。奥斯特洛夫斯基出生在乌克兰一个贫困的工人家庭，11 岁开始工作，1919 年加入共青团，参加苏联国内战争。1920 年秋天在战斗中负重伤，23 岁时全身瘫痪，24 岁时双目失明、脊椎硬化，但他的毅力惊人，他口述后由妻子整理，在 1933 年写成长篇小说《钢铁是怎样炼成的》。

1935 年年底，苏联政府授予他列宁勋章。奥斯特洛夫斯基于 1936 年 12 月 22 日逝世，年仅 32 岁。1940 年位于索契的奥斯特洛夫斯基的故居改建成为国家博物馆。

内容概述：整本书描写保尔·柯察金经历第一次世界大战、十月革命、国内战争和国民经济恢复时期的严峻生活。保尔早年丧父，母亲替人洗衣、做饭，哥哥是工人。保尔 12 岁时，母亲把他送到车站食堂当杂役，受尽了凌辱。十月革命爆发，老布尔什维克朱赫莱在镇上作地下工作。朱赫莱给保尔讲了关于革命、工人阶级和阶级斗争的许多道理。之后朱赫莱被匪徒抓去了。保尔与朱赫莱一起逃跑。由于维克多的告密，保尔被投进了监狱。从监狱出来后，保尔跳进冬妮亚的花园。冬妮亚和保尔产生了爱情。在激战中，保尔头部受了重伤。出院后，他参加恢复和建设国家的工作。冬妮亚和保尔思想差距越来越大，便分道扬镳。在筑路工程快要结束时，保尔得了伤寒，体质越来越坏。1927 年，他几乎完全瘫痪了，接着又双目失明。他一方面决心帮助自己的妻子达雅进步；另一方面决定开始文学创作。这样，“保尔又拿起了新的武器，开始了新的生活”。

十四、《红岩》

作家简介：1. 罗广斌（1924—1967），重庆忠县人；2. 杨益言（1925—2017），四川武胜县人。

作品简介：《红岩》是一本以重庆地下党人为争取中国人民解放而进行的壮烈斗争为题材的优秀长篇小说。作者罗广斌、杨益言曾被共同关押在“中美特种技术合作所”的集中营里，亲身经历过敌人的种种野蛮暴行和共产党人不屈不挠的斗争生活。作为幸存者和最直接的见证人，1957 年写了革命回忆录《在烈火中永生》。随后，在回忆录的基础上，进一步搜集整理先烈们的斗争事迹，加以集中、提炼，进行艺术再创造。历时十年之久，完成了这部气势恢宏的作品，全书共30章。“红岩”除了是小说名字外，还是重庆的一处地名，红岩村位于重庆市郊化龙桥附近的“大有农场”内，是中共中央南方局和八路军驻重庆办事处所在地。此外，作家用红岩来命名有自己的寓意——红是革命的颜色，岩石又是非常坚硬的物质；而革命者在狱中也坚持斗争，坚韧不拔，理解成红色的岩石也无不可。

十五、《格林童话》

作品简介：《格林童话》是德国民间故事集。由格林兄弟（雅科布·格林、威廉·格林）根据民间口述材料改写而成。《格林童话》共202篇，带有浓厚的地域特色、民族特色，富于趣味性和娱乐性，对培养儿童养成真、善、美的良好品质有积极意义。故事内容广泛，反映了正义与邪恶、善良与凶残、诚实与虚伪、智慧与愚昧、勇敢与怯懦、勤劳与懒惰等一些带有普遍意义的人生主题。它的主人公分为两类：一类是善的化身，诸如：裁缝、磨坊工、士兵、长工等。他们初遭不幸，几经周折，最后获得成功。另一类是恶的象征诸如：巫婆、魔鬼、强盗、继母等。他们多是一时得逞，最后以失败而告终。作者总是把二者对立起来描写，同情、歌颂前者，鞭笞、讽刺后者，表达了作者鲜明的爱憎和美好的愿望，揭示了简单的人生哲理和价值观念。

依据近年来中考的要求，进行归纳、梳理，整理出有效信息，做到有的放矢，避免复习的盲目性。熟悉安徽省及各地中考对名著阅读考查的主要内容，主要涉及以下几个常见考点：概述某一部文学名著的主要情节、某一故事片段、主要人物及性格；对文学名著的某一内容或某个人物作出自己的评价；能说出自己阅读文学名著的感受与体验；按要求向他人推荐某一部文学名著；了解与文学名著有关的作家作品以及相关的诗句、名言、成语与歇后语等；品析文学名著的某个语言片段，以上所述应作为复习的重点，答题必须抓准题旨，认清题目的具体要求，选择恰当的方法，才能正确作答。同时也启示我们：名著阅读题覆盖面广、综合性强，我们必须具备丰富的知识积累、较强的分析概括能力和过硬的文字表达能力。而这些，都只有在广泛深入阅读名著的基础上，进行必要的思考与练习，才有可能获得。

名著阅读当下命题趋向于细节化、主观化、纵深化，这就要求平时的名著阅读要落到实处，切不可走马观花。力求做到有纲、有标、有检测、有评价，还要重回经典名著，阅读原著，注重将书本知识与课外阅读联系起来，不能一味以考试为阅读的根本目的。当然，我们寻求的理想阅读境界，远远不是为了应对考试，而是让经典名著照亮师生前行的路。

十六、《鲁滨逊漂流记》

作者简介:丹尼尔·笛福,英国作家。英国启蒙时期现实主义丰富小说的奠基人,被誉为欧洲的“小说之父”“英国小说之父”和“英国报纸之父”等。

主要内容:《鲁滨逊漂流记》是一部长篇历险小说作品。这部小说可以分为三个部分,第一部分写鲁滨逊离家三次航海的经历,在巴西买了种植园;第二部分是小说的主体,写鲁滨逊在荒岛上的经历;第三部分叙述他从荒岛回来以后的事情,主要经历是由陆路从葡萄牙回英国途中遇狼群的故事。

人物形象:①鲁滨逊:是一个要求个性自由,勇敢冒险,艰苦创业,追求财富的具有积极进取精神的新兴资产者的英雄。②星期五:鲁滨逊救起的土人,是鲁滨逊忠实的仆人和朋友,他知恩图报、忠诚有责任心,适应能力强。③老船长:他在非洲海面上救了鲁滨逊并和他成为朋友,他为人公正,明白事理,待人有礼貌,他慷慨地把自己的东西赠送给需要的人。他相信因果报应,大方善良,仁慈守信。

典型情节:①挖独木桥 ②制作瓦罐 ③开导“星期五” ④自封总督。

艺术特色:①描写具体逼真,用人物行动具体表现人物性格;②常常穿插一些人物的议论来补充,突出人物性格。

启示感受:阅读本书,使我懂得了当面临困境时,我们要勇敢顽强,不断努力,相信自己一定能走出困境。

十七、《伊索寓言》

作者简介:伊索(公元前620年—公元前560年),公元前6世纪古希腊的一个寓言家,生活在小亚细亚,弗里吉亚人。他与克雷洛夫、拉·封丹和莱辛并称世界四大寓言家。

作品简介:《伊索寓言》是古希腊、古罗马时代流传的讽喻故事,现存的《伊索寓言》经后人汇集,统归在伊索名下。这是一部世界上最早的寓言故事集。

主要情节:1.《运盐的驴子》告诫人们做事情要适可而止,凡事不要贪欲太旺。2.《狐狸和山羊》警示人们做好事也要看对象,以免上当受骗。3.《狐狸和葡萄》(又译为《吃不到葡萄就说葡萄酸》)寓意有些人能力小,做不成事,就借口说时机未成熟。4.《农夫和蛇》的故事告诫人们,对恶人千万不能心慈手软。5.《口渴的乌鸦》告诉人们遇到困难时不能蛮干,而要运用智慧、讲究策略。6.《开玩笑的牧人》(又译为《狼来了》)讲述那些常常说谎话的人,即使再说真话也无人相信。7.《乌龟和兔子》(又译为《龟兔赛跑》)告诫人们不可恃才傲物。8.《朋友与熊》告诫我们能够共患难的人才是真正的朋友。9.《蚂蚁和蝉》讽刺好逸恶劳。(要不失时机地劳动,才能丰衣足食;要是一味享受,最后只能挨饿)10.《两只口袋》这个故事说明人们往往喜欢挑剔别人的缺点,却无视自身的缺点。11.《驴和狼》说明有些人去做不该做的事情,自然要倒霉。12.《乌龟和老鹰》包含着任何事物都有自己的规律性,不可违背规律。(好高骛远,不切实际的人必将失败)13.《马和驴》这则寓言告诉我们,人本该互相帮助,否则伙伴倒地身亡,担子就会加在自己身上。(强者和弱者应互相帮助,共同合作,各自才能更好生存)14.《狐狸和狗》寓意骗子的伎俩总会被人识破。15.《农夫和他的儿子们》说明了两点:①善意的谎言有时候会起到很好的效果;②只有辛勤的付出才能有收获。16.《天文学家》这个故事是说,人首先要做好眼前的最普通的事,才谈得上长远的高深的事。17.《徒劳的寒鸦》这故事是说,借助别人的东西可以得到美的假象,但那本不属于自己的东西被剥离时,就会原形毕露。18.《狼和小羊》揭露了当时统治者的残暴和蛮横。19.《狐狸和豹》这个故事说明智慧的美胜过形体的美。20.《鼹鼠》这故事是说,那些爱吹牛说大话的人,常常夸海口能做大事,却在一些微不足道的事情上出了丑。

写作特点:《伊索寓言》大多是动物故事,以动物为喻,或揭示早期人类生活状态,或隐喻抽象的道理,或暗示人类的种种秉性和品行,多角度凸显了古希腊民族本真的性格。教人处世和做人的道理,少部分以人或神为主,形式短小精悍,比喻恰当,形象生动,通常在结尾以一句话画龙点睛地揭示蕴含的道理,它们篇幅小而寓意深刻,语言不多却值得回味,艺术上成就很高,对后世影响很大,是古希腊民间流传的讽刺喻人的故事经典。经后人加工,成为流传的《伊索寓言》。其中《农夫和蛇》《狐狸和葡萄》《狼和小羊》《龟兔赛跑》《乌鸦喝水》《开玩笑的牧人》《农夫和他的孩子们》《蚊子和狮子》《北风与太阳》等已成为全世界家喻户晓的故事。

十八、《安徒生童话》

作者简介:安徒生,丹麦童话作家。

主要篇目:《安徒生童话》分三个时期——早期多充满绮丽的幻想、乐观的精神,代表作品有《小意达的花儿》《拇指姑娘》《海的女儿》《丑小鸭》《豌豆上的公主》等;中期现实成分相对增强,在鞭笞丑恶、歌颂善良中,表现对美好生活的执着追求,代表作品有《卖火柴的小女孩》《一滴水》《母亲的故事》《演木偶戏的人》等;晚期更加面对现实,着力表现底层人民的悲苦命运,揭露社会生活的阴冷、黑暗和人间的不平,代表作品有《柳树下的梦》《她是一个废物》《幸运的贝儿》等。

主要人物、故事情节及特征:

《海的女儿》,美人鱼为了能和自己所爱的陆地上的王子在一起,用自己美妙的嗓音和三百年的生命换来了巫婆的药酒,于是,她有了一双美丽的脚,每走一步就像走在碎玻璃上一样疼痛,眼看着王子和别人结婚,她宁可牺牲自己的生命也要为王子祝福。

《拇指姑娘》有一个老婆婆非常渴望有一个美丽的小孩子,巫婆帮助她实现了这个愿望，让她得到了漂亮、善良的拇指姑娘。可有一天，拇指姑娘被一个癞蛤蟆偷走了，从此她开始了惊险、梦幻般的旅程。在旅途中，癞蛤蟆和鼹鼠都要娶拇指姑娘，但她最后却嫁给了花世界的国王。

《野天鹅》，艾丽莎是一个柔弱的女子，但她却战胜了比她强大得多且有权有势的王后和主教，救出了被王后的魔法变成天鹅的11位哥哥。她的成功靠的是勇气和毅力，面对荨麻的刺痛、一年不能说话的痛苦；面对主教对她的诬陷、被烧死的惩罚，她始终没有放弃，一直坚持到最后一分钟，终于完成了她的工作。最终，艾丽莎也找到了幸福归宿。

《卖火柴的小女孩》讲述了在一个圣诞夜，卖火柴的小女孩因为没有卖掉一根火柴，一天没有吃东西。又冷又饿的她擦亮了第一根火柴，看见了喷香的烤鹅；擦亮第二根火柴，她看见了美丽的圣诞树；擦亮第三根火柴，她看见了久违的外婆，她想让外婆留在自己身边，擦亮了一整把火柴。然而，火柴熄灭的时候，所有的一切都不见了，小女孩就这样在圣诞夜悲惨地死去，没有人知道在她生命的最后时刻看到的美好景象。

《雪人》，一个刚刚诞生想知道什么是爱情的雪人，竟然神魂颠倒地爱上了房子里的炉子。它们彼此相爱，度过了一个美丽的冬天。最后，雪人融化在爱人的怀抱里。在雪人的真情和快乐的感召下，连对爱情从不感冒的朋友——狗也谈起了恋爱。

《跳蚤与教授》，这是一个跳蚤与教授通过自己的智慧成功离开野人国的故事，这个故事告诉我们要树立自己的理想，并且为了这个理想，要一直坚持不懈，不畏艰辛，充分发挥自己的聪明才智和特长，只有这样才能实现自己的理想的。

《打火匣》，一个士兵娶到了公主，并成为国王。靠的是什么呢？勇敢：勇敢的斗争，勇敢的追求，才可以得到想要的东西，不管是财富或是爱情；还要有智慧：勇而无智，追求只是愚人的梦想，不可能成真；还要有同情心，去帮助别人，才能得到支持。围着金钱转的狐朋狗友会有，但因同情交下的朋友会在你的危难时刻伸出救援之手。

《瓶脖子》，一只不断梦想着去到皇宫酒窖的香槟酒瓶子被普通人买去，并漂洋过海，升到高空，装过药酒，装过种子，最后却摔破成了一只瓶脖子，可它最后却那么快乐。那是因为它终于领悟了，原来自己身边的一切才是对自己最为重要的。珍惜我们所拥有，比梦想更为快乐和充实。

《云杉》，小云杉享受着温暖的阳光和新鲜的空气，可是它对这些美好的事物视而不见。它总是埋怨自己长得太慢，终于有一天，它被装饰一新，成了豪宅里的圣诞树，吸引着每个人的眼球。对它来说，没有比这更开心的事情了。可是没多久，云杉就被投进了火炉，变成了另外一种新的东西。这是一个所有孩子都要听的故事。每个人的生命都只有一次，应该好好珍惜眼前的一切，幸福其实就在我们身边，关键是我们有没有把握住,能否感受得到。

十九、《儒林外史》

作者简介:吴敬梓(1701—1754),清代小说家。出身于安徽全椒一个世代书香的名门望族,到他生活的雍正、乾隆时期家道败落,科举制度已显露弊端。困顿的现实让他窥破了世间真相,36岁便绝意科举,将自己的才华、情感和对社会的思考贯注于现实主义长篇讽刺小说《儒林外史》创造之中。鲁迅评价其“机锋所向,尤在士林”,并称其为中国古代最优秀的讽刺小说。吴敬梓曾祖父和祖父两代人“科第仕宦多显者”,共有六名进士,其中榜眼、探花各一名。而其父吴霖起是康熙年间的拔贡。吴敬梓于1722年考取秀才,同年父亲病逝。由于不善于治理生计,他过着挥霍的浪子生活。雍正七年(1729),他应科举时,被斥责为“文章大好人大怪”,遭到侮辱。后愤懑离开故土,靠卖文和朋友接济为生。乾隆元年(1736),他参加博学鸿词科预试。安徽巡抚赵国麟正式荐举他入京廷试,但他“坚以疾笃辞”,从此不再参加科举考试。至晚年,常处于饥寒交迫的窘境。

创作背景:《儒林外史》写的是“儒林”之“外史”,换句话说,《儒林外史》不是正史,不体现官方意志,也不是稗官野史,其主旨是“写世间真事”,穷极文人情态,针砭时弊,讽喻世人。作者生活在清政权已趋稳固的时代,而科举制度已过兴盛之期,显露出它的弊端。文士们醉心举业,道德沦丧。本书主要描写对象为儒林文士,正如鲁迅所说“机锋所向,尤在士林”。书中人物,大都有当时真人真事的影子。为避免清代统治阶级的迫害,吴敬梓故意把故事背景说成明代。

主要内容:全书共五十六回,小说并没有贯穿全书的中心人物和主要情节,而是由众多故事连缀而成,塑造生活在封建末世和科举制度下的封建文人群像,表现的是普通士人日常生活中的生存状态与精神世界。生动描绘吃人的科举制度、礼教制度和腐败的政治体制,展现了一幅封建科举时代的社会风俗画卷。《儒林外史》的语言形象、生动、简练而富于讽刺意味,具有很强的表现力,写景文字优美。通过描绘这幅士林的“群丑图”,揭露功名利禄对读书人灵魂的毒害,作者清楚地表明了自己否定功名富贵的基本立场,并通过书中少数淡泊名利、恪守道德、张扬个性的贤者奇人,寄托了自己对理想社会的追求。小说通过刻画奔走于科举道路上的众多士人形象,对封建科举制度和整个封建社会的“儒林”作出了深刻的批判。

人物形象:1. 正面的典型。王冕(第一回):他十岁时辍学放牛,自学画荷花,拒绝危素召见。他不愿结交乡绅,于是远走山东。后回乡奉养母亲,与吴王促膝长谈。最后归隐会稽山。描绘了王冕才华卓越、磊落洒脱、不慕名利的士子形象。杜少卿(第三十一至三十三回):①他好酒好菜招待客人,给门客抓药治病,精心伺候。②在自身没钱的情况下,他仍然当了自己新做的衣服给杨裁缝死去的母亲买棺材。③他在知县得意时拒不拜见,知县丢官没有房子可住时,腾出房子让知县搬来住。④他让管家卖地,大方资助他人。⑤他拉着妻子的手游山饮酒,赞美沈琼枝的反抗行为。⑥他淡泊功名,讲究“文行出处”。朝廷征辟,他装病拒绝应征出仕。尊重妇女,为人单纯,淡泊名利,慷慨大方,有点儿离经叛道,思想中有民主成分。

2. 腐儒的典型。周进(第二、三回):①刚出场时,六十多岁,依然是个老童生。饱受秀才梅玖和王举人的嘲弄和冷遇。②在贡院里受刺激过度,一头撞在号板上,苏醒后满地打滚,放声大哭。③任广东学道后,为了照顾范进,将范进取为第一。周进生活穷困潦倒,却皓首穷经、迷信经典,沉迷于制艺难以自拔,坚信科举是自己唯一的救命稻草,成功后也照顾了范进等人。范进(第三、四回):①名利熏心,热衷做官。到了晚年,仍以“童生”资格去考秀才。当他骤闻中了举人,激动得无法控制,竟然疯了。②穷困并未使他那腐儒的呆气和酸气减退。即使在着急等待卖鸡买米时,依然是“一步一踱”“东张西望”,并不着急。③见了地主豪绅,就竭力拉拢巴结。见了张乡绅,满口是“久仰老先生”。表面上呆头笨脑,穷困愚陋,逆来顺受,酸气十足;内心里却热衷功名,追求利禄,圆滑世故,卑怯懦弱。王玉辉(第四十八回):①鼓励女儿殉夫,在女儿死后仰天大笑,连说“死得好”。②葬了女儿后,顿觉伤感,在去苏州的船上,看着山光水色,不觉悲悼女儿。王玉辉是封建礼教的狂热信徒,被封建道德扭曲了人性,是封建礼教的受害者,但良心并未完全泯灭。

3. 贪官污吏的典型 。汤奉(汤知县)(第四回):为了表示自己为政清廉,对朝廷各项法令严加执行。朝廷有禁杀耕牛的命令,汤奉不问因由,竟然将做牛肉生意的回民老师父活活枷死,闹得群众义愤填膺,鸣锣罢市。他表面清廉,其实贪腐成性,一年下来居然搜刮了八千两银子。贪图财货、作威作福。王惠(第七、八回):①上任的第一件事,不是询问当地的治安、黎民生计和案件冤情,而是查询地方人情,了解当地有什么特产,各种案件中有什么地方可以通融。②定做了一把头号的库戥,将衙门中的六房书办统统传齐,问明了各项差事的余利,让大家将钱财归公。③他本人的信条是“三年清知府,十万雪花银”。典型的封建官僚中的庸官,为人贪狠、蛮横,没有立场。

4. 市井中人。市井高人鲍文卿,虽为一戏子,却有礼有节,洁身自好,为人端正。市井小人胡屠户,范进不得志时,常抱怨自己瞎了眼,错选了女婿,而在范进中举后变成了“我小老这一双眼睛,却是认得人的……我自己觉得女儿像有些福气的,毕竟要嫁与个老爷,今日果然不错!”“见女婿衣裳后襟滚皱了许多,一路低着头替他扯了几十回”。鲍廷玺,被鲍文卿收养,读过几年书。自养父和长兄相继去世后,他便开始“堕落”。他结识了季苇萧等人,“效劳”杜慎卿,又讨好王胡子,跟杜少卿借钱。自此,他朴实正直的本性已经消亡了。市井奇人季遐年（第五十五回），靠写字为生，不慕荣利，高兴了才给写字，不高兴时，王侯将相、大把的银子都不写，还怒斥御史的孙子。盖宽，开茶馆为生，书画做得好，爱财，慷慨资助别人，散尽家财，穷困潦倒，最后被人请去教馆。荆元，是个裁缝，学弹琴写字，也学作诗，朋友都不与他亲热。

二十、《傅雷家书》

作者简介：傅雷（1908—1966），我国著名翻译家、文艺评论家以及美术评论家，一生译著丰富，翻译作品达 34 部。

主要内容：《傅雷家书》是傅雷及其夫人写给儿子的书信，摘编了傅雷先生 1954 年至 1966 年的 186 封书信，最长的一封信长达七千多字。字里行间，充满了父母对儿子的挚爱、期望以及热爱国家和世界的高尚情感。

写作背景：关于写这些信的目的，傅雷在给傅聪的信里曾这样说："长篇累牍的给你写信，不是空唠叨，不是莫名其妙的 gossip，而是有好几种作用的。第一，我的确把你当做一个讨论艺术、讨论音乐的对手；第二，极想激出你一些青年人的感想，让我做父亲的得些新鲜养料，同时也可以间接传布给别的青年；第三，借通信训练你的——不但是文笔，而尤其是你的思想；第四，我想时时刻刻，随处给你做个警钟，做面'忠实的镜子'，不论在做人方面，在生活细节方面，在艺术修养方面，在演奏姿态方面。"

作品主题：要让孩子知道国家的荣辱、艺术的尊严，能够用严肃的态度对待一切，做一个"德艺俱备、人格卓越的艺术家"。傅雷认为"艺术与人生的最高境界"是能掀动听众的感情，使他们如醉如狂，哭笑无常，而自己屹如泰山，像调度千军万马的大将军一样不动声色。同时对儿子的生活，傅雷也进行了有益的引导，对日常生活如何劳逸结合、正确理财，以及如何正确处理恋爱、婚姻等问题，都像良师益友一样提出意见和建议。还以相当多的篇幅谈美术、音乐作品，谈表现技巧、艺术修养等。

人物形象：傅雷，严谨、认真、一丝不苟，对亲人（主要是儿子）和国家有着无私的爱，为人正直坦率，性情刚毅。教导儿子："假如你能掀动听众的感情，使他们如醉如狂，哭笑无常，而你自己屹如泰山，像调度千军万马的大将军一样不动声色，那才是你最大的成功，才是到了艺术与人生的最高境界。"告诉儿子艺术家最需要的除了理智以外，还有一个"爱"字。傅雷夫人，因材施教，拥有成功的教育思想。傅聪（钢琴家），刻苦用功，先做人，后成家，生活有条有理、严谨细致、热爱音乐，同时也是热爱祖国、德艺俱备、人格卓越的艺术家。

二十一、《艾青诗选》

作者简介：艾青，原名蒋正涵，号海澄，笔名莪加、克阿等。中国现当代文学史上的著名诗人。1933 年第一次用笔名发表长诗《大堰河—我的保姆》。1935 年出版了第一本诗集《大堰河》。1976年"四人帮"粉碎后，再次焕发创作青春，发表了《鱼化石》等优秀作品。1979年诗人自己编定《艾青诗选》，这部诗选收录了诗人自三十年代到七十年代末期的主要作品，基本反映了诗人的创作历程和风格特征。1985年，法国授予艾青文学艺术最高勋章。

诗歌风格：新中国成立前，艾青以深沉、激越、奔放的笔触诅咒黑暗，讴歌光明；新中国成立后，艾青又一如既往地歌颂人民，礼赞光明，思考人生。他的"归来"之歌，内容更为广泛，思想更为成熟，情感更为深沉，手法更为多样，艺术更为圆熟。他的诗歌，以现实主义为主体，汲取了象征主义的养分，风格朴素清新、深沉隽永，明朗并不直露，时有含蓄也不晦涩，实践着他"朴素、单纯、集中、明快"的诗歌美学主张。艾青是自由体新诗的代表诗人。他的多数诗不强行押韵，也不追求字、行、节的整齐划一，但也有少数诗外形无拘无束，却注重营造内在的节奏与旋律；善用比喻，短句活泼多姿，长句气势浩荡，朴素而又隽永，纯净而又深刻。

主要篇目及内容梗概：

《大堰河——我的保姆》全诗分为三部分。诗人通过对自己乳母的回忆与追思，抒发了对抚养他的保姆——大堰河深深的挚爱和无尽的怀念，从而激发人们对旧中国广大劳动妇女悲惨命运的同情，对这"不公道的世界"的强烈仇恨。

《我爱这土地》这是一首在现代诗歌史上广泛传诵的抒情名篇，以一只鸟生死眷恋土地作比，形象地抒发了诗人深沉而真挚的爱国情感。用"嘶哑"来形容鸟儿鸣唱的歌喉，更能表达诗人为祖国前途、命运担忧而心力交瘁的情况。

《黎明的通知》全诗热情歌颂了光明、幸福的象征——黎明，抒发了诗人期待革命胜利的强烈愿望，倾吐了对新生活的向往之情，它不仅给人以情的感染，还给人以美的享受。诗中的"我"就是黎明。在诗人的笔下，黎明是一个将光明带给世界、将温暖带给人类的美好的艺术形象。

《太阳》这首诗借讴歌太阳，来讴歌革命者们与劳苦大众要打碎旧世界，建立一个光明自由的新世界的历史态势，以诗人自己的情绪来感染读者的情绪，使人们都能感到一个新的时代就要诞生了。

《雪落在中国的土地上》全诗通过描写大雪纷扬下的农夫、少妇、母亲的形象，表现了中华民族的苦痛与灾难，展现了旧中国的图景，诗人悲悯下层人民的困苦，忧伤祖国的命运，表达了诗人深厚的爱国热情，表现了诗人深沉的忧患意识与赤子之心。

《北方》诗人用明白如话的口语，近乎散文的诗行，既悲叹北方的贫瘠落后以及战争给北方民众带来的苦难，又讴歌北国民众自古具有的不屈的生存意志和保家卫国的决心，具有浓郁的爱国主义情怀，传达出极为悲凉的哀痛之情。全诗多用意象抒情写意，勾勒出一幅幅富有动感的北国乡土画面，形象生动，准确传神。

《鱼化石》写鱼化石裹身岩层，重见天日，却没有了活力，没有了叹息，听不见浪花，看不见蓝天碧水。诗人由此引发出对生命本质的思考："离开了运动，就没有生命。"

20 世纪 30 年代主要作品及特征：

1. 创作背景：抗日战争开始后，日本侵略军连续攻占了华北、华东、华南的广大地区，所到之处疯狂肆虐，妄图摧毁中国人民的抵抗意志。中国人民奋起抵抗，进行了不屈不挠的斗争。诗人在国土沦丧、民族危亡的关头，满怀对祖国的挚爱和对侵略者的仇恨，写下了慷慨激昂的诗歌。

2. 作品风格：他这一时期的诗歌总是充满"土地的忧郁"，多写国家民族的苦难、悲伤与反抗，具有非常凝重、深厚而又大气的风格，而且善于通过印象、感觉的捕捉来表达浓烈的情思，形式上倾向朴素、自然，不拘泥外形的束缚，把新诗推向一个新阶段。这一时期，艾青的诗歌中主要意象是"土地"和"光明"。

3. 主要篇目 ：《向太阳》《火把》，借助太阳、火把，表达了驱逐黑暗、坚持斗争、争取胜利的美好愿望，诗人也因此被称为"太阳"和"火把"的歌手。《黎明的通知》，以"黎明"的口吻，呼唤"诗人啊，/ 你起来吧"，让所有热爱生活的人们、所有的"城市和村庄"做好准备，迎接"白日的先驱，光明的使者"的到来。

1978 年以后主要作品及特征：

1. 创作背景：1957 年艾青被错划为右派，1978 年重返诗坛，经过了二十年的沉寂，诗人"归来"，久被压抑的情感澎湃高涨，开始了他诗歌创作的另一个高峰。

2. 作品风格：这一时期的诗人，仍然继续着歌颂光明的主旋律。还有一些哲理小诗，通过意象来反映人生，充满哲理，饶有兴味。

3. 主要篇目：《镜子》中写镜子"是一个平面，却又是深不可测"，因为它真实、直率，从不掩饰，所以"有人喜欢它"，"有人躲避它"。《光的赞歌》中赞美"光"这一神奇的物质，赞美"光"带来的社会文明，以及"像光一样坚强"的社会正义，字里行间饱含着睿智哲思。

（入编《名冠全典》，安徽师范大学出版社，2016 年 2 月）

牢记规范：中考写作关键要素

强调规范写作，必须重新审视这几个关键点的重要性，以下六大要素请记牢。

一、千呼万唤需审题——扣题行文是关键

高分作文扣题首先表现为审题能力，审题能力强弱直接体现考生作文水平高低。审题是中考写作至关重要的一步，一些学生在审题上不愿意花工夫，看到题目后马上就动笔写，结果偏离题意。因此只有明确了作文命题的意图、范围、对象和重点，才能写出切合题意的考场作文。审题就是深入思考和反复推敲作文话题（包括材料），以求理解其含义，弄清写作的具体要求，确立写作中心，确定写作范围和重点，确定下笔的角度及感情抒发的基调，选择较为典型的素材，明确写作方法的过程。考场作文的审题过程一般有如下四个步骤：

1. 感知文题。快速扫读文题，以明体裁，找重点，求范围。扫读的内容为：①看文题的类型——看是命题、半命题，还是要求自由拟题；看是材料作文、命题作文，还是想象作文，或者是话题作文。②看文题的内容——是记事，还是写人；是议论，还是说明；是写学校，还是写家庭；是写文，还是写信……③看文题的表达——是平实的，还是生动的；是直白的，还是含蓄的；是简单的，还是复杂的。④看文题的多少——是一个题，还是两个题；是独立的两个题，还是一材两题。

2. 仔细分析。根据不同的题目，确定不同的重点：①理解命题作文题目的含义，明确重点，确立中心。②分析半命题作文，理解要求，仔细斟酌之后再进行题目的补充。③阅读文题中的材料，从提炼观点、改写续写、其他用途三个角度判定其作用。④体味材料的含义，从中提炼出表达的中心。⑤观察文题中的图画，品析含义，提炼主题，明确立意角度。⑥品读话题作文的材料与要求，确定作文内容。

3. 审读要求。审读其他内容，着重查看：①文章体裁和字数的要求。②拟题、取材、格式方面的要求。③材料处理的要求。④作文过程中不容违反的要求。⑤其他特别的要求。

4. 认真推敲。①对看不懂的材料再读，仔细推敲。②细读文题中的解释、举例、说明与提示，看其中隐含哪些对构思有用的信息。③研究文题前后附加的文字，看其中是否隐含提示信息。

这四个步骤看似烦琐，通过长期训练便可形成很强的审题能力，一般不会耽误很长时间。有时学生审题结束后，会感觉题目生疏，情绪会受到影响，其实只要沉着冷静，排除这些干扰，就会写出好文章。如2017年安徽卷：不闯红灯，是对规则的承诺；走近经典，是对阅读的承诺；追求卓越，是对人生的承诺；关爱他人，是对社会的承诺……承诺是一份责任，也是一种素养。在初中生活里，你有过哪些与承诺有关的经历和感触呢？请以“这就是我的承诺”为题，结合自己的生活体验，写一篇文章。考生在审题时要从三个方面进行：首先是审读导语。一般来说，导语能够拓宽考生的写作思路，今年安徽省的作文导语部分亦是如此。“不闯红灯，是对规则的承诺。”此句中，不闯红灯就是“我”的承诺，对谁承诺？规则。可见，凡是遵守社会文明秩序的行为都可以看成是“我”的承诺，由此可以联想到旅行文明、用餐文明等，都是对规则的承诺。“走近经典，是对阅读的承诺。”此句是从阅读角度阐释承诺，读什么样的书？如何去读？结果如何？每一位考生都有不同的经历，都有话可说，既可以叙述成功经历，也可以叙述半途而废的教训。“追求卓越，是对人生的承诺。”此句的承诺可以联想到自我成长经历，凡是坚守一些美好品质的过程都是一种承诺，因此题目可以看成“坚守诚信”“坚守善良”“坚守宽容”等，这一变就成了平时经常训练的题目。“关爱他人，是对社会的承诺。”此句提示考生思考自己需要承担的社会责任，关爱亲人、关爱同学、尊敬师长都可以看成是对社会的承诺。“承诺是一份责任，也是一种素养。”这句话概括承诺的内涵，再次提示考生责任、素养都可以看成是承诺。最后一句“在初中生活里，你有过哪些与承诺有关的经历和感触呢？”提示考生选材的范围是初中生活，作文内容是与承诺有关，同时关注“经历和感触”这一词组，提示考生先叙述经历，然后议论自己的感想或表达自己的触动。至此审读导语结束，审读过程中由点到面，细品词句，挖掘内涵，充分联想，联想到的内容随手在草稿纸上写下来。其次是审读题目。每一词语都要理解命题意图。“这就是我的承诺”中“这”指代什么？通过导语审读，“这”可以是语言，可以是行动，还可以是内在的意念。无论指代什么，一定要具体明确，不能模棱两可。“就是”二字可以与“将是”进行换词区别，“就是”表明承诺是明确而坚决的。“我的”明确了写作的人称是第一人称，有考生通过第三人称叙述，最终点题，是扣题不紧的。“承诺”是作文的中心，什么样的承诺，为什么要作出这样的承诺等等这些问题，需要考生认真思考，方可写出切合题意的作文。最后是审读要求。与往年不同的是，今年作文题目提出后，用重点符号标出“结合自己的生活体验”，限制了考生选材的范围，这是防止有考生背文应考，也是防止教师在作文教学中固化学生写作思路。这一要求的提出与课标中关于写作的要求“引导学生关注自然、社会、人生的体验和感悟”是相符合的，可以预测2018年中考作文要求会保留这一项。这也要求考生在备考2018年中考作文时，要注重观察、思考、总结，善于积累生活素材。总结安徽省近年来中考作文的情况，有以下几种干扰的因素：

第一，难以确定文章的体裁。近年来安徽省中考作文体裁不限，考生可以写成记叙文、议论文、说明文等，正因为这样考生不知道自己写哪种文体顺手，在确定文体时就费了不少时间，有的同学写到中途写不下去，又调头重写。解决的方法就是：一是把握住自己的心态，保持冷静，不要急躁；二是注意把握住阅读文题的最初感受，它往往反映作文构思的最佳选择；三是确定自己最有把握写好的文体，一旦确定文体中途不要再换，因为有时候发现即使换成其他文体也是不好写。

第二，不明白命题者的意图。安徽省中考作文不设置审题的障碍，尤其是近年来中考作文题目越来越简单化，贴近学生的生活实际。但是有的考生对中考作文题目的理解剑走偏锋，喜欢标新立异，结果偏离了命题者的意图。解决的方法就是：将中考作文题进行改编，可以变成自己平时经常训练的、熟悉的作文题目。

从形式上看，扣题要贯穿篇首、篇中与篇末，做到通篇点题。要学会在关键处或醒目处点题：1. 用标题点题。2. 开头点题。3. 用题记点题。4. 用小标题点题。5. 独立成段点题。6. 用段首句点题。

二、天光云影共徘徊——立意要有独特的角度

高分作文立意要有独特的角度，立意是一篇作品所确立的文意，它包括全文的思想内容，作者的构思设想和写作意图及动机等。写作之前考生在审清题意的基础上，先确定文章的中心。“千古文章意为先”，所以作文先确立好中心十分重要。可以从以下两个方面着手训练：1. 立意要正确、集中。立意正确是指立意要符合客观事物的本质和规律，文章表达出来的观点和感情要健康、积极向上。这是写好作文的基本要求，也是评价文章的重要标准。一般来说，作文的立意要与国家所倡导的公德一致，要与当前的新时代精神一致，如要符合社会主义核心价值观的要求。立意集中，中考作文要围绕中心表达情感，情感倾向要鲜明，不能模棱两可。作文情感真挚才能够打动读者，相反感情冷漠和模糊会导致中心不明确，也会使语言缺乏表现力和感染力。切忌故作姿态，夸大其辞，没有分寸。2. 立意要深刻、新颖。立意深刻，指能深入思考事物蕴含的道理，这就要求我们透过现象挖掘本质，思考对人生、社会有意义和有价值的内容。思考的深刻还需要我们对眼前的事物作仔细深入的分析，找到事物的内在联系，并能用恰当的语言表达出来。当然，追求深刻也不能随意引申，更不能无原则地拔高和升华，必须结合生活实际，要具体、真实、可靠。一般来说，中考作文以记叙文为主，而记叙文的深刻来自于对自然、社会、人生的思考与感悟。立意新颖，指学生能够发散思维，将中心与时代紧密相连。考场作文不论以何种形式出现，都会给考生以思维驰骋的空间，我们可从相似、相关或相反的方向思考，得出新颖观点，拿出与众不同的立意，用充满个性化的语言，真实地表达自己对生活的体验、感受、思考和认识。当然，创新不是漫无边际的胡思乱想，标新立异的胡编乱造，它必须符合客观事物的本质特征和一般规律，这样才能让人感到入情入理。如2016年安徽卷:请以“你是我最________的人”为题,写一篇文章。这类作文形式让学生既有选择的自由空间,也有一定的限制,将命题作文和半命题作文的优点结合在一起。从命题内容上看,题目质朴、自然、平实、简约、明确,审题难度不大,切合考生实际,学生拿到题目都有话可说,但要得高分,考生需要在构思、表达上出类拔萃,因此,2016年中考作文题既注重语文基础,又兼顾到选拔的需求。

在审题立意时,考生要注意以下几点:①明确命题者意图。2016年作文题的命题意图是让考生回忆自己成长经历中那些令自己难忘的人,要求很明确,就是写一篇关于人的记叙文。考生从学写作文开始,一直没有离开过关于写人的文章的训练,因而会感到非常熟悉。②仔细审读供选择的四个词语角度。“贴心”“感激”的写作重心是要围绕“我”具体做了哪些事情,让“我”感到“贴心”“感激”;而“牵挂”“欣赏”的写作重心是“我”牵挂你什么,“欣赏”你什么,以及如何“牵挂”“欣赏”。前两个是从对方的角度去写,后两个是从自己的角度去写。③选择自己熟悉的、便于抒发真情实感的素材入文。题目中的“最”要求考生能够筛选出自己最为熟悉,印象最深刻的人去写,这样的文章容易抒发真情实感,真正体现初中生“对自然、社会、人生的独特感受和真切体验”这一课标要求。所以,考生不宜套作,不宜选择自己并不了解的历史文化名人,空发情感。④叙述人称及字数要求的变化。一是叙述角度的变化。2016年安徽省中考作文题首次要求考生用第二人称“你”进行叙述,审题时考生要明确“你”是谁,而不能理解成“你们”。还应关注题目中的“的人”两字,不能写成某一物。二是字数的变化。

角度不同,思路不同,立意也不同。尽管中考话题作文的主题是唯一的,不能反其意而为之,但是只要巧妙转换立意角度来表现,会令人眼前一亮。如变一般性的歌颂为思考,寄以远虑;或从人文角度来批判,表达忧思;或从政治经济学的角度分析,纵论价值;或从生物科学的角度表述,推因析果。

三、采得百花酿成蜜——典型材料选取

要选择典型材料,就要根据中心的需要,有目的地选择恰当的材料来表现中心。作文材料的选择范围是很宽的:学校、家庭或社会生活中,亲眼所见、亲耳所闻或亲身经历的一个事件、一个场景、一个眼神,或一个动作都可以作为你的写作素材。积累材料以多为佳,选择材料以精为上。材料是为文章中心服务,选材必须紧紧围绕中心思想,根据写作的目的,选取恰当的、典型的材料。要想在考试中获得高分,选择材料要注意选真实的材料,选小而有趣的素材,选能触发感情的素材,选历史经典的素材等。具体要做到:1. 围绕中心选择材料。无论写什么文章,都考虑中心和材料的关系,不能偏离中心而随意、片面地选择材料,必须对与中心相应的材料作全面的把握,在中心思想的范围内进行有效的选择,这是选择材料首先遵循的原则。有些学生为了使自己积累的优秀材料派上用场，全然不顾主题的要求，创作出离题千里的作文，实属弄巧成拙、本末倒置。2. 选择真实可靠的材料。文章的生命在于真实，写出符合客观实际、反映客观事物的本质和主流的作品。朱自清在《荷塘月色》中写到“月夜蝉声”时，专门请教了昆虫学家，自己又几次亲耳听见夜晚的蝉鸣声，才最终确定了夜晚也有蝉鸣这一事实材料。真实可靠的材料，能令人信服，有些学生为了博取阅卷老师的好感，虚构了一些故事内容，如写到“坚强”这个话题时，多数考生写了自己的坎坷经历，似乎谁的生活更悲惨，谁的文章就能得高分。这种滑稽可笑的逻辑推理，不仅体现了材料的匮乏，更说明组织和深加工材料的能力不足。3. 选择新颖、典型的材料。新颖的材料，就是新鲜、活泼、生动、有趣，具有时代精神的材料。“文章最忌百家衣”，选择材料贵在新颖。如临近中考，家有考生的家长都如临大敌，提前进入备战状态，一句轻声的问候语，一杯热腾腾的牛奶，一件驱寒的外套，就足以让学生感受到幸福，浓浓的亲情渗透在细节中。文章本身不在于“大”，撒网越广反而不好收网。典型材料运用到文章中有助于使主题深化，使文章精粹有力，能够以一当十，以少胜多，达到“窥一斑而知全豹”的目的，也能给人们留下深刻的印象。因此，在写作时，学生要严格而巧妙地精选典型的材料，依据主题表达情感。4. 选择自己最熟悉的材料。“鞋合不合适，只有自己的脚最清楚”。同样，选择熟悉的材料，就能找到最佳的写作角度，写起来也就会得心应手，写出别人看不见、想不到或没有体会到的东西。文章贵在创新，新才有生命，才有力量，而创新必须建立在对生活熟悉、感受深刻的基础上，写你所熟知的人、事和地方，才有条件做到真实具体，形象传神，富有现场感和立体感。例如 2017 年北京卷：古人云：“万物贵其真。”这句话启示我们，无论是大千世界中的万事万物，还是日常生活中的为人、做事，都贵在一个“真”字。请将“________贵在真”补充完整，构成你的题目，写一篇文章。立意时根据前面指导的两个层次：先明确、集中；再追求新颖、深刻。要善于从不同角度挖掘材料，找到切合题意的入口。特别是对“真”的内涵理解，在立意时要多多思考。从命题意图来看，“真”强调了追求真、崇尚真，直接体现了社会主义核心价值观。考生写作时不仅要运用体现社会主义核心价值观和对传统文化产生认同感的试题素材，还考查考生对社会主义核心价值观的接受程度以及对传统文化的认同程度。这样就起到了中考在立德树人、传承优秀文化方面应有的作用。因此，立意时要注意思想情感的积极向上。

四、窥一斑而知全豹——结构清晰完整

人们常说，中心是文章的灵魂，材料是文章的血肉，结构是文章的骨骼。考纲上要求“结构完整，条理清晰”。结构是文章内容的组合构造，是文章思路的外现，文章的内容要通过组织安排才能表达出来，文章的主题也要通过结构加以凸现。一篇优秀的作文，除了做到结构完整之外，还应当对传统的文章结构形式进行合理改造，以求创新和发展。下面从考场作文的谋篇布局讲几点常用的技巧。1. 详写和略写。确定材料的主次和详略是结构组织时应首先考虑的问题，它对表现中心思想起保证作用。详写，就是把与中心思想关系大的材料写得具体、详尽些；略写，就是把与中心思想关系不太大的材料写得概括、简略些。2. 段落和层次。写作时，为了把文章的中心有层次地表现出来，一定要分段。分段要根据中心的需要和内容的多少而定。既要注意一个段落只说明一层意思，又要注意不能分得太细。考场作文中经常出现两种情况：有时段落包含的内容太多，本来好几层意思，硬挤在一起，显得层次不清；有时段落又分得太细，本来只有一层意思，硬分成几段，搞得支离破碎，段落之间要有内在逻辑联系。3. 段落过渡。俗话说："过河要架桥。"过渡就是文章段落之间的桥梁。在文章中，过渡常常用在从一层意思转入另一层意思的转折处；由总到分，由分到总的衔接处；由议入叙，由叙入议的变换处；倒叙、分叙、插叙的起止处。它的任务就是把文章前后的段落、层次连接起来，使文章浑然一体。4. 开头和结尾。开头和结尾是文章的重要组成部分，人们常用"凤头""豹尾"来形象概括对开头和结尾的要求。开头的方法很多，但可以将其概括为两大类：一类是"开门见山"的写法。或"落笔入题"，说明写作缘由；或"开宗明义"，揭示全文主题；或"言归正传"，快速叙述故事；或"单刀直入"，挑明论敌谬说。另一类是"形象化"的写法。或描写环境，以引出人物；或抒发感情，以渲染气氛；或先叙委婉故事，以引出深刻道理；或借诗词俗语，作为叙事的开端，好的开头，新颖生动，引人入胜。结尾的方法也很多：或总结全文，以揭示主旨；或展示未来，以鼓舞斗志；或抒发情怀，以增强文章感染力。好的结尾，余味无穷，发人深省。上述的几种结构可以结合起来，但无论采用什么样的结构，都要服务于中心思想，切合文题。

五、万紫千红总是春——语言行云流水

高分作文必定有"行云流水"般的语言，语言表达的要求，不只是指轻盈灵动的，还指那些深刻、凝重、有底蕴的表达。作文的语言，是体现考生写作水平高低的基本能力，是区分考生语文素养的最重要依据，根据安徽省中考作文评分标准要求：一类作文语言流畅；二类作文语言通顺；三类作文语言基本通顺；四类作文语言不通顺；五类作文语病较多。语言流畅是指文章的语言表达流利，语句通畅。好文章的语言应该是流畅的，而不是疙疙瘩瘩的；表述应该是简洁明白的，而不是啰里啰唆的；词汇应该是丰富的，而不是贫乏的；用语应该是准确的，而不是词不达意的；语意应该是通畅连贯的，而不是前言不搭后语的；比喻应该是新奇、贴切、形象的，而不是平淡、庸俗、抽象的；描写应该是具体、细腻、生动形象的，而不是笼统、粗糙、枯燥乏味的；读起来应该是朗朗上口的，而不是佶屈聱牙的。

文章要做到语言流畅，同学们就要做到以下几点：1. 文从字顺。同学们在平常的语言实践中可以判断出话怎样说才算通顺，这种通顺主要表现在用词的准确、词语的准确搭配和词语的准确排序三方面。准确就是用词要精当，选择最能表达意思的词语，如朱自清的《背影》中，“他给我拣定了靠车门的一张椅子……他嘱我路上小心……”“拣定”“嘱”准确细腻地刻画了父亲的举动，表达了深情的父爱。汉语用词有一定的搭配习惯，比如，我们说“深情厚谊”，也可以说“深厚情谊”。三是注意过渡，讲完一层意思再讲另一层意思时，衔接处要有过渡词语。词语的排序也是如此，先说什么，后说什么，有约定俗成的规律，同学们在作文时遵循这些规律，话就会写得通畅。2. 语意连贯。首先是语意上的连贯。这就要求同学们做到三点：一是保持前后话题统一，不随意转换。二是表述的角度要一致。一般来说，空间角度、时间角度、人称角度只有在前后句子中保持一致，才能做到顺理成章，文意连贯。魏巍在《我的老师》中大多数场合称蔡芸芝为“她”，但也有改称“你”的。改称是出于抒情。3. 注意分寸。汉语中有大量词语，这些词语在描绘事物时在范围、数量、程度、褒贬上都存在着差别，同学们若能敏锐地感觉到这些差别，在遣词造句时表现出精确的分寸感，运用得体，将有利于把自己的认识表达得精妙确切。如历史剧《屈原》中婵娟有句台词：“宋玉，我特别地恨你，你辜负了先生的教训，你是没有骨气的文人！”编剧郭沫若先生总觉得骂得不够味儿，演员张逸生说，“你是没有骨气的文人”不如改成“你这没有骨气的文人”，改后一读，婵娟的愤恨之情溢于言表，郭沫若欣然接受。4. 把握韵律。汉语有音调上的变化，还有单音词、双音词、多音词及语句形式上的变化。这些变化，会形成自然的节奏，从而产生韵律感。例如：我们说“又唱歌又跳舞”或“又唱又跳”，而不会说“又唱歌又跳”或“又唱又跳舞”。这种形式上的匀称感和语调上的协调感运用在写作中，也有助于同学们将文章写得文从字顺。

如何做到有文采呢？可以从以下几点做起：1. 用词要准确、贴切，富于变化，增强语言的表达之美。我们描写事物时，最贴切形象的词语往往只有一个，写作时要把它找出来。比如“春风又绿江南岸”中的“绿”；“红杏枝头春意闹”中的“闹”字，这些都是炼字的典范。2. 多用四字词语，两两相对，形成语言匀称和谐之美。如一考生作文：“我们既需要装束美丽的黄鹂，也需要好高骛远的苍鹰。既需要埋头苦干的老黄牛，也需要昂首疾驰的千里马。只有这样，我们才能早创旷世伟业。”其中四字词语成对使用，结构匀称，音韵和谐，节奏整齐，给人一种美的享受。3. 运用叠词，加强语意，表现语言节奏之美。如李清照的词“寻寻觅觅、冷冷清清……”还有朱自清的《春》中：“嫩嫩的，绿绿的”及“欣欣然”。这些叠词的使用，使文章富有音韵美，富有节奏感。4. 适当运用文言词语，形成一种庄重典雅之美。比如汪曾祺的《端午的鸭蛋》：“腌蛋以高邮为佳，颜色细而油多，高文端公最喜食之。”文白夹杂，凝练而典雅。5. 适当运用口语，俗中见奇，使语言呈现出淳朴之美。如琦君的《春酒》：“已经不知舔了多少指甲缝的八宝酒了。”6. 巧用幽默风趣语句，给文章增添几分活泼而又含蓄之美。如“中国有了不起的吃文化：吃蛇、吃猫、吃鼠，也吃河豚，这总还与人体的消化器官有关。但也有‘吃黄牌’‘吃官司’‘吃一刀’‘吃不消’碰上就倒霉；‘秀色可餐’，人美、景美，赏心悦目，以‘餐’代之，清丽可人，要是译成外语，岂不吓坏了我们的少男少女？”7. 引用名言佳句，增强文章的理性升华之美。写作中如能对名言佳句信手拈来，贴切运用，将会收到以少胜多，令人回味无穷的艺术效果。同时显出作者知识涉猎的广泛。8. 综合运用整句与散句，形成一种整齐、错落之美。如一考生作文《感情与认知》：“炎炎夏日，酷暑难耐，一阵凉风袭来，顿觉凉爽许多。感情正如这丝丝凉风，为我们平添些许凉意。但这风中也会有一点点尘土，虽然一般不会给我们造成太大的麻烦，但一旦进入我们眼中，就会使我们痛痒难耐，流泪不止。”将整句散句、长句短句结合运用，常会给人一种气势贯通，挥洒自如，错落有致，节奏铿锵的感受。9. 注意句式的变换，形成一种新奇夺目之美。句式有多种多样，可不少同学惯用陈述句表达，使文章显得呆板，没有生气，乏味、单调。如果作文时，一会儿陈述句，一会儿疑问句，一会儿祈使句，一会儿感叹句，就能更好地表情达意。必要时也可用倒装句等使文章出现一种新奇夺目之美。

六、百花齐放满园春——表达灵活多样

文章的表达是很宽泛的概念，下面是考场作文中常见的表达技巧，主要有以下几个方面：

1. 表达方式有记叙、描写、抒情、议论、说明五种。一般来说，中考考场作文以其中的一种表达方式为主，然后综合运用其他表达方式。例如：记叙文体一般和描写结合在一起，同时文字中也要暗含抒情，也可以结合议论来表达记叙的意义与启示等。

2. 表现手法。常见的有：托物言志、借物喻人、直抒胸臆、对比、衬托、卒章显志、象征、用典、虚实结合、侧面描写、正面描写等。选用什么样的表现手法要根据文章的内容和中心来选定，可以以一种为主，其他手法兼而用之。

3. 修辞手法。修辞是初中学生在写作中普遍使用的表达技巧，合理恰当的修辞可以使文章增色许多，也是学生作文最容易运用的。下面就修辞手法举一些具体的例句加以说明：(1)排比式比喻。如：“诚信如春天第一缕阳光，令人向往，敞开胸怀去接受；如夏天的一块西瓜，含在口中，甜到心里；如秋天远方飘来的一片火红的枫叶，勾起无限牵挂；如冬天漫天飘飞的雪花，永远那么纯洁。”从例句看，行文过程中构建排比式比喻，可以形成破竹之气势，让读者在整齐的句式中去细细品味。小作者深悟了这一方法：将“诚信”比作“春天第一缕阳光”“夏天的一块西瓜”“秋天远方飘来的一片火红的枫叶”和“冬天漫天飘飞的雪花”，以四季中最具代表性的事物为喻，视点独特。但作者并没有只停留在一个简单的博喻的层面上，而是在每一个比喻后面又添加了一句表达效果特别好的语言,如“敞开胸怀去接受”。这样就把作者对诚信的喜爱之情写了出来。②感悟式比喻。我们很多同学是能够运用比喻的,但更多的是将比喻写完后就没有再去关照它了。其实能写一个或几个比喻还只是表情达意的一半,那另一半就是在每个比喻后还要进行一番“感悟”,或者说是将这个比喻的具体内含挖掘出来,或是通过这个比喻能够感悟出更深的人生哲理。如:“真诚是头顶上闪烁的星星,也许你不能因此而否定她的存在。没有了真诚的人生,就如没有了星星的夜晚一样乏味。”从例句看,这是第一种形式:只有一个比喻,然后再感悟。先将“真诚”比喻成“闪烁的星星”,这一比喻已经是够新颖的了。作者的高明之处在于后面的感悟非常深刻:头顶上的星星离我们较远,但我们不能因此而否定它的存在,意即我们不能没有“真诚”,否则“没有了真诚的人生,就如同没有了星星的夜晚一样乏味”,又回到这个比喻上来,从而使语言前后照应,具有一种美感,读来是一种享受。③设问式比喻。先用一个设问句提出问题,然后再用一个或一组比喻来回答前面提出的问题。这是使用比喻的一种常见方式。特别是用一组比喻来构成排比或构成一个博喻,并让每一个比喻句分别独立成段时,其气势,其形式,其效果,的确令人称赞。如:“诚信是什么?活泼好动的孩子说诚信是两根纤小的手指,拉过钩儿就永不反悔;风华正茂的小伙子说诚信是一张精致的信用卡,是不能透支的诺言;耄耋之年的老人说诚信是一本厚厚的日记,是一张不容背叛的人生契约。”从例文看,作者先提出“诚信是什么”这个问题,然后从小孩、小伙子和老人这三个不同年龄特征、不同人生阅历的人的回答中让读者体会什么是“诚信”。小孩把“诚信”比喻成“两根纤小的手指”,并认为“诚信”就是“拉过钩儿就永不反悔”;小伙子把“诚信”比喻成“一张精致的信用卡”,并认为“诚信”是“不能透支的诺言”;老人则把“诚信”比喻成“一本厚厚的日记”,认为“诚信”是“一张不容背叛的人生契约”。到此“诚信是什么”这个问题得到了解决,且显得令人信服,感人至深。(2)排比的技巧:①排比起兴法。譬如:“如果我是米洛斯的维纳斯我决不舍弃‘美貌’;如果我是古希腊的柏拉图我决不舍弃‘才学’;如果我是威尼斯的夏洛克我决不舍弃‘金钱’……如果我只是我自己,那么我决不会放弃‘诚信’。”这里先假设自己是米洛斯、柏拉图和夏洛克,而决不会舍弃“美貌”“才学”和“金钱”,让读者推理,明白其意图:“我”不是上述三人,而是“我自己”;既是“我自己”就决不会放弃“诚信”。正是有了这一起兴式的排比,才将作者的意思在最后表达出来。②排比归纳法。譬如:“正因为有了一诺千金的豪情,才奏出易水送别之歌,诚信——中国侠客永恒的旋律;正因为有了海誓山盟的执着,才唱出了化蝶共舞之歌,诚信——中国情人缠绵的绝唱;正因为有了为民谋福的诺言,才弹出了清正廉洁之歌,诚信——中国清官恪守的定律。”从例句看,先用古代荆轲刺秦王,易水送别的典故推出“诚信”是“中国侠客永恒的旋律”,再用“梁祝化蝶”的典故推出“诚信”是“中国情人缠绵的绝唱”，最后再用现代社会中焦裕禄、孔繁森等清官的事例得出“诚信”是“中国清官恪守的定律”。由此可推论：“无论是古代社会还是现代社会，‘诚信’都是人们必不可少的思想品德。”这就是归纳法在排比中的运用。③九曲回环法。譬如：“因为他跟我以前和以后的老师一样，都是在我自卑的时候，对我说鼓励的话语，在我犯了错误的时候，细心地指出并帮我改正的良师；都是在我孤独的时候，与我促膝长谈，帮我走出困惑的挚友；在我无助的时候，伸出温暖的援助之手，让我重新振作的益友；都是在我失败的时候，耐心地安慰我，在我成功之时，与我一起分享成功的喜悦的严父慈母……”从例句看，是写一位山村语文老师对“我”的教育和影响。作者将老师比作“良师”“挚友”“益友”和“严父慈母”，并以此作为排比的基础，这还不是新奇的地方。作者的高明之处是分别在“良师”“挚友”“益友”和“严父慈母”的前面加上了句式大致一致的小排比，而不是简单的排比。这就如同九曲回环，内容丰富而情趣盎然，形式多变而意境深远，如入幽兰之室，其香盈袖，三日不绝。④他山之石法。譬如：“文夏是夏天里出生的，性冷不怕热。她恋着夏的热情与流火。她喜欢那‘接天莲叶无穷碧，映日荷花别样红’的淡雅；她喜欢那‘点水蜻蜓款款飞’的闲情逸致；也亲自领略过‘稻花香里说丰年，听取蛙声一片’的惬意。”从例句看，写“文夏”喜欢夏天的热情与流火，是通过三句诗来体现的。其写作手法多变，分别用“淡雅”“闲情逸致”和“惬意”来传达作者的情感，恰当而有创新意味。这些地方足以体现作者驾驭语言的能力之强，表情达意的技巧之精，都是我们学习的地方。(3)问句的技巧：①反问。运用反问句式，可以加强表达的肯定语气。譬如：“‘茄子不开虚花，小孩子不说假话。’难道我们大人还不如小孩子吗？的确，我们从‘人之初，性本善’的童年所带来的那份淳朴的诚实，应该好好把握，怎能任岁月‘雨打风吹去’，而洗掉了诚实的本色呢？”这段文字，先用“难道……吗”的反问句式，再加上彭总的那句称赞小孩子“诚信”“诚实”的话，表明我们大人确实应该比小孩子更要讲“诚信”；再用“怎能……呢”的句式进一步强调我们不论在什么情况下都应守住自己“诚信”的大门。整段话读来意味无穷，全仗两个反问句的表达效果。②设问。设问也是一种增强语言表达效果的修辞方法，如果使用得当，也会收到非常好的表达效果。譬如：可是，我仍想问，风到底是什么？地理老师镜片下的眼睛闪着睿智的光，他一字一顿地解释着：“风吗，就是高低气压层的不同引起的，……风的种类也可多着呢，有什么热带季风，海洋季风……有的风，带来寒流的讯息，有的风……”噢，原来是这么回事，风是自然的产物，是实实在在的东西，我终于知道风是什么啦！“不全对。”哲学老师脱口而出。我愣了。她接着解释：“风是一种物质，它不依赖于人的意识并能为人的意识所反映。古人言有风婆婆的说法是唯心的……”啊？带着满脑子的问号，我碰到了语文老师。她正品茗吟词呢。啜一口清茶，她略带文化的忧郁，缓缓而道：“风是一种文化，对的，一种文化。在我们这个文明古国，有什么桃花文化，青铜文化，风，也是一种文化。从《诗经》到唐诗宋词，从汉高祖刘邦到李煜、王安石，风无不是一种永恒的文化。譬如，‘大风起兮云飞扬’‘山雨欲来风满楼’，还有‘小楼昨夜又东风’‘春风又绿江南岸’，等等。”哦，我明白了，风还是一种深沉而妙不可言的文化。可是，我不敢再问了，也许，历史老师会说风是一种历史，迎着历史长风……这段文字很有文采，与句子的运用有着很大的关系，语言要简洁，自然应以短句为主，长句则易冗赘拖沓产生语病，但有时出于表意的严谨、周密或抒发某种深沉、庄重之情的需要，易可用长句。在一篇文章里，如果把长句和短句很好地结合起来，往往会使语言错落参差、活泼多变。

从上面这段文字看，先提出“风是什么”这个问题，然后通过地理老师、哲学老师和语文老师三人之口分别说出了“风”这个意象在他们心中的答案。地理老师用纯地理的眼光来分析了“风”的形成原因、种类和相关信息；哲学老师以一个哲学家的口吻阐释了“风”的哲学内涵，读来意味十足；语文老师则用文学家的眼光来品读“风”，把它理解成一种“文化”，并列举了从《诗经》以来许多与“风”相关的诗句，无一处不显示出“风”的文化气氛。最后作者说“不敢再问了”，因为历史老师有历史老师对“风”的理解，化学、物理、生物、外语等老师也会有自己的看法。从而揭示出“答案是丰富多彩的”主题。③连续发问。连续发问如连珠炮，问得你喘不过气来，正是在这种“紧张”的场面中才有一种艺术的力量在召唤，从而恰当地表情达意，产生良好的表达效果。譬如：“诚信是什么？是诚实？是信用？是真诚？是热情？诚信是什么？是幼稚？是青涩？是无能？是愚蠢？一百双眼睛里有一百种诚信，一百个人给我一百种答案。”从上文看，作者深悟连续发问的真谛。两段文字一共使用了十个问句，真是让人应接不暇。先用一个设问“诚信是什么”，按一般的情况，就有可能回答成“诚实”“信用”“真诚”“热情”；但作者的语言富于变化，没有这样做，而是连用了四个连续问，好让读者自己去选，不过这四个选择中的任何一个或几个似乎都可以作为答案。再来看第二个部分，作者也是先设问，但后面供选择的“幼稚”“青涩”“无能”“愚蠢”中却无一个可作问题的答案的。这正是作者的高明，他是从反面来说的，意即如果思考不周，他的答案就会是这四个中的一个或几个，那就错得远了，所以这两段是从正反两方面来解释“诚信”的内涵。

综上所述，一篇文章规范写作，以上六大关键要素请记牢，遵循写作教学规律，重视写作教学实践，努力提高学生写作水平。

（入编《中考复习信息快递——作文阅读》，上海教育出版社，2018 年 3 月）

细节斟酌：考场作文必要环节

对中学生迎接考场作文而言，每一位考生在考前训练时，要善于发现自己作文的闪光点，而学生作文的率真、质朴是一大特色。如果在文章中能体现出：审题准确，结构严谨，内容充实，材料新鲜，文章富有时代气息，注重对外部客观环境和自我内心的深刻体察，语言清新、自然、流畅，行文思路清晰，立意新颖等特色，就是佳作。在最后十几天里，考生还需要注意以下几点：

一、考场作文必要的细节斟酌

1. 适当用小技法。如果是半命题作文，补一个别致、醒目、漂亮、巧妙、赏心悦目的题目；引用精彩的、先声夺人的开头；深远的、积极向上的立意；议论反问式、含蓄余味式、赞美抒情式、哲理深思式、名言点睛式、联想做梦式、决心号召式结尾；名言名句名作的恰当点缀，用景物描写渲染气氛，动人的、细微的感人情节；流畅、优美的语言，富有文采、富有激情的作文总是比质朴平实、不动声色的作文得分更高。可适当采用倒叙、衬托、联想、象征、描写、抒情、以小见大、欲扬先抑、渲染气氛、借景抒情、托物言志、以物喻人的方式结构文章；也可采用适当修辞手法，特别是运用比喻、反复、排比、反问等手法，恰当地运用成语，增添文采。题意要点明，作文必须有很强的“视觉冲击力”，以让阅卷老师在瞬间被它吸引，被它打动，“犹抱琵琶半遮面”，太曲折，太含蓄，是中考作文的大忌。

2. 恰当选择文体。中考作文对文体没有限制，但是一旦选定了某种文体，就要显示出这种文体的特点，即写什么像什么，而不是写成非驴非马的“四不像”。写记叙文，最好选两三个事例，从不同角度来诠释，选材不能太陈旧老套，选最拿手的题材、好故事。写议论文要有自己的感悟和体验，可以事例服人，以真情阐发观点，空喊口号、发议论是不行的，要有自己的见解。写散文可用飞扬的文字，优美的语言，充分地展示情思，文字是心灵的流露，你可以写你张扬的个性，特有的朝气，蓬勃的激情，多彩的青春，但要避免空洞和松散。忌文体“大拼盘”，不能“议论不够记叙补，记叙不够寓言补”。不要写病历、话剧、合同书、诊断书、实验报告、鬼神魔幻、网络文学等，阅卷老师特别烦。

3. 立意要深远。考生不论写什么文章立意要力求新颖，体现深度，有独特之处，展示新时代中学生健康、阳光、积极、向上的一面，充满自信，既要张扬个性，又要崇尚正义。立意还要高一些，从我的人生感悟来写，学校的师生情、同学意，家庭的父爱母疼都可以入题。格调要高一些，文章要平实，不是平庸，更不可低俗和消极。命题注重“写生活”，就是引导学生关心世情与时序之发展变化，做生活的主人，心怀天下、放眼世界，学会观察、体验、思考、审辩、批判，学会发现、探索和创造，情感滋养其间，思想孕育其中，这才是顺应时代发展的正道。

4. 结构要紧凑。好的结构还应该伸缩自由驾驭自如，结构要板块清晰，一目了然，不能信马由缰、杂乱无章，阅卷老师在高速阅读的情况下，希望能在很短的时间内看清作者的思路，看清全文的布局安排，阅读一个段落，要能迅速看出这一段写什么，段和段之间是否界限分明。如果看不清段和段之间的联系，不可能打高分，要在醒目处显示你清晰的构思，把用于点题的几个语句以独立成段的形式表达，或者用小标题的方式显现，这应该是最清晰的一种结构方式。学会分段，最忌老三段，以 5—7 段为宜。用题目做每段的引子，或者加个副标题，顺势写出几个具体的内容。采用小标题的形式，但全文内部结构要紧凑，形成整体框架；段落之间可以并列方式出现，但主题要鲜明，中心要突出，每个段落之间要有内在的逻辑关系，能够通顺流畅地表达内心的认识和想法。

5. 构思要巧妙。可以用“纵向构思”的方法，如：写“感动（或震撼）”主题的文章，我们可以沿着这样的线索思考：让我“感动（或震撼）”的情景——“感动（或震撼）”的感受——“感动（或震撼）”的缘由——这种“感动（或震撼）”让我产生的变化。也可以用“剥笋法”：即一层一层地写，直到最本质的层面，“非感受得比较深刻不写”。还要抓住“描写”要素才生动，加上了心理描写、景物描写，一下子就生动多了。

6. 选材要新颖。确定好了文章的构思，就要注意选材这一步了，要清楚选材的基本要求。“真实”是作文选材的基本要求之一，唯有真实的经历，真挚的情感才能打动读者，增强感染力。“精巧”也很重要，应学会选择小材料，反映大主题，以小见大。“新颖”不可忽视，只有选择“人无我有，人有我优”的新颖材料，才能给人审美的愉悦，才能给人全新的启示。每年阅卷，尽量不要再让李白、苏轼、李清照、陶渊明、居里夫人、海伦·凯勒忙得不亦乐乎了。即使还不想让他们从你的作文中下岗，也要让他们忙出点新意来。材料要有序，要协调，要灵活，不能古今中外一把抓，历史现实要过渡，别人自己有衔接。特别提醒：写你最熟悉的最动情的，真的就是新的；尽管“拿古人说事”不断遭到批评，但文化名人、诗词歌赋、艺术经典还是较受欢迎。阅卷中，看图说话、扩写材料、模仿置换又没有文采的属套作。选择“典型”材料可以达到“窥一斑而知全豹”的好处。“深刻”的材料往往能给人以不尽的思索，强烈的震撼。

7. 精心写开头。考生往往出现作文开头冗长，入题太慢，语言平庸，缺乏感情，平铺直叙，没有悬念，格式单一，缺乏亮点等问题。要有精彩的开头，当然由于时间与篇幅的限制，考场作文的开头讲究简洁、生动、优美，可选用如下方式：①开门见山，直奔主题，这种写法干脆利落，入题快捷，不枝不蔓，所以应为考场作文开头的首选方法，应简洁明快，不宜过长，不超过 5 行。②扣题设悬念，引人入胜，要精雕细刻；③提出问题，引人注意，巧述故事，揭示主旨，或巧用诗文显诗意。④美文开篇，可以吸引读者，提升内涵，避免生硬、错误的引用，要紧扣中心，使文章生动华美，情感充沛，句式整齐，尽显才情。⑤景物渲染，抓住细节特征，能突出环境，渲染气氛，为人物和情节做铺垫，感染读者。注意不必面面俱到，入题要快。

8. 精彩的结尾。与开头要相呼应，产生一种首尾圆合、浑然一体的感觉，行文才可完整，能唤起阅卷老师心理上的美感。考生易犯的毛病有：①画蛇添足。②空喊口号。③拖泥带水。写好结尾和过渡段，结尾可画龙点睛，发人深省；或总结全文，照应开头；或虚笔拓展，扩大容量；或精辟议论，深化主旨。

9. 要反复扣题。行文中要多次扣题，要一路扣题一路歌，扣题扣题再扣题，要在关键处或醒目处点题，点题的方法：可以用标题点题；在开头点题；用题记点题；用小标题点题；独立成段点题；用段首句点题；在论证分析时点题；在结尾处点题；用后记的形式点题。一般情况下，在开头三句话内应点题一次，结尾应回扣标题，中间至少扣题一次，几次扣题事实上也是在不断地提醒自己不要跑题，也可以调整思路和写法，但不能跨度太大，显得文脉不流畅。

10. 要学会描写。学生写作记叙文常出现的三类通病：一是用平淡的叙述代替描写。二是分不清叙述和描写，抓不住重点，不清楚哪儿该叙述，哪儿该描写，结果叙述与描写掺杂到一起，写成流水账。三是不会设计情节，通篇平铺直叙，情节发展毫无变化。要想使自己的文章生动形象，就必须克服这三种缺点。建议从以下几点进行修改：注意确定一个主题，设计一个情节，描写一个场面，选取典型事例刻画人物。可把曾经有过的情景，有过的感情放到一个事情上来写。注意详略安排，注意何处用叙述，何处用描写，学会细致描写，如环境的烘托、语言描写、神态描写、动作描写、心理描写。

11. 要重视卷面。“字乃文之衣冠”，书写的质量直接影响着考生作文的得分，文如其人，卷面是留给阅卷老师的第一印象，一部分考生在行文中病句、错别字较多，勾画、涂抹现象严重，读起来词不达意，书写潦草，你就要失去不仅仅是 5 分了，隐性失分不可估量。“未完篇”有三种情况：一是明显没有结尾，二是最后一句话明显没有写完，三是最后没有句号，让人不知道是否结束，这是硬伤，扣分没商量，正确使用标点，注意行首行末，不能一逗到底。

提醒广大考生，从应考技巧来看，当面对考题时，拒绝第一种构思，拒绝一般化的素材，拒绝一贯性的角度，拒绝一览无余的语言。以上所说，希望对考场作文会有所启示，想出奇制胜，就要超乎寻常。

二、考场作文必须的有效对策

考生要写出充满正气的力作，除了饱含激情和真情去行文，还要文气充沛，有自己独特的个性风格，方可略胜一筹。当然要注意以下几点：

1. 规范平时演练，强化文体意识。文体不限，不是不要文体，写作时文体应十分鲜明，记叙文就是记叙文，就必须是写人叙事为主的文章，要用人物言行来写人叙事，刻画人物形象；议论文就是议论文，就必须摆事实讲道理，突出的是议论性，就必须阐明自己主张什么，反对什么。要进行严格的文体写作训练，对相应文体的具体手法多加练习，教师要指导学生写好记叙文，会写议论文，学生也要扬长避短，写自己最擅长的、最容易写好的文体。

2. 加强题目审读，强化审题意识。要分析提示语与题目之间的具体联系，要推敲题目中的每个字词的含义，分析题目中词语与词语之间的联系，弄清题目所提供的写作要求与范围，指导学生给题目以必要的限制，缩小写作的范围。

3. 关注社会生活，加强素材积累。中考作文阅卷时间紧、强度大，考生要使自己的作文脱颖而出，必须要有亮点，在选材上一定要新颖独到。要引导学生关注学校、家庭、社会生活，捕捉生活中的真、善、美，养成随时积累写作素材的好习惯，学会观察身边的人和事，思考身边的人和事，表达好身边的人和事，要对生活现象有条理地做出正确的评价。

4. 精选优秀文章，借鉴写作表达。精选课文、时文、美文，让学生进行评点分析，借此学会从平常的生活中，从看似平淡无奇、无话可说、无事可写的材料中，发现最熟悉和最动情的材料。同时，体悟优秀文章在语言表达上的精妙之处，作为写作借鉴。

5. 加强语言训练，提高表达水平。要对学生的语言表达能力进行分层次的训练，平时要加强对优美词句的积累，鼓励学生背诵经典名篇，对文章中生动的、有意蕴的语句多加揣摩，对学生进行表达技巧的指导，多让学生自己动手修改作文。

从写作素养观看，“写生活”观视野下的作文命题，首先检测的是考生的“语言建构与运用”“思维发展与提升”这两个核心素养。思想源于生活，恰如木之于本，水之于源，从纷繁复杂的生活现象中，引领学生观察世相，体悟人生，审视自然，从而磨砺思想，指点江山，激扬文字，面向火热的生活，抒写自己的感想和思考，一样是有深远意义的。

（2018 年 7 月 28 日，在“国培计划（2017）”——乡村教师培训团队研修项目讲座的文稿）

开卷有益：打开“八宝”礼盒

就要中考了，相信考生和家长都知道考试的紧迫性，请中考学子打开有益的礼盒，读过也许有所收获。

一、要抓住易得分点

古诗文中的名句名篇的识记和默写最容易得分，考查的形式一般为记忆性默写、理解性默写。近两年对整首诗的默写弱化，但考生应在理解其内容意蕴的基础上，准确无误地背会，落实在试卷上就要一字不差地写对。文言文字词解释、句子翻译应该全拿满分，但是有些考生书写不工整，乱涂乱划，错别字严重，很容易丢分。题型示例首次出现以判断对应关系的选择形式考查多部名著阅读的理解与掌握，要熟练掌握《纲要》规定的课外读物的基本内容和相关常识，对于大多数考生仍然是要夯实基础，要抓住古诗词、文言文、名著这三个易得分点。

二、要瞄准考纲变化点

每年中考考查学生语文基本知识和能力，突出九年制义务教育的基础性，与“核心素养”概念相呼应，考查内容的基本性将更加凸显。以下几点需注意：1. 体会和推敲重要词、句、段在语言环境中的意义和作用，在实际考试命题过程，体会和推敲意义和作用的不仅有词、句，也有段落，这里也隐藏着一个重要的命题导向。2. 考查学生对自然、社会和人生的正确认识和表达思想的能力，强调人和自然、社会的和谐相处。这是考试命题立意的重要导向，命题会进一步突出“立德树人”“梦想人生”“美丽中国”等核心价值。3. 了解常用的修辞手法，体会文中常见修辞手法的表达效果，更加全面、准确地阐释了修辞考试命题的范围。在实际考试命题过程中，修辞考试的命题通常有三个层次，一是识别，二是分析表达效果，三是应用。4. 关注试题创新性，根据安徽省语文中考命题“稳中求新”的原则，在有些题目的命制上一改传统题型，大胆创新，达到很好的检测效果。例如，某试卷中出现微信“面对面”建群的文字表述题。这些题结合生活考查学生的综合素养能力，把语文课程资源与生活对接，有利于引导学生在生活中学语文。

三、要注重综合性灵活点

安徽省语文试题注重考查语文基础知识和基本素养及在具体的语言环境中学生实际运用语言的能力。如“语文积累与综合运用”板块中，所选的材料或为名篇名著，或是命题者特意为中考精心设计的以学生学习生活为中心的语段，其文句优美，修辞精彩，同样具有很强的文学性。给汉字注音、解释词语等，这些试题是中考常考点。而综合运用题命题形式为一个材料下设有多个问题,综合考查考生的字音字形、结合语境解释词义、关联词的使用、正确使用标点符号、名著阅读、古诗文默写、语序的调整以及句子的仿写、修辞手法等诸多方面的能力,题目灵活,多有变化,突出了安徽中考命题综合性、灵活性的特点。

四、要防止阅读易丢分点

现代文阅读所选文章,都是语言优美、感情真挚、脍炙人口的美文。考生在阅读和答题中,要注重对文本深度阅读,强调整体感知内容,着眼语言品味,这使得中考试题中记叙文阅读的文学性特征格外突出,尤其是当代名家的散文,备受我省命题专家的青睐。如现代文阅读是议论文,则注重对学生运用能力的考查,涉及的考点主要有:1. 梳理文章的思路,把握文章的主要内容。如:阅读(一)中的第5题:"围绕'人生境界'这一论题,本文论述的中心论点是________;从________、________、________三个方面进行了阐述。"2. 论证方法的判断及其作用阐述。如:阅读第四段:"画线部分主要运用了哪一种论证方法?有何作用?"3. 理解重点词语在具体语境中的含义及作用等。考生都要清楚明了,这些题型都不难,但要防止阅读易丢分点。

五、要掌握中考的必考点

了解中考试题的必考考点,才能有针对性的提高成绩,如文言文阅读基础考查是必考点,阅读材料为一篇课内和一篇课外,在"阅读浅易文言文,能借助注释和工具书理解基本内容"的考点要求下,注重在积累、识记、理解的感性层面和思考、分析、综合的理性层面设题。除了对理解词语含义、翻译句子、概括选文大意这类基础知识、能力的常规考查外,还加强了对两篇文章(或语段)的比较阅读,如"结合【甲】【乙】两文,论述宋濂在读书上有哪些品质值得借鉴?"比较阅读是安徽中考文言文阅读考查的趋势,课文文言文的实词解释题,只要课内掌握了,对课外篇目中实词的考查只是课内的延伸,联系课内学过的方法即可,备考时仍需注重课内文言文实词的积累和记忆。

六、要突破作文的困难点

在作文的命题上越来越贴近时代生活,贴近学生实际,逐年加重体现时代精神,关注社会热点,凸显时代主题,关注传统文化的当代价值和未来价值。安徽省中考作文设计在写作中适当增加阅读的元素,中考应该还会是语段助读+命题或半命题形式的作文。作文不设审题障碍,考查考生基本表达能力,有效地检测了学生的真实写作水平。

近年来作文题都倾向于关注学生的心灵、学生的成长,基本上做到了让每个学生都有话可说,但是要想把作文写好也不是件容易的事。

如作文题:阅读下面文字,按要求作文。现代生活,离不开各种导航。迷失道路时,我们用手机导航,选择最佳路线,准确寻找到目的地;浏览网页时,我们用网站导航,获取海量资讯，快速地找到自己想要的商品；困顿迷途时，我们需要用爱来导航，有亲情相伴不惧风雨寒霜；孤独无助时，我们需要用友谊来导航，友情相助自会勇毅刚强……

请以"迷途时，我用________导航"为题，结合自己的生活体验，写一篇文章。

这个题目引导学生关注自然、社会和人生，有自己的独特感受和真切体验，写真情实感，真正触及对生活与人生的体验与感悟；有目的地选择合适的写作材料，依据中心，组织材料，合理安排文章结构，恰当选用表达方式，力求有创意地表达。根据需要，运用修辞方法表情达意，运用联想与想象丰富表达内容。但是很多考生在审题上的能力尚需训练。"梦想""信念""勇气""亲情""爱""友谊"……到底哪一个是自己在"迷途时"最能给予自己帮助，并引导自己走出困境的，需要根据自身情况予以选择。只有写出最真切的经历，最动人的细节，最能够引发共鸣的情感……把这些"最"写出来，才能写出一篇好文章。内容选择友情、亲情的话题较多，此类话题学生熟悉，便于把握和发挥，不会跑题。也正是因为如此，使得很多作文内容千篇一律，类似"我用诗词导航""我用阅读导航"等富有新意的作文相对较少。选材上，大多学生能关注自己的生活，多以学习生活和家庭生活为主要内容。但是在写作技巧的运用上还有很多不足之处。例如在写作方法上叙事的顺序较为单一，语言表达上修辞手法的使用意识不强，生动活泼的文章相对较少。虽然老师大多强调过开头、结尾的重要性，但是随意开头、结尾的作文，依然不少。不仅要让学生有话可说，有事可写，还应该指导学生"把话说好""把事写好"。最后提醒考生写作时思想要正确，思路要清楚，选材要贴近生活实际，文章要写出真情实感，还要写出有新意的文章。

七、要找自己的提分点

考生冲刺前既要有一个整体的知识框架，又要个性化的复习策略，系统地把安徽省试题及参考答案进行条分缕析的解剖，从而明确各类题型答题的技巧、思路和要点，在做题时避免乱答、漏答等现象，提高得分率。每一个考生在古诗文默写和文言文阅读中减少失误，杜绝错字、漏字、别字等现象，牢牢掌控语文考试中比较容易得分或最应该得分的地方，篇篇过关。当然对于程度较好的学生更不应该出错，增强答题的规范性。

八、要减少低级失误点

老师们在网上阅卷中发现了很多不规范的答题情况，答题超出指定区域、字迹潦草、涂抹严重、选考题题号与作答不符。答案不分层次，写了半天还没入主题，结果不得分；答案分块问题，有的学生答案布局不合理，内容分成了几块，容易导致阅卷教师漏阅得分点。答案不分层次的问题主要在主观试题上，不少考生答题时，没有层次，一口气写了一大段，让阅卷老师很难查找知识点，等等，类似的丢分实在不应该。考生必须规范答题，卷面整洁，书写工整，字迹清晰；在规定的答题区域答题，否则是做无用功；表述是要根据分值思考要点，尽量细分，用分号或①②③④等符号清楚表述；语言要简洁，答中要害。对于一道有多个采分点的试题，作答时要尽可能做到有层次，这样能让阅卷老师感觉到该考生思路是清晰的，便于得高分。

毋庸置疑，无论中考或是高考，一个不可忽视的发展态势是得语文者得天下，从语文学科的数据分析中和阅卷的总结中，语文中考提升空间很大，希望毕业班的语文老师务实，在后期有限的时间内，精准施策，精确发力，扬长避短，高效高质完成最后的复习。

（发表在《市场星报》，2018 年 6 月 4 日）

不可或缺：谈中考应用文写作

应用文教学是初中语文教学不可或缺的内容，对学生的生活和未来有着重要作用，怎样教学生写应用文？此类专题研究很少，对教学中存在的问题值得探究。因此，我们开展应用文教学情况问卷调查，分别设计了教师、学生两份问卷，是为了更确切地了解当前应用文写作的教学现状，知晓师生对该课程的一些真实意见和想法，从而为应用文写作教学提供思路和方向。

应用文教学存在的问题不少，教师受传统观念影响重文学轻应用文；教材的编写不够重视，选编内容篇目过少；相关教学内容较模糊和随意，教学方法陈旧且混乱；应用文教学停留在了解基本常识，缺乏写作指导；文体固化、枯燥训练，应试现象严重，特别是应用文写作的方法指导很缺乏，网络和手机的普及更是让书信这种最常见的应用文离我们越来越远，我们的学生连请假条都不会写了，教师连借条教学也出差错。笔者认为无论是应用文还是文学作品都应该按照语文教学规律去做，教什么、怎么教都应符合语文阅读教学的规律，应用文写作教学不可或缺，亟待寻找应用文写作的应对策略，给广大语文教师的应用文教学指明方向。怎样教学生写应用文，具体要求如下：

一、格式规范，书写正确

应用文写作既是生活中经常遇到的，又是中考的常见考题，笔者分析安徽省近年来的中考语文试题，2011 年考查了“请假条”的知识，2012 年考查了“借条”的写作，2016 年考查了“倡议书”的内容，都是比较短小的应用文，这与新课标要求考生能够“根据生活需要，写日常应用文”一致。安徽省中考考纲“写作”第 11 条也明确指出：“写常用应用文，做到格式正确。”常见的应用文包括邀请函、通知、申请书、留言条、倡议书、收条、借条、请假条、感谢信、表扬信、短信息、日记、寻物启事、招领启事、志愿书、书信、演讲稿、说明书、计划、总结等。高中阶段，由于研究性学习方式的需要，还要突出研究方案、调查报告、专题研究总结、产品推介书等应用文的教学。因此，强化格式规范书写势在必行。

这些常用应用文的格式有共同的地方，我们通过一张表格对应用文的标题、称谓、正文、祝颂语、署名、日期进行比较，一般应用文写作的格式要求如下：

格式\类型	书信	倡议书	申请书	通知	启事	留言条	请假条	借条	邀请函
标题	×	√	√	√	√	√	√	√	√
称谓	√	☆	√	☆	×	√	√	×	√
正文	√	√	√	√	√	√	√	√	√
祝颂语	√	×	√	×	×	×	√	×	×
署名	√	√	√	√	√	√	√	√	√
日期	√	√	√	√	√	√	√	√	√

规范的格式、符合不同类型文体的要求和得体的语言正是应用文写作的三个基本点。应用文写作首先要做到格式正确，再强化训练。教给学生常见应用文一般格式名称及写法要求，然后再出示常用应用文格式异同比较表，这样十分具体明确，又一目了然。学生懂得了道理，了解了规律，实践起来就会心明眼亮，事半功倍。

二、技法指导，落实到位

对应用文写作的内容、结构、语言、表达等进行具体写作技法指导，比如在教授手机短信息的写作时，在讲清楚手机短信的内涵与特点之后，提供经典范例，出示了一组致语文老师的短信，这些短信巧妙地借用了一些文学语言来表达自己对语文老师严格要求的理解、精心培育的感激之情。例如，通知的一般写作格式是：第一行居中写“通知”二字。第二行顶格写被通知方的名称，加冒号（有时可省略）。另起一行空两格写正文。开会的通知要写清开会的时间、地点、参加会议的对象以及开什么会，还要写清要求。布置工作的通知，要写清所通知事件的目的、意义以及具体要求和做法。在本题中只要写清参加开园仪式的对象、时间、地点即可。落款分两行写在正文右下方，一行署名，一行写日期。老师和学生一起认真研究写作技法，让学生明白想要写好手机短信，需要精心构筑语言材料、巧妙选用修辞方式、善于把握风格特征，方法灵活多样。

三、实战演练，强化训练

应用文“一看就懂，一写就错”的现象，教学时必须实战演练，强化对学生的训练。例如：写招领启事，材料：××旅行社于5月22日上午在报名大厅拾得里奥纳多黑色男士皮包一个，内有三星盖世4手机一部，卡西欧手表一块，人民币1240元，交行太平洋信用卡一张。请你为该旅行社写一份招领启事。招领启事格式要有标题、正文、署名、日期，在正文中要符合招领启事的要求，对捡到皮包的地点要详写，对皮包内的内容略写，以防冒领。还要写清楚失主如何联系，联系的地点和方式要详写。

应用文写作是一门实践性很强的学科，从不会到会并不是只要掌握其中所谓的写作知识就可以了，想要真正提高学生应用文的写作水平，应以学生作为主体，选择适合他们的素材和喜闻乐见的形式，让学生在学中练、在练中学，通过练习发现学习中的不足，巩固已学的知识，不断提高应用文写作的水平和能力。

四、激发兴趣，灵活多样

应用文写作指导课要激发兴趣，譬如创设一个环环相扣的情境：本班要在学校多媒体教室进行一次演讲比赛，请班长小王拟一份通知张贴在教室的墙壁上；小李的爸爸收到了一位归国好友的请柬，要带他前往会面，所以小李不能参加演讲比赛，只好写了一份请假条交给老师；演讲比赛中，小杨的表现获得了大家的热烈掌声和一致好评，会后他还激动地给在外地的妈妈写了一封 E - mail 叙述了当天的情况；作为宣传委员，小赵记录了演讲比赛的过程；比赛结束后，小黄在多媒体教室弄丢了自己的钥匙，他又写了一份寻物启事。以上的情境分成若干片段，像舞台剧那样由不同的学生表演，每出现一种应用文类别，则进行“画面定格”，由同学评议此篇应用文的得失，如有格式不规范之处，大家共同找出，最后再由老师简单点评、总结。这样的课堂，充满趣味，学生参与性很强，能收到很好的效果。

五、适时渗透，抓住契机

教学应用文时，把应用文写作活用到学生的生活、学习当中。譬如感恩节到了，鼓励学生给自己的父母写信，感谢他们的养育之恩；让学生们就某件事情写微博；为某人写一条祝福短信；组织学生利用节假日进行社会调查，加强社会实践，使学生清楚地认识到应用文与他们将来的工作息息相关。我作为一名语文老师同时又是班主任，就经常依托学校活动、班级活动，布置学生写一些适合的应用文样式。如征集班级口号、组名组训时让学生写通知；开办班报的时候让学生写招聘启事；举办学习雷锋活动时让学生写倡议书；让学生主持班会，相信他对开场白就不会陌生；组织学生学习经验交流，并写总结；举行演讲比赛，让学生对演讲词做一番研究；每一学年结束时，让学生从自己的作文中选出较好的文章，编成《作文自选集》，快毕业时带领学生设计毕业纪念册，让学生写前言、后记；一年一度的运动会就要召开了，可以在班级里征集开幕词；春游后让学生写广播稿；篮球比赛让学生制作宣传海报；参加社团让学生写活动记录；参加夏令营让学生写新闻稿；元旦联欢让学生写节目串词；包饺子比赛让学生写活动方案；配合其他任课老师，比如物理、化学实验后让学生写实验报告。这样把一些常见的应用文写作，融入学生日常生活中，善加引导，学生的应用文写作兴趣和写作能力就会在不知不觉中得到提高。

六、联系生活，学会应用

应用文种类众多：书信、演讲、日记、读书笔记、新闻、书评、影评、海报、请假条、借条、便条、启事、公告、声明、申请书、倡议书、节目串词、广告语、调查报告、前言、后记、年度总结、建议书、推荐信、宣传标语、产品说明书、证明、介绍信、公函，等等，包罗万象。要整理出常见的应用文类型，了解其在生活中的广泛作用，理解应用文写作的必要性。从整体来看，各类书信、公函主要有以下内容：称呼和问候、正文、结束语或祝颂语、落款（包括署名和写作时间）。新闻类作品中消息的写作格式比较明确：标题、电头、导语、主体、背景、结语。演讲稿、建议书等文章要有对象、目的、具体内容，私人书函和专用书函措辞上有很大不同。在日常的教学活动中应用文的读与写往往得不到应有的重视，教学应渗透于教材之中，而不应是一个单独的模块，不排除出于应试的需要，既要将教与学落实在具体的应用文上，又要从各种具体的应用文中概括出一般格式，比如，称谓、问候语、结束语、祝颂语、署名、日期等。既要重视应用文格式的掌握，更要重视应用文写作的效应，避免陷入为格式而格式的教学模式当中，让学生正确地掌握格式，然后把收集来的相关信息，经加工整理后，设置成一个个的问题情境，让学生在问题情境中不断摸索、体验与感悟。

总之，要认识到应用文也是一种“工具性”和“人文性”兼备的文体，应用文写作教学不可或缺，随着时代的发展和进步，应用文教学也不能不与时俱进，教学中要不断探索新思路，让学生的应用文写作更见成效。

（入编《中考复习信息快递——作文阅读》，上海教育出版社，2017 年 3 月）

第四章

文体·备考·点睛

基于核心素养下的命题特点及走向

核心素养是未来教育改革的关键和课程改革的关键,因此,2018 年安徽省中考语文试卷,依据国家课程标准,围绕《2018 年安徽省初中学业水平考试纲要(语文)》(以下简称《纲要》)而命制。《纲要》要求命制试题时凸显出对语文学科核心素养的考查,提高命题质量,减少单纯记忆、机械训练性质的内容,增强与学生生活、社会实际的联系,在全面考查学生基础知识和基本技能的前提下,注重考查学生综合运用所学知识分析问题和解决问题的能力。强化对语文学科核心素养的考查,既有对中华传统美德的弘扬,又有对新时代的核心价值观的弘扬。试卷秉承之前"稳中有变,变中求新"的特点。内容上,依然分为"语文积累与综合运用""阅读""写作"三个板块。没有偏、难、怪、冷的试题,体现了《纲要》中的要求,切合考生实际,可以说 2018 年安徽省语文中考试卷考查了学生的语文综合素养。具体表现在:

一、立足于语言建构与运用的考查

语言建构与运用是语文核心素养的重要组成部分,也是语文素养整体结构的基础。2018 年安徽省中考语文整套试卷都立足于语言的建构与运用,考生必须在已有的语言积累中总结规律,学会在具体的语言环境中运用,凭借语感和语言运用规律有效地完成各项任务。如:第 2 题中的第(3)小题:"适龄公民"中"适"的意思,以选择题形式出现,考生可以凭借语感和选项直接判断。再如:第 2 题中第(4)小题将反问句改为陈述句,也是考查学生的语感知识以及语言表达的规律转换。

值得一提的是今年试卷综合性学习活动所设计的试题,采用"我阅读我朗诵""我阅读我分享""我阅读我创作"三个小板块形式综合考查了语言的建构与运用,考生在具体的诗歌语言环境中,通过已有的语言知识去解决实际的诗歌朗读、欣赏、创作问题。试题设计思路清晰,难度合理,题目新颖,达到很好的考查效果。

二、突出语文思维发展与提升的考查

语言的发展与思维的发展相互依存,相辅相成。语文思维能力的考查主要体现在阅读与表达中。阅读时,通过辨识、分析、比较、归纳和概括基本的语言现象,能够运用基本的语言规律和逻辑规则分析、判别语言,最终达到提升思维能力的目的。写作时,能够准确、清晰、生动,有逻辑性地表达自己的认识。

纵观试卷,突出考查了考生语文思维的能力。如:第 5 题,对四句话思路的判断,体现了《课标》和《纲要》中"梳理文章思路"的能力,这种能力建立在语文整体感知的思维能力上。第7题,考查文段的逻辑规则。第13题,"联系上下文概括发生了哪些变化?"需要考生归纳和概括语言传递的信息等。

语文思维的考查主要体现在作文上。2018年安徽省中考作文题是一道半命题作文,它由"导语+标题+提示语"组成,这不同于以往的半命题作文。以往的半命题作文一般给指定的四个词语,让考生从中选一个词语将标题补充完整,然后再进行写作。而今年虽然也是一道半命题作文,但考生写作的范围广,开放度更大,这样更加有利于广大考生发挥,真正"有话可写"了。在宽泛的写作空间中,真正考查考生的语文思维能力。

学生审题时应紧紧扣住主体对象"我",突出"成长变化"这一过程。构思时要抓住"原来"一词。"原来"的理解包括两个方面:一是"当初未经改变的",二是表示"发现从前不知道的情况"。根据这两个方面作为构思与取材的出发点,适当兼顾"也"与"很"两字,应重点着墨在"补出的词语"作为写作的落脚点。可以围绕自身"内在的转变"。如:品德、品格、品质或情感,也可以围绕自身"认知的转变",发现、重构、提升等。

三、凸显审美鉴赏与创造的考查

审美鉴赏与创造是指学生在语文活动中体验、欣赏、评价、表现和创造美的能力及品质。具体是指考生在试卷中能欣赏、鉴别不同风格的语言,分析其思想情感和语言特点。如第8小题:"请用平实的语言概述雾凇在改善环境方面的作用。"选文是用形象的语言阐述了雾凇在改善环境方面的"净化器""负氧离子发生器""消音器"三方面作用。考生通过不同风格的语言转换,体现了审美的鉴赏与创造这一核心素养。再比如第11题,"揣摩下面句子中加点的词语,品味其表达效果",所选两句都含有修辞,赏析句中富有表现力的词语,通过词语的鉴赏,进而分析作者的思想情感。

这两题都属于语言鉴赏类试题,设计角度不同,但都是围绕审美的鉴赏与创造核心素养来命制的。

四、拓展了文化传承与理解的考查

文化传承与理解是指学生在语文学习中,能继承和理解中华优秀传统文化。安徽省中考一般体现在古诗文的默写和文言文阅读中。今年打破了惯例,古诗文不再是简单机械的给上句写下句和全诗默写,而是加大了理解性默写的比重,从2017年的1分到2018年的4分题,导向非常明确,要求老师教学时要注重传统文化的理解。

文言文的课外选文,也体现出很明确的趋势,2017年所选课外文言文可以看作一句话,而2018年所选的文言文可以看作一段话。趋势也非常明显:文言文的教学和备考要拓展学生的阅读面,在"稳"中也有些变化,如古诗文由以前的"八选六"变成"必填六",略微增加点难度,这就要求考生备考时,要注意记诵的准确性。再比如继续加大课外文言文考查的篇幅，注重学生对文言文的积淀，涵养学生心灵，夯实文化底蕴，打下精神底色，弘扬中华优秀传统文化，真正落实对中华优秀文化的传承和理解。

当然，文化的传承和理解还应包括不同地区、不同国家的文化，因此2018年安徽省语文试卷在名著阅读中考查了贝多芬这一人物，考查的知识点比较细，要求考生要真正阅读外国名著。

纵观2018年安徽省中考语文试卷，体现立德树人的育人任务，提高学生核心素养，培养必备的学科知识、品格和关键能力，促进语文教学重视综合素养的养成，必将会对语文教学产生积极而深远的影响，引领语文学科健康、可持续发展。

（发表在《中学课程辅导》2018年第19期，刊号：CN14—1307G4）

提高中学生记叙文阅读能力

记叙文阅读安徽省每年都会考，而且较强地把握语文学科的特点，尊重学生的认知规律，选文注重文学性，命题关乎人文性，强调整体感知，着眼语言品味，注重阅读欣赏，彰显个性化解读。从近几年各省中考现代文阅读所选文章来看，都是语言优美、感情真挚、脍炙人口的美文，学生无疑会受到美的熏陶。

一、明确三种意识至关重要

中考现代文阅读总体上在逐步淡化文体阅读的具体要求，而注重阅读的综合性考查，要求学生具备一定的综合阅读能力，是指着眼于对阅读材料的整体感知、情感体验、感受领悟以及创造性理解能力的考查。考查学生在阅读过程中的感受、体验、理解和价值取向，从形象、情感、语言、词句理解、文意把握、要点概括、内容探究、作品感受等方面考查学生的阅读方法和阅读习惯，看学生能否多角度、有创意地阅读。考纲从识记、理解、分析综合、表达应用和欣赏评价五种能力的角度，提出语文考试的具体内容要求，确定语文考试要求的层次，提升学生的记叙文阅读能力。

1. 增强考纲意识。注意研究考纲考点，尤其是有变化的地方，记叙文阅读，则要加强字词句段的赏析训练和文本整体意蕴的把握。在训练时要心中有数，对不同的考点，采用不同的策略与方法进行指导，对学生能力薄弱的考点更要深入指导，加强练习。我们对《课标》《考纲》进行分析，再结合平时的教学情况，归纳出记叙文阅读的考点的层次：第一个层次为基本考点10点：①辨识文体，②中心，③详略，④概括内容，⑤人物，⑥记叙文的要素，⑦概括事件，⑧提炼主旨，⑨厘清结构，⑩表达方式。第二个层次是较高考点，也有10点：①理清记叙的顺序：顺叙、倒叙、插叙、补叙。②线索：事物线索、感情线索、叙事线索、人物线索、时间线索、地点线索。③品味语言：先看语言的准确性、生动性、形象性，成语典故的活用，修辞手法的运用等；其次看语言风格，有的朴素自然、有的清新流畅、有的含蓄蕴藉、有的幽默辛辣。④表现手法：夸张、象征、拟人、叙述、描写、抒情、比喻、对比、讽刺。⑤艺术特色赏析。⑥谈感悟及启示。⑦评析重要文段。⑧评析人物的语言。⑨理解具体语境中的词句。⑩分析人物形象。当然，一篇文章涉及的考点不会面面俱到，往往有所侧重，有所选择，点面结合。

2. 强化阅读意识。记叙文复习教学注意引导学生形成三种意识：整体意识、语境意识、反思意识。指导记叙类文章阅读方法，可分三步：第一步，阅读文章，整体感知；通读文本，了解大致脉络、层次，基本内容、主旨，思考并概括主题。第二步，审明题干，明确出处，再找原文相关段落：明白出题者考查的知识点、题型及答题技巧；选准段落，精读、分析、概括。第三步，整体分析，全面作答，分点表述：结合主旨，抓住关键词句，完善答题步骤，用术语分点做答。

3. 要有方法意识。中考记叙类文本阅读复习要探讨方法，于总结中觅方法，在实战中见真功。从2019年4月包河区一模考试记叙文答题情况来看，考生对记叙文阅读的相关知识掌握不牢固，答题也存在不够准确、具体和全面的问题。例如：探究有关描写方法和插叙题型的答题方法；掌握有关描写方法和插叙题型的变式提问及答题思路；注意指导学生学会阅读的方法，结合学生的阅读实践，力求通过方法的熟练运用、有效训练，形成技巧，提升能力。

二、梳理记叙文基本常识

针对这几年中考记叙文考试内容及题型，常考的知识，系统梳理如下：

1. 概念：记叙文是以叙述、描写为主要表达方式，以记人、叙事、写景、状物为主要内容的一种文体。它的主要特点是通过生动的形象事件来反映生活，表达作者的思想感情，文章的中心思想蕴涵在具体材料之中，通过对人、事、物的生动描写来表现。

2. 记叙文的六要素：时间、地点、人物，事件的起因、经过、结果。

3. 记叙文的线索：记叙文的线索是贯穿全文、将材料串联起来的一条主线，它把文章的各个部分联结成一个统一、和谐的有机体。线索确定得恰当，会使文章内容多而不乱，全篇浑然一体。记叙文的线索可以是实物、人物，可以是事件、时间，也可以是作者的思想感情。

4. 叙述的顺序：顺叙、倒叙、插叙。顺叙是按照事件发展的时间先后顺序写。这样写，使文章层次同事件发展过程基本一致。使文章脉络分明，所叙事件交代得清清楚楚、井井有条。倒叙是不完全按照事件发展的自然顺序写，把结局或事件发展过程中某个最突出的情节提到前边来写。使用这种方法，可以尽快地揭示矛盾、展开情节，吸引读者的注意。插叙是指在叙述某一中心事件的过程中，为了帮助展开情节或刻画人物性格，使读者对文章内容有更深入的理解，暂时中断叙事的线索，插入一段与主要情节相关内容的叙述，然后再接着按叙事线索继续叙述。

5. 叙述的人称：第一人称和第三人称，有时也用第二人称。使用第一人称的好处是"我"直接面对读者叙述，能增强文章的真实感和亲切感，缩短双方的距离。使用第三人称的好处是不受时间和空间的限制，能从更多的方面自由地叙述；不受"我"个人听觉和视觉的限制。使用第二人称的好处是像在和作者或者读者进行对话，亲切自然，便于抒发感情。

6. 记叙文的表达方式有五种：叙述、描写、说明、抒情、议论。具体阐述如下：

(1)叙述,是指作者在文章中,对人物、事件和景物不加修饰地把基本情况交代清楚明白,使读者有概括的了解,获得整体的印象。(2)描写,是用形象的语言对人物、事件、环境的形态特征作具体、生动的描绘,使读者对描写的对象获得真切、具体的感受和印象。描写人物可以进行正面描写,也可以进行侧面描写。正面描写包括直接描写人物的外貌、语言、动作、心理、神态等描写内容;间接描写就是通过描写其他人物的言行、心理或者环境来表现主人公。正面描写可有力突出人物的性格特征及作品主题,侧面描写是为了衬托人物某种思想感情或某种性格特征。如《口技》一文多次谈及众宾客的反应,一方面烘托了口技表演者技艺之高超,另一方面也使文章思路清晰,结构严谨。肖像描写主要是交代人物身份、地位,反映人物思想性格等,语言、动作、心理描写主要是表现人物心理、反映人物性格,有的还会推动故事情节的发展。环境描写包括自然环境描写和社会环境描写。自然环境是指自然景观如人物活动的时间、地点、天气、季节等。社会环境是指社会状况或者人物活动的场景。(3)说明,主要是直接说明事物形状、性质、成因、功用等。(4)抒情,作者在作品中抒发由某种媒介触发起来的主观感受和思想感情,以强化某些景象的色彩,或突出人物性格的一种表现手法。表达作者某种强烈的主观感情,起到渲染环境气氛,强调人物性格品质,突出文章中心的作用。引起读者的共鸣,使文章更有感染力。抒情有两种方式:直接抒情(往往直抒胸臆,情感浓烈);间接抒情(借景抒情:通过景物描写,抒发感情)。(5)议论,作者直接在作品中对人物、事件表明自己的态度、情感和评价。在记叙性文体中,议论有两种方式:先叙后议和先议后叙。前者见解独到,令人深思,具有启发性;后者可使读者很快进入对将要叙述的事物的思考,引起读者对下文的注意。在记叙文中,议论不是主要表达方式,它只是在叙述、描写或说明过程中,直接表达作者的某种感受和评价,或者借以抒发胸臆。记叙文中议论的作用主要是为引发读者思考,突出中心,升华主题,起到画龙点睛的作用。

7. 记叙文的表现手法有:象征、托物言志、对比衬托、欲扬先抑、以小见大、联想、设置悬念、借景抒情、渲染、铺垫等。

(1)象征是托物喻义,即通过具体事物(植物、动物、物品)的某种特性,委婉曲折地将作者的感情表达出来。例如:《海燕》是高尔基的名作,很明显,乌云、狂风象征了当时的反动势力,海燕象征了革命先驱,海鸥、海鸭、企鹅象征了革命队伍中的胆小鬼。

(2)托物言志就是借物喻人,是散文中写景状物的重要方法。也就是把所写的景物或景象拟人化,赋予它人的思想情感和志向。我们在观察自然景物时常常会倾注自己的情感、思想和志向,萌发一种表达的欲望,因而会用托物言志的方法去写景状物,这种方法往往能写出感人肺腑的好文章。鲁迅的散文《雪》,通过对“江南的雪”和“朔方的雪”的描写,热情讴歌坚强不屈、勇于抗争的精神,表达了作者在黑暗中勇猛抗争、毫不退却的战斗情怀。

(3)对比衬托,即为了突出所写的对象,作者往往运用对比衬托的写法。《从百草园到三味书屋》中,用百草园无限的趣味和三味书屋的枯燥无味对比,表现百草园的生气勃勃,三味书屋对儿童身心的束缚。汪曾祺《端午的鸭蛋》用苏南、浙江、北京鸭蛋作比较,衬托出家乡鸭蛋的"出名""蛋黄通红"。余秋雨的《信客》写老信客是为了给年轻信客做铺垫,老信客因为裁下一条窄窄的红绸而栽了跟头,衬托年轻信客始终如一,尽职尽责。

(4)欲扬先抑。文似看山不喜平,在散文的创作中有一种"欲擒故纵"的写法,叫欲扬先抑。先否定或贬低事物或人物,尔后深入挖掘事物或人物的特点及内在意义,再对其予以肯定、褒扬,达到歌颂与赞美的目的,而且使这种歌颂与赞美得到强调。例如《阿长与〈山海经〉》,文章一开始就表达出作者对长妈妈的厌烦和不满,厌她啰唆、睡相不好,烦她规矩太多。在读者感觉长妈妈似乎一无是处时,作者笔锋一转,目不识丁的长妈妈,竟然为"我"买来了"我"朝思暮想的《山海经》,"我"全身震悚,满怀感激。这样写更加突出表现了长妈妈带给"我"的感情震撼,使人物形象更加真实可感、鲜明突出。文章情节波澜起伏,给人意外的惊喜和惊叹,给读者留下了深刻的印象。

(5)以小见大。有些散文所写的事物看似平凡细微,却蕴含着深刻的人生哲理。小思的《蝉》一文写的是蝉,如此渺小之物竟聒聒了一个夏天,由此引发了作者对生命的思考:无论生命短暂与否都要好好地活着。席慕蓉在《贝壳》里,从海边小小的贝壳写起,贝壳虽小,可"制作"精致;贝壳里的生命虽短暂,却活得一丝不苟,与贝壳里的生命比起来,我们人的生命更长,更有优越性,因此我们要把事情做得更精致、更仔细。

8. 记叙文的中心,是作者通过叙事、写人、状物所表达出来的某种观点、认识或情感。我们阅读一篇记叙文必须把握它的中心意思,这样才算真正读懂了这篇文章。所以,《大纲》要求能"抓住一段文字的中心","了解课文的思路和中心意思"。要把握记叙文的中心,首先要读懂原文,整体把握文章的内容,只有从宏观上把握全篇,对文章内容了然于胸,才能正确把握文意,领会作者的写作意图,这也是阅读理解的核心和归宿。为此,我们要注意以下几个方面:

(1)分析文章标题。如《背影》《从百草园到三味书屋》,透过它,不难探寻其中心思想;有的题目巧妙地暗示中心,如《走一步,再走一步》,分析其寓意,便可归纳出中心。

(2)研究文章的开头结尾。"开篇点题"与"卒章显志"是写文章常用的手法。抓住这些带有概括性的关键语句,有助于分析归纳中心,是把握文意的一个有效的方法。

(3)分析文章中议论、抒情的语句。一般地说,记叙文中插入议论抒情是为了更鲜明地表现中心思想,增强文章的感染力。因此,抓住文中画龙点睛的议论抒情句,可以很顺利地找到全文的中心。

(4)分析文章层次与人物事件。有些文章的中心意思隐含在人物事件或文章各部分之中，要进行综合归纳，才能准确把握中心。

(5)分析文章中的详写点，研究作者处理详略的意图，探寻文章的中心。文章的详略安排总是服从于表达文章中心的需要的。一般地说，能表现中心的材料，作者是要用笔墨详加叙写的。所以，我们往往可以通过分析作者详写的部分发现并归纳文章的中心。

在表述文章的中心时，可采取以下格式：本文记叙了(描写了、刻画了)……的故事(事迹、经过等)，表现了(赞美了、揭示了、讽刺了、反映了、歌颂了、揭露了、批判了)……的思想(性格、精神)，抒发了作者……的感情。

9. 记叙文中标题的作用，可以从四个方面考虑：内容、主题、线索、设置悬念。(1)吸引读者关注。一篇好文章的题目要能够吸引读者的眼球，让读者看了你的题目会产生遐想，随之饶有兴趣地看下去，如《花儿为什么这样红》。(2)文章主旨的归纳。文章的题目要归纳出文章的主旨，这样才能让别人一目了然你所要表达的中心思想，如《走一步，再走一步》。(3)文章的线索。有的文章，是以文章中最能体现这篇文章所表达的情感、道理的事物来作为文章的题目，读者看完题目后，对文章中这样的事物就会特别关注。(4)概括课文主要内容。这类题目揭示课文所记述的范围，概括了课文的主要内容，如《散步》。

10. 理解词语的含义。需要注意这几点：(1)首先要解释词语本来的含义。(2)其次要找到词语在原文中所出现的位置，解释词语在句中所表达的具体含义。如是代词，要找出其指代的内容。词语的指代内容要联系上下文甚至全篇来理解。应由近及远地搜索，锁定有效阅读区间，搜索词语所表达的信息，信息区一般集中在一个段落或一个段落的某个层次，偶尔也会出现在几个段落中。(3)分析综合。根据词语在句中的含义揭示词语所表达的思想感情。要注意从修辞、感情色彩、词语的搭配、上下文的关联与照应方面去分析其效果。

11. 理解句子的作用。要了解以下几点：首先，要理解句子的含义。理解句子的含义要联系语境，结合词语所在的句子、句子所在的段落，揣摩词、句、段之间的前后联系。其次，分析句子所表达的感情。要准确把握表达的角度，比如主体色彩、语法修辞、语言风格等，还要用准确、精练的语言表述。有些句子还有特定的表达效果，如点明主旨、深化中心、渲染气氛、衬托心情，使文章即使戛然而止，也会言有尽而意无穷等。再次，很多句子在文章结构上也有很重要的作用。如：总领全文、引出下文、承上启下、为下文作铺垫、总结全文。最后，还要注意句子是否使用了修辞、特殊句式等。如比喻使文章形象生动;比拟能启发读者想象,令文章更生动;排比增强气势,对偶整齐匀称,节奏感强,高度概括,易于记忆,有音乐美感等。长句的修辞效果是表意严密、精确、细致,语意贯通,气势磅礴;短句的修辞效果是短小精悍、生动明快、活泼有力、节奏性强,能简明扼要地叙述事实,简洁生动地表现人物、事物的迅速变化,表达人物紧张、激越的情绪或果断、肯定的语气。

12. 怎样说明词语不能替换或删除的理由? 答题方法有:首先,要解释原词语的含义。其次,把原词语带到句中解释该词语在语境中的具体含义。再次,将原词语与更换的词语相比较,可以从词义范围的大小、程度的不同、感情色彩的不同、词语的搭配、上下文的关联与照应方面去分析;还要注意原词语是否运用了修辞,如有要对其效果加以分析:比喻是把……比成……,生动形象地写出……事物的……特点;拟人是把……比成……,使事物人格化,生动形象地写出……事物的……特点;夸张形象突出……特征,给读者以鲜明而强烈的印象;排比可增强文章气势,增加感染力;对偶使句式整齐,结构一致,形式优美,富有感染力;设问自问自答,引人注意,启发思考;引用使内容更真实、准确、深刻、严密;反语增加讽刺意味;对比形成强烈反差,加强读者的印象,突出文章的中心。最后,要回答如果换成了第二种表达方式就没有这种表达效果。

13. 段落层次的划分与段意的概括。划分段落层次与概括段意是阅读理解的一个重要能力,它是加深对文章内容与结构的认识以及把握作者思路的重要手段。根据记叙文组织材料方法的不同,我们可从以下几方面来划分段落、层次:①按"总—分—总"的结构特点划分,首尾呼应,层次分明。②按故事情节的发展划分。有的文章在行文上有明显的标志时间的词句,找出这些词语有助于正确划分段落层次。③按地点的转移(即空间位置的变换)划分。④按思想感情的变化划分。文章若以思想感情的变化为线索,厘清这条线索,也就找到了划分段落层次的钥匙。划分自然段内部的层次与划分文章的段落的思路大体上是一致的。但是也有一些不同,它更多地着眼于材料之间的内在逻辑联系,有的是"总—分—总"的关系,有的是"分—总"的关系,也有几层意思是并列关系或递进关系的。

14. 如何概括段意? 要准确地概括出段意,首先要读懂段落中每一句话的意思,还要弄清楚段内各句之间的相互关系,找出能揭示全段意思的主要句子,即所谓中心句(中心句的位置多数在段首或段末,个别也有在段中的)。没有中心句的,要在厘清句与句之间关系的基础上抓住贯穿全段的中心意思,用自己的话准确概括。采用的方法:①摘句法。即摘出段落中的中心句。②概述法。用自己的语言概述全段的主要意思。③联合法。有些段落讲的不止一个意思,概括时必须用简练的语言把几个意思表述出来,缺一不可,就是联合内容要点加以概述。

三、重点关注典型题型

记叙文阅读题命题有“三性”趋势：1. 阅读的文学性。从中考现代文阅读所选文章来看，尤其是当代名家的散文，备受青睐，这些文章语言优美、感情真挚、脍炙人口。2. 命题的人文性。中考试题处处都能体现出鲜明的人文意识，尊重考生的情感，培养学生的人文精神。3. 答案的开放性。中考试题都设置了开放型试题，问题设计很合理，答案开放。可灵活选择答题角度，便于考生自主发挥，只要紧扣语段，运用发散思维，从多角度、多方面来思考即可。例如，2018 年安徽省中考语文阅读就是一篇记叙文，选取冯骥才的儿童文学作品《歪儿》，关注儿童之间友谊的养成和人情美、人性美，涉及了生活的不同领域，文本贴近考生的生活及心灵世界，有利于考生对文本的感知和理解。注意设置考查学生联系现实生活进行分析的题目，意在考查学生关注生活和思考生活的能力。

重点关注以下几个方面必考题型：1. 词句理解题。要求能品味、揣摩语言，理解特定语境中的表达作用，同时探究作者运用语言的技巧和语感。2. 内容概括题。要求整体感知，用简洁语言概括，拟标题，概括段落大意。3. 信息筛选题。要求阅读后根据题意筛选有关信息。4. 体验感悟题。体会作者的情感，把握作品的思想，体验个人独特的感受。5. 批注鉴赏题。对作品特点、语言表达的把握和语言特色的品位和赏析。

总之，从安徽省命题导向看，记叙文阅读教学方法要进一步改进，要从培养学生识记、理解、分析综合、评价鉴赏、表达应用等方面的综合能力着眼，提高学生学以致用能力，促进学生语文素养的提升。

略谈攻克散文阅读教学难关

近年来安徽省中考语文试题注重对散文的考查，所选材料一般为文质兼美的时文美文。选文往往关注人文精神和现实生活，注重对学生情感、态度和价值观的引导；在关注学生生活、贴近学生内心世界的前提下，不乏名家经典。散文阅读相对于说明文和议论文，难度稍大。但近两年的试题难度却明显降低。对初中生来说较为容易操作。散文阅读试题突出考查学生把握文意、筛选重要信息、理解语句含义、概括要点、分析修辞方法及作用和鉴赏语言文字等阅读能力，考查较为全面，让学生在阅读中扩充知识积累，培养审美意识、审美情趣和审美能力。

一、明确散文阅读的常见考点

散文阅读强调整体感知，明确了一篇文章的三个方面：写什么、怎么写以及为什么这样写，也就从内容、形式和主旨等方面把握了文章。尤其是在赏析句子，品味语言的时候，这三个方面一定要多加关注，要让学生学会从修辞手法、语言效果、刻画形象、表达作者或人物情感等角度来赏析语言，体会语言的美感，从而积累并运用语言。通过对近年来的中考散文阅读题型的总结，我们可以发现，中考散文阅读的考查呈现出细节化的特点，具体表现在如下几个方面：1. 把握文章思路，概括文章中心；2. 领会修辞手法的运用（表达效果）；3. 分析散文的线索及常见的表现手法；4. 分析领会散文所表现的思想感情；5. 领略散文所蕴涵的哲理、优美意境；6. 欣赏文中优美、精辟的语言；7. 联系实际，表达读后感想。以上这些考点多以主观题的形式见诸试题，它们着重考查学生的迁移能力和创新能力，具有普遍性、灵活性、开放性的特点。面对这样的阅读题，第一步是对文章进行整体式阅读，即从整体的角度对材料反复扫读、领会，从而达到熟悉材料的目的。第二步再根据出题的要求，对材料从不同的角度进行细节化分析，在进行分析的同时应联系全文，充分调动平时的知识积累，调动自身的情感体验，来展开品析。

二、对散文知识点梳理及解析

1. 散文的概念。散文，是同诗歌、小说、戏剧并列的一种文学体裁。篇幅短小，取材广泛，形式自由，写法灵活，表达含蓄，意境深远，语言优美，反映现实生活及时迅速。散文的精妙可体现在思想感情的含蓄深邃，或体现在谋篇布局的匠心独运，或体现在表现手法的多姿多彩，或体现在遣词造句的精练生动。

2. 散文的分类。根据内容和表达方式侧重点的不同，可以分为：叙事散文、抒情散文、议论散文。（1）记叙散文：以记人、叙事、状物、写景为主的散文。一般来讲，记叙性散文分为如下几种类型：叙事散文——偏重对事件的叙述。可以是几个片段的剪辑，如鲁迅的《从百草园到三味书屋》；也可以是一个典型的细节化的生活片段，如朱自清的《背影》……写人散文——偏重于记人。有的抓住人物的性格特征作粗线条勾勒，偏重表现人物的基本气质、性格和精神面貌，如鲁迅的《藤野先生》；有的从横向角度，剪辑若干的精彩片段，表现人物的精神、性格和气质，如杨振宁的《邓稼先》；有的注重对人物生活片段的记叙，如鲁迅的《阿长与〈山海经〉》；有的着重突出人物群像的描绘，如莫泊桑的《福楼拜家的星期天》。需要注意的是这类散文的写人，不像小说那样多方面地、细致地刻画人物，也不讲求故事情节的完整和曲折；在描绘风物、场景时也不是纯客观的描述，而是将外物与内情融合起来，以表达一定的思想、抒发一定的感情。(2)抒情散文是以抒发感情为主的，它主要是抒发作者对现实生活的感受、激情和意愿。文章揭示的思想意义的深广度决定着散文情感抒发(即抒发怎样的感情，抒发的方式)。抒情散文的“情”不是虚的、空的，而是有所依据的。即是说，总有一定的人物、事件或景物作为文章抒写的对象，通过对它们的记叙或描写，达到托物言志，寓情于物的目的。这类散文是通过对具体的“物”的描述而表达一定的思想意义，抒发一定的感情的。(3)议论散文以议论为主，一方面它有议论文的特征：观点鲜明、概念准确、说理充分、层次明晰、以理服人；另一方面它又具有散文的特点，往往借助于对事例的简述、形象的描绘和感情的抒发来进行，文学色彩很浓。但是，它不需要逻辑推理，严密论证。常见的文学性很强的随笔、杂感等短小精悍的文章，皆属此类；作者常常借助于对古今故事、花鸟草虫等具体事物的描述来说理，显得妙趣横生并富于感情。

3. 散文的特点。内容上，是作者把自己对生活的感悟或至深的生活经验，通过状物、记人、写景等方式表达出来。所谓自我感悟，也就是对事物的特殊意义和美质的发现、认识。形式上，或以个人抒情为主，把抒情、叙述、议论熔为一炉；或从细处落笔，小中见大；或从侧面暗示，发挥读者的想象力；或行文自由，结构灵活。综合以上两点，即“形散神不散”。阅读散文时，要透过“形”抓住“神”，体会作者所要表达的思想情感，要抓住文章的结构和线索(文脉)，要注意欣赏优美的语言。

4. 散文线索。线索是散文组织安排材料的“纲”。阅读散文要紧紧抓住这条“纲”，弄清它安排组织材料的规律，从而沿着这条“纲”去分析文章的内容，明了作者的写作思路及其选材组材的意图。散文构思的线索，常见的有：以情为线索、以理为线索、以空间为线索、以行为为线索、以文眼为线索。有的文章不但有明线，还有暗线，线索的特征有：在结构上贯穿全文，时隐时现，有明显的标志(或是标题本身，或在文中反复出现)。

5. 散文的语言。散文的语言感情色彩浓厚，委婉含蓄，声调和谐，表现力强。在分析时，要特别注意它在语言环境中的特定含义，要结合上下文，结合作者的思想感情，结合文章的语言风格，甚至修辞，才能既理解词语的表层意义，又理解其深层含义。

6. 散文的意境。客观生活、景物与主观思想、情感相熔铸便产生意境，它含蓄深邃。阅读散文时，就要善于通过自身的感受，进入散文所描绘的意境中去。不能忽略了语言的揣摩，要调动丰富的想象，结合自己已有的知识、情感，获得主观体验，才能达到思想的共鸣与升华。

7. 散文的表现手法。常见的表现手法有：象征、托物言志、对比烘托、欲扬先抑、借物喻人、联想、设置悬念、借景抒情、渲染、铺垫等。具体如下：(1)象征就是托物喻义，即通过一定的具体形象来表现一种深远的意义。例如：《海燕》是高尔基的名作，很明显，海燕象征了无产阶级的革命先驱，海鸥、海鸭、企鹅象征了革命队伍中的胆小鬼，乌云、狂风则象征了当时的反动势力。(2)托物言志就是借物喻人，是散文中写景状物的重要方法。也就是把所写的景物或景象拟人化，赋予它人的思想情感和志向。我们在观察自然景物时常常会倾注自己的情感、思想和志向，萌发一种表达的欲望，因而会用托物言志的方法去写景状物，这种方法往往能写出感人肺腑的好文章。《爱莲说》中，周敦颐便是通过写莲花的高尚品质来抒发自己不与世俗同流合污的精神和洁身自好的作风。(3)对比烘托。在散文中，为了突出所写的对象，作者往往运用对比烘托的写法。《海燕》中，作者为了突出海燕的勇敢无畏，用海鸥、海鸭、企鹅等害怕革命的表现来对比。朱自清在《春》中，用了“树叶儿绿得发亮，小草也青得逼你的眼”加以烘托，为的是表现春雨的润泽。(4)欲扬先抑。文似看山不喜平，散文更讲究波澜，要赞美某种事物，先表达对它没有好感，歌颂某个人物，先说他的不足，等等，然后根据情节的发展，达到歌颂与赞美的目的，而且使这种歌颂与赞美得到强调。如小思的《蝉》中先说蝉的种种不好之处，在感悟了蝉的精神之后，“便原谅了它的聒聒”。

8. 散文的思想内容。散文中深刻的意蕴是依附于含有一定象征意味的具体事物的。写人的散文，可以通过分析人物与环境之间的关系，结合作者对人物的态度、感情来理解作品的思想内容。叙事散文，可以分析通过人物在事件中的表现、场面细节把握作品内容；写景状物抒情，要分析行文线索、写法、象征意义，从而了解作品的思想内容。

二、散文考查题型及答题方法

以2017年安徽省中考阅读为例，《扁担的一生》是一篇文质兼美，内涵丰富的散文，扁担的一生是农人的一生，更是一种精神的传承，一种责任与信念的体现。

1. 把握文章内容，概括文章主题。散文选材广泛，行文自由，表达的思想感情丰富多彩，所以准确把握文章的主题也是散文的考点之一。如题目：根据上下文，将下面两个句子分别填入文章②③两段横线处，第②段应填(B)，第③段应填(A)。这题以选择题的形式考查学生对局部段落内容的理解。答案是：A. 这让我有了探索一根扁担一生的浓厚兴趣。B.我的家也是扁担挑起来的。本题答案客观，评分结果单一。除极少数试卷出现C选项（备选答案只有A、B两个选项）外，错误形式均是将顺序写反。造成这种错误的原因基本因为学生没有很好地阅读及理解题目指定的2、3两段文字，未能抓住这两段中的提示性语句和主要关键句。在平日教学中，要训练学生静心阅读的习惯，临考时对于这种还原语段的题目可以多做练习。又如题目：阅读文章④—⑥段，概括补充扁担经历的主要变化过程，这题考查的是在理解文本的基础上对语段的概括能力。答案：笔直的扁担（或“不屈的扁担”）、落寞的扁担（或“无奈的扁担”“孤独的扁担”）每空2分，答案需是偏正关系的不超过5个字的短语。本题错误原因大致有：一是不审题。不看题目后括号内答题字数的要求，超过5个字。不看题干要求④—⑥段这个范围，将最后一空范围写成全文等。二是不知道找文中词语回答，所填关键词与答案相去甚远。三是未能理解透文章脉络，找到了文中词语但有偏差。建议在日常教学中，要舍得时间给学生默读文本，在评讲阅读题之前，不管题目如何出，先让学生梳理文章内容，全文内容概括或局部段落内容概括，多问学生“文章写了什么”，多找几个学生发言。在做试卷时，提醒学生阅读题尽量从文章中找词语、找答案，尤其是阅读题前两题关注首句和尾句，关键词往往藏身其中。

2.品味散文语言，体悟词句作用。基本方法要掌握：（1）解释词语（在语境中）的作用。①字词含义。考题形式：原文给一个词语的拼音，让你根据语境和拼音写出词语，并结合语境解释词语的含义。填写词语要靠平时的积累，解释词语要根据该词语所在的语境来推断。②词语妙用。考题形式：品评加点词语作用（妙用），或加点词语能否删除？答题思路：A.解释词语（在语境中）的含义；B.表达作用，词语的表达作用，要结合语境或主题思想来回答，要答该词语对表达作者思想感情或主题思想的作用，有时也可以考虑词语对景物描写意境的作用或人物性格等方面的作用。C.体现词语的准确性或生动性。（2）品评词语的表达作用，要结合语境、作品的主题思想、作者的思想感情、景物意境、人物性格、特殊的表达效果（即运用了某种修辞手法的词语），或在结构上起到独特作用。方法指导：坚持“词不离句，句不离文”的原则，切忌“断章取义”。联系上下文，推知其语境义。（3）理解句子的含义。这样的题，往往结合发展性考题来考查。有时，也会单纯考哲理性语句的含义，这样的考题，关键要抓住中心词，要体会词语的深层含义和双关意义。（4）理解句子的作用。答题时应从以下两个角度入手：①结构上，应从总领全文、承上启下、前后照应、为下文作铺垫、推动情节发展、点题、总结上文等作用的角度去分析。②内容和主题上：点明主旨，深化主题。需要关注的是很多学生在回答这一类的题目时，仅仅用些概念性的句子，没有结合文章具体来谈，忽略了文本内容，这是很要不得的。一定要结合文章内容具体来说。如为下文的什么作铺垫，深化了什么主题等。(5)语言赏析。要注意抓住六种重要句子:①首句。一个语段的首句往往有提示、概括和承转的作用。②中心句和点睛句。③感情句。语段中的有些句子明显表达了作者的情感和态度。④描写句。那些刻画人物和环境的句子往往表现人物思想性格,起烘托、渲染气氛的作用;⑤修辞句。为了更好地写景状物,传情达意,作者往往在语段中运用一些修辞手法。⑥尾句。语段的尾句或概括总结全文,或照应开头,或留下思考的余地,或抒发感情。表达效果上有些句子有升华主题,渲染气氛,烘托心情等作用。例如题目:作者提到"扁担",多次使用第三人称"她",有何表达效果?

3. 表达方式的作用。具体要了解三类:(1)描写的作用。如安徽省中考题《系在风筝线上的童年》第①段描写仲春的景色,有什么作用?散文中的描写主要包括景物、人物描写等。景物描写,主要考意境描写的作用,答题时,重点是景物描写对表达作者或人物思想感情的作用,要严格区分小说景物描写与散文描写的不同(小说景物描写是渲染气氛或交代时令[季节],衬托人物;散文景物描写是直接表达作者的思想情感或主题的);人物描写主要是考外貌、神态、动作、心理,有关细节描写的地方值得注意。人物描写主要是突出人物的思想性格。(2)议论的作用。散文中的议论,往往是揭示文章的主题和抒情结合在一起,表达作者的思想情感。(3)抒情的作用。要注意作者的思想情感倾向,往往和词语表达考点结合起来考。

4. 常见的艺术表现手法。泛指写作上的方法,它必须是一段文字或一篇文章写作的方法。常见的表现手法有:(1)写景类:借景抒情、寓情于景、情景交融、移情于景;(2)咏物类:托物言志;(3)怀古类:借景抒情、即事抒情;(4)咏史类:借古讽今、借题发挥;(5)送别类:即事抒情、即景抒情;(6)边塞类:直抒胸臆、借景抒情。有时也有衬托、对比、侧面描写、象征、卒章显志、讽喻、动静结合(以动衬静、以静衬动),虚实结合(以实写虚、寓虚于实、虚实相生)、先抑后扬、以小见大手法等。

5. 厘清文章脉络,把握顺序。作者为了表达自己的思想情感,会精心选取、组织材料;在表达上更是精益求精,特别注意词语在表达上的顺序、层次和分寸感。散文中的顺序,一般包括选取的材料顺序、段落顺序、句子顺序、词语顺序等。(1)线索。散文线索就是文章结构的红线,抓住线索,也就抓住了作者的思路。找线索的方法:第一要注意文章标题(有的标题直接揭示线索,有的标题包含线索的因素);第二要注意文中反复出现的词语、句子;第三要特别注意文中的议论抒情,因为散文中的"情"通常是文章组织材料的重要线索,是作者选择材料的准绳,是作者选择材料的脉络或描写、记叙的脉络。例如:《藤野先生》以"我"与藤野先生交往的过程和"我"的爱国思想感情为线索等。考题形式:直接问文章的线索是什么或说说作者选择材料的依据等。答题要点:找到线索,根据提问灵活回答。关键是能判断准线索。(2)顺序。考题形式:①连续的材料或几个段落或词语能否调换顺序？为什么？②从原文中抽出一句话或几个词语，让你放回文中可以选择的几个地方。要注意审题，有的题是不能颠倒顺序的，有的是可以颠倒顺序的，出题人在出题时会有暗示；同时也要推敲材料和段落、词语之间的关系。不管能还是不能，都要谈为什么。要看材料或段落、词语之间的逻辑关系。从原文中抽出的语句，往往是总结性的或承上启下的，一是考查学生的语感修养；二是对语句进行理性分析。词语顺序也要凭借语感和理性分析，要分析语言环境和词语搭配的问题。这样的题，往往是有选择答案，即使没有选择答案，也不要回答为什么，但思维过程要考虑到词语的逻辑顺序和词语搭配的习惯。

6. 分析句子所运用的修辞及作用。一般有以下几种：(1)比喻：生动、形象；(2)拟人：人格化、生动化、形象化；(3)排比：增强语言气势；(4)反问：加强语气；(5)反复：强调；(6)对比：突出其中一个；(7)对偶：句式整齐，结构统一；(8)夸张：极力地表现。

7. 题目的作用。(1)把握象征意义；(2)语带双关；(3)作者感情的出发点；(4)概括文章的主要内容；(5)文章线索；(6)文眼（揭示文章中心）；(7)吸引读者，新颖；(8)题目中运用修辞的，要还原它的本义后再分析作用。

8. 拓展性考题。(1)仿写。此考点一般是给一个句子，让考生仿写一个或几个。答题要点：①要读懂题旨要求，出题人让考生做什么，怎么做；②例句的关键词语是什么，要抓住关键词语思考答题；③在没有答题思路的情况下，要考虑和例句关键词语相对、相同的词语，例如：关键词语是天空，你可以考虑大地、高山、海洋等，联想要丰富，思维要开阔。例如“没有蓝天的开阔，可以有白云的悠闲”就是这个句式叠加使用，我们可以考虑：没有海洋的辽阔，可以有河流的澎湃；没有河流的奔腾汹涌，可以有小溪的清澈；没有高山的险峻，可以有土丘的秀气；没有高楼大厦的明亮，可以有草屋的温馨，等等。(2)谈感受。这也是散文阅读的热门考题。可分为：①对描写对象；②对人物情感；③品味富有表现力的语言；④对文章某些内容或形式提出自己的看法和疑问等。此考点灵活多变，把握的关键是：①能准确读懂原文的含义和作者的思想情感；②要有自己明确的观点或态度，不能模棱两可；③答题时，语言要流畅，不能有病句，语言要有层次性，可以引用诗文或名言回答此题。(3)续写。给一段话的前半部分，让考生续写后半部分。启发学生答题的思路，往往在原文上。

9. 对文学作品中感人的情境和形象分析。题目：联系上下文，简要分析第⑩段画线句子蕴含了作者怎样的情感。①对农人像扁担一样的命运感到无奈。②对农人坚守村庄的执着精神深怀敬意。这题着重考查考生对文学作品中感人的情境和形象的理解。失分原因：(1)审题不清。有些考生写到了惋惜、无奈、敬意等表示情感的关键词，但没有联系上下文简要分析。(2)文本解读偏差。比如对“农人像扁担一样的命运感到无奈”,有些考生写成了对父亲,对走出农村的人,对扁担的无奈、遗憾等。(3)答题角度单一,语言表达不简洁。考生答案冗长繁杂,缺乏条理性,即使意识到分点作答,但还是同一个维度的词语,重复啰唆,如“赞美、敬佩、尊重”等词。(4)语言不通顺,错别字较多,如“惋惜”写成“婉息”。

10. 领悟文学作品的思想内容和情感;对文章的内容和表达有自己的心得,能提出自己的看法。如,“扁担”在文中有着丰富的内涵,请结合全文谈谈你的理解。考查答案:①扁担是农具,担负着农人家庭生活的重担。②扁担是农人的精神脊梁,担负着村庄的历史和期盼。③扁担的一生是农人的一生,与农人、村庄的命运相始终。学生错误的原因是:一是不少同学答题时没有由浅入深的习惯,忘答词语的表层意思;二是“精神脊梁”关键词没有,或者有了关键词却没有结合文章合理解释;三是没有全局观念,只把扁担的一生解读为父亲或大伯的一生,而没有把它上升为一个更高层面的“农人”,更有甚者,有的同学直接出现理解上的失误,把扁担的一生理解为父母的婚姻就大错特错了。

归纳把握散文主题方法:一是找到文中的中心句(一般是篇末的议论抒情句)和暗示主题的提示语、关键词语,从中概括文章主题;二是从所选的材料中概括,材料是为文章中心服务的,我们可以看文章所选的材料表达了作者什么样的观点、态度、感情,从中找到作者要表达的主题思想;三是概括全文或某一段落的主题或作者的思想感情时,能利用原文词语,尽可能使用;没有原文词语可利用时,则必须通观全段甚至全文,将要点整合,同时要注意语言文字表达的准确性和层次性,要做到言简意赅又不漏掉答题点。

安徽省新中考方案出台后,依据义务教育课程标准确定初中学业水平考试内容,新中考将会提高命题质量,减少单纯记忆、机械训练性质的内容,增强与学生生活、社会实际的联系,在全面考查学生基础知识和基本技能的前提下,注重考查学生综合运用所学知识分析问题和解决问题的能力。因此,就散文教学存在的问题提出以下建议:1. 训练学生认真审题的能力,审题要慢,答题要快,题目是做不完的,学生应该学会读懂出卷子老师的真正考查方向;2.“读”是解决语文阅读的一个重要的法宝,在平时的语文教学过程中应该加强阅读的训练,让学生反复阅读文本,在不断的“读”中深入理解文章的内涵;3. 在平时的课堂教学过程中要锻炼学生的语言表达能力,力求让学生做到简洁明了,有一定的条理性,规范答题的格式;4. 理解文章的内容,细致分析文章的情感,这些都是做题的基础,学生要会一些固定的方法,也要结合文本去答题。对文本理解能力的提高还需要让学生多读书,多思考,这是一个长期的过程;5. 拓宽学生阅读面,培养学生浓浓的阅读兴趣,加强阅读方法指导,给学生一个登山的手杖。

6. 在复习的时候,应该在自己阅读理解考试大纲和课标的基础上,指导学生去了解考查方向和题型。

初中散文教学依然看好，但散文教学的内容确定随意性过大，很多教师在确定教学内容时，基本上没有经过系统性研究与分析，而是凭借自己以往的经验或照搬他人的套路，一直处于散乱状态。内容决定方法，“教什么”决定“怎么教”，而真正系统研究散文教学内容的确定，核心素养是未来教育改革的关键和课程改革的关键，考试命题关注核心素养，即语言建构与运用，思维发展与品质，文化传承与理解，审美鉴赏与创造。散文教学及评价考试能结合当前语文教育教学发展态势，教师教学基于核心素养的散文教学愿景，激发师生的语文情怀，为人的一生奠定坚实的根基。

（发表在《散文百家》（新语文活页）中考金版）

文言文阅读教学的有效指导

文言文课内阅读教学教师都比较重视,课外阅读范围广,不易把握,其实中考课外文言文阅读题,所有知识点均与课内所学知识有关,体现出文言文阅读的迁移能力。古文阅读的考查,反映语文教学对我国传统文化的高度重视。我在中考讲座时常对学生说,中考语文要想得高分,古文阅读和古诗词默写在考试中能不失分尽量不失分。教师在平时的教学中,尽量扎实研究文言文教学规律,打牢学生的古文功底,这对于学生以后成长、丰富知识、培养审美、提升素养有着重要作用。

一、单篇阅读,打牢基础

首先注重课内重点字词的积累,在古文教学中,基础知识的识记非常重要,每一篇古文从开始学习时就要求学生通读课文,理解词句含义,翻译语句,识记重点实词和虚词意思,这是后面学习的基础,学生一定要牢固掌握。在学习这些内容时,课堂容易显得单调,学生容易疲惫。以《送东阳马生序》为例,从"单篇阅读,扎实基础""梳理内容,明确旨意""课内对比,寻找异同""实践经验,总结规律"四个方面的做法,留时间给学生小组讨论并理解含义,然后同学自己归纳重点实词、虚词含义,总结一词多义现象,古今异义词语,通假字等语言现象,老师再适当补充。

下面来看课例呈现:《送东阳马生序》复习课分三大板块:首先进入第一个环节:打根基——字词积累篇。第二个环节:长枝干——语句翻译篇(明确什么样的句子易考翻译)。第三个环节:扩树冠——分析理解篇。1. 文章根据意思分为两大段。(1)谁能告诉我能够总括全文的是文中哪一句?(2)纵观全文,说一说学习的艰苦分别体现在哪两个方面?一是学习条件艰苦:得书之难、求师之难、求学之难。二是生活条件艰苦:同舍生皆披绮绣,余则缊袍敝衣处其间、略无慕艳意——对比(通过对比,说服力更强),明确:既然这么艰苦,可能有人就会放弃了,但是宋濂怎么做的(书中有一个字可以概括),请同学们评一评。宋濂为什么在文章里大段地谈自己怎么苦怎么勤奋的呢?讲到这里,我们就有必要了解宋濂为何写作本文。(解释文体,分析对比手法的好处)

二、理解内容,明确主旨

文言文阅读,无论课内课外都十分重要,在疏通文意之后,理解内容,明确主旨。具体方法是:1. 通读全文,了解大意,即在重点字词理解后,按自己的能力将文章内容阅读一遍,看看是否还有文字障碍,能否理解全文内容。2. 语句翻译。首先,明确什么样的句子易考翻译。一篇古文中,能反映文章主旨和作者思想情感的句子或精彩的写景的语句最容易考翻译,要提醒学生留意这些语句。其次,明确翻译的宗旨和方法。文言文翻译的基本方法有直译和意译两种。所谓直译,是指用现代汉语的词对原文进行逐字逐句的对应翻译,做到实词、虚词尽可能文意相对。直译的好处是字字落实,其不足之处是有时译句文意难懂,语言也不够通顺。所谓意译,则是根据语句的意思进行翻译,做到尽量符合原文意思,语句尽可能照顾原文词义。意译有一定的灵活性,文字可增可减,词语的位置可以变化,句式也可以变化。意译的好处是文意连贯,译文符合现代语言的表达习惯,比较通顺、流畅、好懂。其不足之处是有时原文不能字字落实。这两种翻译方法当以直译为主,意译为辅。3. 梳理内容,明确旨意,具体做法是,抓关键语句和字词(中心句、主旨句、总结性的句子),以此为依托提领整篇文章内容。也就是说读懂了文句,只是第一步,还要思考作者的写作意图。一般来说,作者通过短小的文言语段,记叙一件事,表达一个中心或一种哲理。所以我们了解了全文的内容之后,还要进一步思考作者蕴涵在文章里的写作意图。有时作者将主旨蕴藏在叙事的整个过程中,我们就要思考事件的含义;有时作者在文章的结尾中发表议论,直抒胸臆,以此来揭示文章的中心,我们也要倍加注意。

三、课内对比,寻找异同

注重课内知识的整理积累。要求学生扎扎实实地学好每一篇课内文章,记忆背诵规定的篇目,并整理有关的文言知识,如文言实词中的一词多义、古今异义、通假现象及特殊句式等,这是为向课外延伸打下扎实的基础。并且,把课内的文言文按类归纳,做对比阅读的训练。在学习的过程中,我的做法是,遇到一些重点实词和虚词,当场提问其含义,并且把以前遇到过的相关语句中此词的含义拿来对比记忆,实现知识的迁移,使同学们加深词语的识记与理解。两篇古文,如果有可比点,就让学生思考,如果两篇文章在一起出对比阅读,请问如何出题。借此训练学生的出题能力和思维迁移能力。

四、实践经验,总结规律

有了好的文言文阅读方法,还要有一定量的阅读训练,才能使你的知识得到巩固。俗话说"熟能生巧",只有在亲身实践中才能体会适合自己的最佳学习方法,总结出最实用的方式方法。例如,文言断句等诵读方法的考查。断句能力是学习文言文的基本功之一,方法很多,这里提示给浅近文言文断句时应注意的几点:1. 统观全局,理解内容。在理解篇、层、句、词的大意,大体了解全篇文章后,按内容和结构断开。2. 从正确理解词义着手。古今词义有很多不同,而且文言实词的活用现象很普遍,因此只有正确地理解词义,并掌握一些古人用词的规律和文言句式特点,才有可能做到断句正确;3. 分清专有名词和非专有名词。人名、地名、朝代、国名、官职等都是专有名词,要善于将它们与非专有名词区别开来。4. 分清对话、转述及引用等不同情况。一般来说,遇到人物对话还容易分清。但有时对话中又有对话,有些文章中的对话,不仅说话人省略,连“曰”字也省略了,这就增加了断句的困难,处理时尤其应该注意。5. 注意一些起断句作用的文言虚词。有些文言虚词能起句读的作用。如发语词“盖”“夫”,一般用在句子开头;连词“而”“则”和介词“于”“以”等,大多用在句子中间;语气词一般在句子末尾。根据这些一般规律,我们可考虑在这些虚词后断句。同时,应在理解文章内容的基础上,选择恰当的语气、语调、快慢节奏,以准确地表现作者的思想感情和主观倾向。

五、梳理考点,明确范围

对初三学生来说,文言文是中考必争之分,文言实词一向是文言文考试中较易得分的部分,一些同学已掌握了大多数的实词解释,可是还会在准确度上打折扣,不妨自己动手一课一课地整理归纳。首先,整理一些特殊的实词,如通假字、典型的古今异义、词性活用和一词多义现象。其次,整理一些虽不特殊却很重要的实词,在现代汉语中很有生命力,仍在使用的实词和书下注释的实词。如:“果如鹤唳云端”(《童趣》)的“唳”字,“濯清涟而不妖”(《爱莲说》)的“濯”等。这一部分的整理很关键,不仅是读懂课内文言文所必需的,也是阅读课外文言文所必需的。值得一提的是,在整理实词解释时,要依据课本中的注释为准,绝不能模棱两可。此外,考生还需掌握一些常见的文言虚词的用法,如“之、而、其、为、于、焉”等字。复习时要以课本为本,借助课本例句,对这些虚词的常见用法及意义进行归类,达到举一反三的目的。例如,文言语句的翻译。翻译要求准确、通顺。准确是指译文要尽量符合原文意思,不能随意增减内容。通顺是指译文要前后连贯,语言流畅,合乎现代汉语语法规范。翻译时要特别注意词类活用、一词多义、古今异义、通假现象。另外还要记住“五”字要领:1.“留”。凡朝代、年号、人名、地名、官职等专有名词可保留不动。2.“换”。用相应的现代词语替换文言词语。3.“补”。补充古代简练说法中所省略的或隐含的内容。4.“删”。删去文言句式中无意义或没有必要译出的虚词。5.“调”。把文言句中特殊语序按现代汉语语序要求调换过来。翻译文言句子的基本原则是:联系上下文,落实关键词语的意思,把握句子的特点。其基本步骤为:第一步,逐字解释,即把文言词语逐一解释为现代汉语,特别要注意句子中关键词意思的落实。第二步,串词成句,即把词语的解释、连缀成句。如:“劳其筋骨”,句中的关键词语是“劳”,应译为“使……劳累”。全句可译为:“使他的筋骨劳累”。若译为“劳累他的筋骨”,那就错了。第三步,调整润色,尽可能使之符合现代汉语的规范。此外,翻译时,原文中的专有名词一般可以不译,照原文即可。

关于文言句式的考查,一般而言,在中考中不会单独考查特殊文言句式的有关知识,都会结合重要语句的翻译进行考查。考查形式主要有显性和隐性两种。显性就是以选择题形式判断句式的不同,在全国卷中也出现此种考查形式。隐性是将文言文特殊句式放在翻译中综合考查,此种考查更为常见。根据这一考点的命题特点和趋势,备考时要注意以下几点:一是对文言文特殊句式的复习要重点掌握判断句、被动句、倒装句和省略句。二是对各类句式的基本知识与判断标准要理解、熟记,以便解题时进行知识迁移。三是在语句翻译中做好调整润色,使之符合现代汉语的语法规范。

解说文言文的基本内容。解说内容,就是在理解词义、句义后,从整体上宏观地理解文言诗文。也就是着眼于全局,综合运用所学过的文言诗文知识,对文言诗文进行全面的通读、理解,能够初步概括诗文内容,体味感情基调,筛选捕捉信息等,从而对全文内容有一个总体认识。此类题目的题型,从形式上看,主要有:选择题、填空题、简答题等;从内容上看,主要有:筛选信息、概括内容、理解内涵等。如何解答此类试题呢?可以从以下几个方面来思考:1. 根据不同文体,厘清基本要素。其中,记叙文要厘清时间、地点、人物、事件的前因后果;说明文要厘清说明对象、说明内容、说明顺序和说明方法;议论文要厘清论点、论据和论证方法。2. 划出层次结构,逐层归纳分析。要抓住文段中的一些过渡性词语或概括总结性的句子对文章进行分析。

分析概括作者的观点、态度、思想倾向。作者的观点是作者对文中所述事件的认识和看法,一般是文中抒情议论的语句。分析时既要肯定其积极意义,又要实事求是地对待其消极因素。作者的思想感情通常有下列情况:思乡爱国;理想、情操、壮志豪情;热爱生活、热爱大自然、热爱祖国大好河山;亲情、友情、爱情;同情劳动人民;揭露社会黑暗,表达对社会现实的不满;怀才不遇,抑郁忧愤。

赏析文章的写作特点和语言特色。这是语文阅读能力中层次较高的一个考点,需要以识记、理解和分析综合为基础,还要有文学、文体等相关知识才能作答。此类题目主要考查考生的鉴赏能力与品析能力。鉴赏能力,指的是对文言诗文的形象、语言、表达技巧、思想内容和观点态度等进行初步的文学鉴赏,以获得审美体验的能力。品析能力,指的是学生依据一定的标准对作品的内容、写法、感情倾向等作出判断的能力。鉴赏品析类的题型一般为简答题,也有选择题。对诗文的鉴赏品析,主要包括欣赏人物、品味语言、鉴赏技巧等方面的内容。

要答好此类考题,考生在平时的语文学习中应该掌握一定的文学鉴赏知识。因为鉴赏品析试题其实质就是一道小型的文学评论题,如果没有一定的文学鉴赏知识,就会无从下手,或漫无边际地乱答一通。具体来说,欣赏人物时,要根据具体事件,通过分析人物的语言、行动、神态和心理活动等,甄别、鉴定人物思想性格,臧否人物。品味语言时,要抓住语言的形式,诸如句式、音韵、节奏等方面进行鉴赏,领略其风格;结合作品的内容、主旨,评价其语言形式处理的优劣得失。鉴赏技巧时,要掌握常用的写作手法,如:修辞手法(比喻、对比、设问、反问、排比、对仗、用典等),表达方式(描写、说明、记叙、抒情、议论等），表现手法（借景抒情、托物言志、抑扬结合、首尾照应、画龙点睛、叙议结合、正侧相映、烘托手法、伏笔和照应、悬念和释念、实写与虚写、象征等）。

领悟内涵，联系实际，获得有益的启示。即是在阅读过程中伴随着自己主动积极的思维和情感活动，加深理解和体验，有所感悟和思考，受到情感熏陶，获得思想启迪，享受审美乐趣，并提出自己独特的发现与见解、思考与质疑。此类考题大都是开放性简答题，所涉及的内容主要包括：要求根据选文材料谈看法、感受和启示；结合社会现象或个人经历阐述对选文内容的理解；对文中人物进行评说等。要解答这样的试题，应注意以下几个方面：1. 认真阅读选文。要有针对性地反复阅读选文（包括链接材料），理解文中内容、情感，再结合自己理性的思考，形成认识和见解。2. 善于捕捉信息。要运用恰当的组合，对词义、文章、人物、事件、主题思想或文学形象等重要信息进行筛选，形成自己的理解。3. 联系生活实际。要结合自己的人生经验，对文章的内容和思想提出独特的认识和见解，当然还要考虑观点的正确性。4. 组织语言表述。注意语言要简洁明了，不能拖泥带水。

六、高频考点，紧紧抓牢

文言文考查内容基本不变的有：1. 词语解释。主要考查常用文言实词和虚词的含义及用法，以考查文言实词为主。要求解释文言实词在句子中的具体含义，必须把握语境。注意一词多义、古今异义、词类活用、通假字等。大部分文言实词一般具有两个或两个以上的意思，解释时要结合具体的语境来辨析。古今异义指某些文言词语古义和今义差别很大，词义在演变的过程中发生了扩大、缩小或转移，不能按现代汉语的意义对它进行解释。词类的活用是指某些词在一定的语言环境中，临时改变了原来的词性和语法功能，具有新的意义和功能。通假字，以课文注释里的标注为准，要熟记。文言虚词比较少，但是它们的用法更加灵活，需要辨析语境，准确把握。常见文言虚词有：之、乎、者、也、其、而、焉、哉、且、以、乃、为、于、然、夫等。2. 句子翻译。此考点要求把文言句子翻译成符合现代汉语语法规范的白话文，做到表意准确，语句通顺。翻译要以直译为主，意译为辅。翻译时要注意以下两点：①一般是将古汉语中的单音节词，翻译成现代汉语的双音节词，做到字字有着落，但可根据表达需要适当增减调整，以求表达连贯通畅；②注意文言文中的表达现象，如特殊句式（省略句、判断句、倒装句、被动句）、固定结构，翻译时一定要得到落实。3. 理解分析。此考点的常见考查方式有：归纳要点、概括中心、体会情感、分析写法等。能够筛选所给选文或语段的信息，对文章或语段的主要内容进行提炼概括；能够对文章整体内容进行提炼，并简洁地概括出来；能够体会作者的情感，就是对作品表达的思想情感有准确的理解体会；准确分析文章的写作技巧（对比、象征、托物言志等）、修辞手法。4. 阅读感悟。能从选文所叙述的故事、抒发的情感或讲述的道理中，说出自己的感受和心得；能够结合现实生活，对文中的人物、文章的观点进行评价。

在文言文教学中不能只对照参考书让学生把中考必考的篇目翻译会背诵，甚至于会默写即可。我们应该教会学生如何去翻译，将“学会”转化为“会学”。真正的教能力，而不是教分数；在平时除了拓展学生现代文的课外阅读知识，还应该带着学生阅读经典的古文。提高学生对古文的兴趣，可以推荐阅读一些关于古文解读的书，降低读古文的难度，可以采用全班共读一本书，每周抽出一节语文课交流阅读心得，进而培养学生对于传统文化的兴趣。文言字词的记忆一定要建立在理解的基础上积累，培养学生阅读浅显文言文的能力，课内文言文则需夯实基础，吃透文本，理解主旨，培养文言文知识迁移和灵活运用的能力。重点篇目的重点句一定要准确无误地默写，易错字要反复强调，准确规范地写好每一个字，默写检查要到位，特别注意书写工整，不要出现错字别字，提醒学生关注卷面，学生书写能力的训练一定要常抓不懈。

由于文言文课外阅读主要还是考查学生对于浅易文言文的理解，因此，作为文言文比较阅读的材料，对于学生来说难度适中，不仅是知识的积累和获得，还是一种能力和素养的提升。

（入编《中考复习信息快递——文言文阅读》，上海教育出版社，2015 年 1 月）

掌握小说阅读必备知识要素

在全国各地的中考试卷中,小说也有考查趋势,以它为命题材料,用来检测学生的阅读理解能力。小说有其自身的特点,那就是故事情节完整,人物个性鲜明,环境描写逼真,主题思想深刻,构思角度精巧。小说是以塑造人物形象为中心,通过完整的故事情节和具体的环境描写反映社会生活的一种文学体裁。这句话明确交代了小说的三要素是人物、情节、环境,也明确了小说的主题是反映社会生活。这样,我们在阅读小说时就应该从这些方面入手:

一、小说的人物

小说能够多角度、全方位地刻画人物,它可以凭借各种艺术手段,从各个角度对人物进行肖像描写、心理描写、对话描写、行为描写和环境描写,既能展现人物音容笑貌、言谈举止和衣着服饰等外在形态,也能呈现出人物心理和思想感情等内在活动,还能完整展现人物与环境互为作用的关系,从而塑造出丰满而成功的人物形象。

1. 肖像描写。即描绘人物的面貌特征,它包括人物的身材、容貌、服饰、打扮以及表情、仪态、风度、习惯性特点等。肖像描写的目的是以“形”传“神”,刻画人物的性格特征,反映人物的内心世界。

2. 语言描写。包括人物的独白和对话。独白是反映人物心理活动的重要手段。对话可以是两个人的对话,也可以是几个人的相互交谈。描写人物的语言,不但要求做到个性化,而且还要体现出人物说话的艺术性。语言描写是塑造人物形象的重要手段。成功的语言描写总是鲜明地展示人物的性格,生动地表现人物的思想感情,深刻地反映人物的内心世界,使读者“如闻其声,如见其人”,获得深刻的印象。

3. 动作描写。是刻画人物的重要方法之一,就是通过描写人物富有特征性的动作行为,以表现人物的性格、品质、身份、地位、处境、状态。行动受人物思想、性格制约,因此,具体细致地描写某一人物在某一情况下所作出的反应,主要是动作反应,就势必显示出了这一人物的内心活动、处世态度。思想品质。成功的动作描写,可以交代人物的身份、地位,可以反映人物心理活动的进程,可以表现人物的性格特征,有时候还能推动情节的发展。动作描写要求生动、具体、细致。

4. 心理描写。就是对人物内心的思想情感活动进行描写。描写人物的思想活动,能反映人物的性格,展示人物的内心世界。所以,心理描写也是刻画人物思想性格的重要手段之一。心理描写跟肖像描写、语言描写等方法相比,能够直接叙写人物的七情六欲，揭示人物灵魂深处的奥秘，把单靠外部形象难以表现的内心感受揭示出来，使文学作品中的人物形象立体化，从而显得更为完整和真实。

5. 细节描写。优秀的文学作品，常常因其某一独特而极具个性的细节描写，而令我们过目不忘。什么是细节描写呢？简洁地说，就是情节中那些极富个性特点的细微之处的描写。细节虽小，却往往通过文学作品给人留下深刻、难忘的印象。读过《儒林外史》的人，可能对严监生临死时伸出两个手指头不肯闭目归天的细节记忆犹新吧。他看见屋里的灯盏里燃着两根灯草，心疼费油，放不下心，闭不上眼。直到他小老婆走过去挑掉了一根灯草时，悭吝鬼才“点一点头，把头垂下，顿时就没了气”。这个艺术形象的不朽魅力，不能不说得力于这样入木三分的细节描写。

6. 正面描写（直接描写）和侧面描写（间接描写）。描写人物可以进行正面描写，也可以进行侧面描写。正面描写包括直接描写人物的外貌、语言、动作、心理、神态等，正面描写可有力突出人物的性格特征及作品主题。侧面描写是为了衬托人物某种思想感情或某种性格特征，使文章结构更加集中紧凑。如《口技》一文多次谈及众宾客的反应，一方面烘托了口技表演者技艺之高超，另一方面也使文章思路清晰，结构严谨。侧面描写又叫间接描写，作者通过对周围人物或环境的描绘来表现所要描写的对象，以使其鲜明突出，即间接地对描写对象进行刻画描绘。

二、小说的环境

小说中的环境是指作品中所描写的人物赖以存在，情节赖以展开的社会背景或具体场面。主要分为社会环境和自然环境两个方面：1. 自然环境描写的含义和作用。自然环境描写就是对日月星辰，山川河流，花草树木，鸟兽虫鱼，时序节令，风霜雨雪等自然景物的描写。作用是多方面的：第一，为人物活动和事件发展提供必要的环境；第二，渲染，烘托气氛；第三，抒发或寄托作者和人物的感情；第四，有的环境描写可以推动情节的发展。2. 社会环境描写的含义和作用。社会环境的描写，是指对一定历史时期的社会生活，社会风尚，风土人情的描写；在具体的文章中则指对人物的活动有影响的阶级关系，人际关系，居室陈设等环境因素的描写。社会环境比自然环境有更为重要的作用，它不仅可以交代背景，渲染气氛，提供人物活动的典型环境，而且对人物的活动内容和活动方式有重要的影响，使人物的性格和作品的主题富有时代感。社会环境的描写，一般以两种方式展开：一是通过对特定历史时期的社会生活情景的展示，为人物活动提供大的社会历史背景；二是通过对人物生活的具体环境的陈设、格局、色调的描绘，来烘托人物的秉性、气质和志趣爱好。

三、小说的情节

情节是叙事性文学作品内容构成的要素之一，它是指叙事作品中表现人物之间相互关系的一系列生活事件的发展过程。小说情节的划分，习惯上采取四分法，即分为开端、发展、高潮和结局四部分，有时在开端之前还有引子（也叫序幕），在结局之后有尾声。

1. 情节的划分。划分情节要看过渡。时间的变换、地点的转移、人物感情的变化、人物的转换等，往往是划分的依据。划分时要看这些过渡的句子。

2. 情节的概括。一般是概括开端、发展、高潮、结局的各部分内容。概括方法一：小标题式概括（篇幅较长的小说一般采用）。①围绕小说中的某一线索进行概括。如鲁迅的小说《故乡》，按地点线索概括，可以分为：回故乡—在故乡—离故乡；莫泊桑的小说《我的叔叔于勒》，按人物线索概括可分为：盼于勒—赞于勒—遇于勒—躲于勒；都德的小说《最后一课》，按时间线索概括可分为：上学路上—上课之前—上课经过—宣布散学。②按故事发展过程进行概括。如孙犁的小说《芦花荡》，按故事发展可分为：背景（引子）—护送（开端）—受伤（发展）—报仇（高潮和结局）。概括方法二：表述式概括（一般较短篇幅或试题中采用）。针对情节各部分内容，用具体的话进行概括。特别是对高潮、结局部分概括，考查较为常见。概括时，一般要求用简洁完整的句子。

3. 事件的概括。一般是概括小说中的一件或几件事。按记叙文的要求概括即可。

四、表达方式

有记叙、描写、抒情、议论说明。

1. 记叙：对人物经历和事物发展变化所作的交代、陈述。作用：可以把描写的各个方面联成一体，推动故事情节的发展，加深读者对人物、事件的理解。在议论文中，作为事实论据，用来证明论点。

2. 描写：用形象生动的语言对人物、事件和环境所作的具体描绘与刻画。作用：能实现文学形象的具体性、生动性和可感性。

3. 抒情：作者在作品中抒发由某种媒介触发起来的主观感受和思想感情，以强化某些景象的色彩，或突出人物性格的一种表现手法。作用：表达作者某种强烈的主观感情，起到渲染环境气氛，强调人物性格品质，突出文章中心的作用，引起读者的共鸣，使文章更有感染力。（1）直接抒情（往往直抒胸臆，情感浓烈）；（2）间接抒情（借景抒情：通过景物描写，抒发感情）。

4. 议论：作者直接在作品中对人物、事件表明自己的态度、情感和评价。作用：（1）在记叙性文体中，议论有两种方式：先叙后议和先议后叙。前者见解独到，令人深思，具有启发性；后者可使读者很快进入对将要叙述的事物的思考，引起读者对下文的注意。（2）议论在散文中会对形象的特征或意义起到画龙点睛的作用。（3）议论在议论文中主要是阐述观点。

5. 说明:是对事物与事理进行的解释和介绍。作用:使读者清楚明白地了解被说明的事物和特点。

五、小说的主题

小说是一种叙事性的文学体裁。它以塑造人物形象为主,通过完整的故事情节和具体的生活环境的描写来反映社会生活,小说教学应围绕小说的特点而展开,重点要把握小说主题思想。在小说教学中,如何去探究小说主题思想呢?

1. 从多个角度理解小说主题。由于读者个人的生活环境、人生阅历、文化修养和个性气质的不同对同一部作品的评价往往会有很大的差异。因此允许并鼓励学生在阅读中有自己的见解:一方面要了解作品的时代背景和作者的创作意图;另一方面也要有自己的思考,获得自己的认识。要认真地通读作品,仔细地分析作者在作品中表达的思想感情和观念,从而很好地把握这篇小说的主题含义。

2. 通过小说的情节、人物、环境三要素来把握小说主题。紧扣小说情节发展来分析人物形象,探究小说主题。①小说主要以叙事为主,描写生活画面,表现时代风云。阅读小说,要透过故事情节表层,探寻蕴含其中的时代气息、社会发展、思想意识以及生命形态。②探究小说主题时,还要注意情节之间的人物矛盾冲突。人物性格的特征及思想的变化都是随着情节的发展而变化的。因此,小说教学不能脱离情节的发展,孤立地分析人物性格。

分析人物形象,探究小说主题。小说主题一般比较含蓄,作者总是把自己的思想感情隐藏在人物形象之中。因此,把握小说主题的重要途径,就是认真探究人物的性格特征,以及人物的性格特征所折射出来的历史内涵。塑造人物形象是小说的中心任务,独特鲜明的艺术形象能深刻地反映社会生活;因此分析鉴赏人物形象对探究小说主题具有十分重要的作用。小说塑造人物的方法是多种多样的,要根据不同的方法加以分析:①人物的肖像描写包含了作者对人物本质的认识,蕴含了作者要表达的文章主题。好的肖像描写往往起到画龙点睛的作用。要抓住人物的特征和人物的变化来分析人物。②言为心声,语言是揭示人物性格特征的重要手段,不同性格特征的人都有自己独特的语言习惯。在分析人物的语言时,要注意人物语言的前后矛盾和无意识下的语言。③人物的行为动作是人物内心世界对外界的反应,性格和行为是相互统一的,分析人物行为动作的描写是把握人物性格的重要方面。在分析人物的行为动作时,一定要抓住最能表现人物思想性格的关键动词来分析。作者在描绘人物动作时,一般都是通过关键动词来表现人物思想性格的,所以抓住了它就抓住了人物的思想性格。④人的内心是一个秘密领域,它的深处隐藏着人的立场观点、思想品质、精神状态、生活情趣。人物的内心独白是人物的内在思想的外在表现,同时它也是作者要表达的主题。

紧扣人物活动的环境来分析人物形象，探究小说主题。在小说中，人物总是在一定的环境中活动，对其所生活的环境做出种种反应。小说的自然环境、心理环境和社会环境，也为我们把握主题提供必要的信息。

3. 从细节描写来分析人物形象，探究小说主题。典型的细节描写是作品的血肉，有了它，人物形象就会丰满感人；丢了它，就会干瘪乏味。要感受人物形象，对细节描写的分析也是必不可少的。另外，把握小说主题，我们还要注意思考以下问题：是否通过作品的引导使自己有了新的体验和认识；是否认同作者的思想观点；是否从作品中发现了自己独特的感受。例如：安徽省中考现代文阅读题《红橘甜了》（骆驼）文体是小说，但更像记叙类散文，文章设置的几道问题考查角度看似单一，但要求学生在深入理解文章基础上对人物心理进行揣摩，并进行细致入微的表达，这对学生来说要求相对较高。如题目：阅读全文，简要回答下列问题。（1）种红橘的过程中，父亲的态度；（2）等待橘子成熟时，父亲的心情；（3）橘子成熟后，父亲的做法；这题从“种橘子”“等橘子成熟”“橘子成熟后”这三个阶段分别提问，依次问到父亲的“态度”“心情”和“做法”，前两问学生基本都能答出，后一问有四个要点，很多同学只能答出其中一两个要点，考查的是学生厘清行文思路及提取重要信息的能力，部分学生没有耐心思考。

题目：文中父子二人各说了一次假话。请结合具体内容，说说他们的目的分别是什么。（1）父亲：我早吃过了，一天好几个呢！（2）儿子：今天碰到几个外地人，将果子抢购一空，价格比往年高出近一角钱呢！此题询问父子二人各自说假话的目的，就学生答题内容来看，大多数学生都能准确理解文意，但是部分学生答题方向有误，“目的”与“原因”不能准确区分，导致言不及义，给出的答案找不到关键词。所以，审题能力不强是这一题失分的主要原因。这一题考查的是学生联系上下文理解主要人物内心活动的能力。

题目：阅读下面句子，回答问题。（1）（父亲）望着树上的橘子发呆，看到我们，父亲一愣，随即便孩子般叫着母亲的名字。这里的描写表现了父亲哪些内心活动？（2）“这屋里，烟太大了……”父亲和儿子为什么都说这句话？说这句话时，各自的内心状态是怎样的？这题考查学生揣摩文中人物的语言、神态、动作，体会人物的心理和情感的能力。第（1）题一定要抓住人物描写中的关键词，即“发呆”“一愣”“孩子般叫着母亲的名字”，同时还要联系上下文的意思进行解答，答案会更精准。对“发呆”的理解错误较多。联系上下文可体会父亲的“发呆”是因为自己身体已不如以前，不能再像以往那样看望思念的孩子并送去橘子，所以这里既有对孩子归来的期盼，也有对不能看望孩子的愁闷。还有不少考生可能因为没有认真看完全文，或理解能力的问题，竟然错误理解为父亲是因为母亲的去世而思念母亲，痛苦不堪。第（2）题其实有两个问，第一问失分率也较高，很多考生把第一问看丢了，无谓地失分。同时很多考生把第一问和第二问混淆一起解答，表述不清，语意不明。

题目："红橘甜了"，请结合小说内容，具体说说文中表现了哪些方面的"甜"？此题的正确解答需要在抓住关键词"甜"的基础上，对文章内容有深刻的领悟，把握文章的主旨。纵观全文，本文是借橘子为线索写人叙事，表现父子情深以及家庭的和睦融洽。所以父亲和邻居的关系只是为表现主题起烘云托月作用，而非"甜"的真正含义。这里"橘子"其实已经成了联系父子亲情的纽带，对于这对含蓄内敛的中国父子来说，送橘子、买橘子都是传递情感的一种表现方式。文末橘子"卖完"父亲接到钱的欣喜，更多是缘于一个朴实善良的农民父亲对已经长大并有担当儿子的信任喜悦。同时这里的"甜"很显然是语意双关，即橘子味道的"甜"和父子之间的深厚情感。另外这题的分值也应该是学生关注的一个依据，6 分一般来说是三个要点。但有的考生却写了 6 个以上甚至 10 个要点，抓不住重点，词不达意。本题考查学生对文章的深层感受和综合理解能力，即信息的筛选和整合能力。这个阅读文本从个人喜好来说，我很欣赏，朴实、含蓄、隽永。阅读题真正考查了学生语文感知能力、理解能力，由表及里，符合认知规律。

（入编《名冠金典》，安徽师范大学出版社，2015 年 8 月）

重构议论文阅读的知识系统

初中议论文也是必须掌握的一种文体，近几年来，全国各地均考查这种文体，例如，河南考点方面侧重内容的概括，中心论点考查较少，文章标题一般都不是中心论点。河北议论文设题较灵活，文章一般为读书求知类或热点话题，考点有论据选择、论证思路、主观表达、中心论点提出方式、论证方法及作用等。山西近3年来议论文选文侧重于实用性，贴近学生的生活实际，如2016年围绕“读书”，2017年围绕“写作”，2018年围绕“阅读”。多考查内容理解、词句理解与赏析等，非常规考点融入微写作，考查写议论性文字、谈观点及看法等。云南考点有：把握中心论点、论证方法及其作用、拓展延伸、补写论据、段落作用、内容理解、句子含义、标题作用，拓展延伸是必考点。江西主要考查人格修养、生活哲理和读书学习类。高频考点：中心论点、论证思路、内容理解、词语指代。安徽近9年考查了4次议论文，主要考查读书学习和成长励志这两类主题。必考点：提取并概括中心论点。高频考点：信息提取概括、论证方法及作用、概括或补写论据、句段作用。其他考点：划分文章结构层次、分析论证思路、议论文语言分析（词语指代、品析句子）、主观表达、引号作用。阅读的材料主要来自课外，内容贴近学生生活，着重于对学生进行人格、思想、品质、心理等方面的教育，凸显人文关怀。考查能力主要表现为概括能力、理解能力，要求能够整体感知文章的主要内容，正确把握文章的论点、论据、论证，了解文章的基本思路，体会语言的表达效果，在此基础上，能根据自己的生活阅历和体验进行知识的重新建构，从而完成开放性题目。笔者认为考查议论文是必要的，增强学生的文体意识是可行的，但学生掌握相关知识情况是不容乐观的，因此，重构中考议论文阅读知识系统是非常必要的。

一、要熟知议论文的常见考点

考纲要求：阅读简单的议论文，能提取、归纳文章的中心论点；能辨析论据类型，概括论据，按要求补写论据；能辨识、理解论证的方法和方式，厘清论证的结构；能分析关键性语句的含义和作用，理解议论性语言准确、严密、生动的特点；能辨析论点与论据之间的联系，并通过自己的思考，对作者的论述做出判断。依据考纲要求，我们要熟知议论文的常见考点：

1. 提取、归纳、概括文章的中心论点。要了解中心论点特点，一般具有以下几点：①在形式上是完整的句子，是作者看法的陈述。②是明确的判断。③不运用修辞和疑问词。概括论点：一看标题，二看首尾，三看关键句，四可分析论据。

2. 结合具体语境理解关键词语的深层含义和表达作用。分析关键词语、关键句子的含义，要注意以下几点：一要联系文章内容，尤其是要联系文章的中心论点；二要结合语境，联系上下文揣摩其具体含义。其作用：一是对论点：阐述或论证论点。二是分析其效果，使论证更严密。

3. 考查论据的类型及作用，用概括、分析的方法。

4. 辨别论证方法、论证方式或论证角度。运用论据论证的作用、结构分析、概括文章或段落的内容；理解论证的思路；联系生活实际，对文中的观点和材料发表见解或主张。

5. 对议论文结构提出问题。理解议论文的一般结构与思路，抓住点示结构思路的语言标志："再说"表示推进；"反之"表示转入相反方面论证；"总之"表示分总归纳；"同样"表示类比推理。

6. 对文章的语言进行探究，品析其准确性、严密性、生动性。品析语言：理解含义后，借助上下文有关语句进行阐发，有时还需揣摩词句的比喻义、作者为文的目的。善用对比法，删去关键词前后作比较，体会议论文语言严密、深刻等特点。

7. 根据文意从自己阅读和生活积累中列举事实论据或谈自己个性化的阅读启迪和感受。

8. 补写能证明文中论点的事实论据或道理论据，谈自己的观点看法等。这是拓展性试题，具体有这几种：(1)补充事实论据：要求真实、典型、新鲜、充分，概括叙述紧扣论点，所选的事实和观点要统一，否则就失去了事实论据的说服力。(2)补充道理论据：包括名言警句、民间谚语和诗文名句，要有一定的权威性。引用要完整准确，不可张冠李戴，不可断章取义。(3)补充论据：先要明确所证明的观点，概括时做到简明而典型，最好不要另起炉灶。

二、对议论文常见考点的解析

议论文就是议论说理的文章，是以议论为主要表达方式的一种文体，它主要通过摆事实，讲道理，运用事实材料、逻辑推理来阐发作者的观点，表现赞成什么，反对什么。下面是对议论文常见考点的具体解析。

1. 议论文的论点。是作者对所论述问题的见解和主张，也是文章阐述的中心问题，它是议论文的灵魂。(1)一篇文章论点的数量。议论文一般只有一个中心论点，有的议论文还围绕中心论点提出几个分论点。这几个论点可以是并列的，也可以是递进的，但它们都应该服从全文的中心论点。它们与中心论点的关系是：有的文章把几个分论点综合归纳起来就是中心论点；有的文章几个分论点都是中心论点的论据。(2)论点的特征。论点应该是作者看法的完整陈述，是明确的判断(包括肯定和否定)。在形式上应该是完整的陈述句;在内容上具有判断性,能够明确地表示作者对所论述问题的观点、态度,包括肯定和否定。(3)论点的位置。文章的论点可以安排在开头,也可以安排在文章的中间或结尾。有些文章的题目就揭示了论点(议论文的标题不是表明论点就是点明论题,论题只揭示议论的范围,论点是作者的见解和主张)。即论点可以安排在文章的任何位置。但较多情况是在文章的开头,段落论点也是如此。从常见位置寻找文章的论点,是我们的习惯做法。但是,我们判断一个句子是否就是文章的论点,还应通读整个文段,看文段的其他句子是否围绕这个语句来写,与这个句子有没有逻辑上的关系。(4)论点的呈现方式:第一种是明确表达式:在文中可以找到现成的表示作者观点、态度的句子。有四种常见提出方式:①有的文章标题就是中心论点;②有的文章开头第一句话就是中心论点(有时是作者自己的话、有时引用名人名言);③有的文章是叙述现象后稍加分析提出论点;④有的是在摆出对方错误观点分析否定后提出中心论点。第二种是归纳、概括方式:文中没有现成的表示作者观点、态度的句子,需要我们进行归纳、概括,从中提取出文章的论点。

如何归纳提出文章的论点?有下面这几种:①找出论题,判断作者对此问题的倾向。②观察论据,根据论据与论点之间所具有的支持与被支持的逻辑关系,从中推断它所支持的观点。常见题目有:本文的论点是什么?文章是怎样提出论点的?本文分论点之间的关系怎样?分论点和中心论点的关系怎样?对论点进行评述(这是开放性试题)。

2. 议论文的论据。论据是作者用来证明论点的材料,是论点赖以成立的基础,是文章的主体。哪些可作为论据?包括事实论据和道理论据两大类,事实:典型事例、史实、统计数字;道理:一般都是引用名人名言、格言、谚语,自然科学的原理、定律、公式。论据和论点之间的关系:论据用来支撑或证明论点,当文章只有中心论点时是直接支撑论证中心论点,当文章有分论点时则可以直接支撑证明中心论点,但更多是在证明分论点后与分论点一起间接支撑证明中心论点。但要做到几点:第一,事实论据要确切真实,材料虚假或张冠李戴,都不能有效地证明论点;第二,论据要与论点一致;第三,事例论据要简洁,凡与论点没什么关系的情节过程都是多余的;第四,举例论证必须将事例的意义内涵与论点结合起来分析论述。还要注意论据间的关系:几个论据共同论证一个论点时,要注意其顺序:或时间、或空间、或主次、或数据的大小。常见题目为:本文为了证明论点用了哪些论据?这个论据(材料)在文中有什么作用(阐明什么道理、目的),分析论据能不能为证明论点服务。围绕论点补充论据(这是开放性论题)。

3. 议论文的论证。论证是运用论据来证明论点的过程和方法,是论点和论据之间的逻辑关系纽带。论点是解决“需要证明什么”,论据是解决“用什么来证明”,论证是解决“怎样证明”。论证方法有:①举例论证。列举确凿、充分、有代表性的事例,阐明了什么道理,增强文章的说服力。②道理论证。一种是直接讲述一些支撑论点的基本道理,揭示事情的本来面目,令人信服;另一种是引用名言、警句、格言、谚语、公理,阐明什么道理,增强论点的权威性,使文章极具说服力。名言、警句影响力大,格言、谚语、公理为大家公认,道理不言自明。③比喻论证。用人们熟知的事物作比喻来证明论点,浅显易懂,增强说服力,同时又能使文章生动形象。④对比论证。将论据中截然相反的两种情况进行比较,形成鲜明的对照,互为衬托,特别能突出一方面的性质,具有很强的论证力量。⑤引用论证。引用论证比较复杂,这与具体的引用材料有关,有引用名人名言、格言警句、权威数据、名人轶事、笑话趣闻等各种情况,其作用要具体分析。如引用名人名言、格言警句、权威数据,可以增强论证的说服力和权威性;引用名人轶事、奇闻趣事,可以增强论证的趣味性,吸引读者往下读。

论证方式:立论、驳论。立论是直接提出并阐明论点的论证方式,用这种方式写作的议论文被称为“立论文”;驳论是通过反驳对方的论点来阐明自己的论点的议论方式,这类议论文常被称为“驳论文”。反驳的方法一般有三种:驳论点,驳论据,驳论证。由于议论文是由论点、论据、论证三部分有机构成的,因此驳倒了论据或论证,也就否定了论点,与直接反驳论点具有同样的效果。一篇驳论文可以把几种反驳方式结合起来使用,以加强反驳力量和说服力。1. 反驳论点:即对对方的论点进行批驳,指出它是荒谬的、虚伪的,这是驳论中最常用的方法,又分为直接反驳和间接反驳。直接反驳即直接指出对方的荒谬,这种方法有的是引用确凿的不可辩驳的事实,有的是从理论上进行透彻地解剖和分析。间接反驳又分为两种方法:一种是对对方的论点进行合乎逻辑的引申,使对方论点露出马脚,以此驳倒对方,即归谬法;另一种是证明与对方相对立的论点是正确的,那么相反也就证实了对方的论点是错误的,即反证法。2. 反驳论据:即揭示对方论据的错误,以达到驳倒对方论点的目的。因为论点是由论据来支撑的,驳倒了论据,就使论点站不住脚。3. 反驳论证:即揭露对方在议论过程中的逻辑错误,如大前提、小前提与结论的矛盾,对方各论点之间的矛盾,论点与论据之间的矛盾等。

在议论中,虽然有立论、驳论两种议论方式,但并不是完全割裂开的,因为“破”的目的也是为了“立”,所以在运用时,立论和驳论常常是相互联系,交替使用的。常见题目有:文章用了什么论证方法?举例说明其作用,或者划线句有什么作用?

议论文的范围很广,形式也多种多样,议论文的种类主要有以下几种:1. 政论文,即针对当时政治问题发表看法,提出见解的议论文。如《纪念白求恩》。2. 评论,即评述某一事件、社会现象、思想倾向、公众普遍关心的问题的议论文。3. 杂文,即直接反映社会事实的文学性论文,它具有短小、活泼、锋利、隽永的特点,是一种战斗性很强的文体。

感想,即读后感、观后感、杂感等,是人们阅读小品、观赏影视戏曲或体验某一生活经历后,在某一方面有了感触,得到启示,结合现实生活中的问题发表的议论。

5. 议论文的结构。即提出问题(引论)—分析问题(本论)—解决问题(结论)。引论常见题目:引论部分有什么作用?①直接申明自己的主张和看法,提出中心论点。②交代背景,说明写作的目的和原因。③因事设问,启人思考。④从日常生活现象落笔。⑤引经据典,说古道今。本论常见题目:本文的结构怎样(是怎样展开论述的)?①并列式:平列中心论点的几个方面,往往有分论点。②递进式:层层深入、步步发展;起承转合、环环相扣。(注意顺序条理)。③对比式(正反对比)。④综合式。结论:总结、号召、勉励、警示等。

6. 议论文的语言。议论文的语言往往具有较强的概括性和严密性,利用比较抽象的词语表现丰富的内容。阅读时,理解富有概括力的关键性词语是解题的关键。常见题型为理解词句在语言环境中的意义。这类题必须联系文章内容作答,而非简单解释。体味鉴赏语言风格是又一种常见题型,答好这类题需要具备一定的语言感悟能力。因此我们日常学习中应多积累一些有语言特点的材料,如有的语言形象生动,有的则朴实自然等。

7. 议论文的开放性试题。近几年中考议论文阅读中的开放性试题呈上升趋势。此类题与现实生活联系紧密,更注重考生自身的情感体验,且题型多样。常见题型如下:(1)要求考生联系实际对文章内容进行延伸。此类题目要求考生具备一定的发散思维能力和对生活的领悟能力。(2)由阅读材料引申出与之相关的内容,要求考生进行自主创作。此类题目需要考生具备一定的语言运用能力。(3)由阅读材料引出相关诗文,要求考生根据材料中的观点进行自主评论。(4)要求考生对所提供的材料进行独立思考,阐述自己的见解和主张。(5)联想想象型。这些开放型试题更能体现新课标精神,“培养学生主动探究、勇于创新的精神和探究性阅读、创造性阅读能力”“提倡多角度、有创意的阅读”。为了适应这类试题,我们平时要开展演讲、辩论等能培养学生创造性阅读能力的活动,让学生发表有理有据的独特见解和感悟,同时还要训练学生语言准确简明的答题能力。

三、议论文答题技巧

议论文无非就是论点、论据、论证方法、论证思路、内容理解、句子含义或作用、语言特点、拓展探究这些考点,掌握固定答题技巧,必可事半功倍。

1. 概括中心论点。(1)明确中心论点的特点,根据特点提取或概括。中心论点是作者观点的完整表述,在形式上是个简明的判断句。(2)根据论点提出的方式进行提炼。①在标题和开篇处直接提出论点。②通过生活中的现象或名言警句等引出论点。

(3)位置“四看”法提取。①看题目:题目或直接揭示论点(如《事物的正确答案不止一个》),或提示论点,(如《中国人失掉自信力了吗》),或提示议论的范围。②看开头:开篇点题,如《谈骨气》中的第一句话“我们中国人是有骨气的”就是中心论点。③看结尾:篇末揭示中心,可留意一些标志性词语。④看直接表述句:要留意文章中间体现作者主要观点的正面表述句。注意上述几种方法,在实际运用过程中,综合起来运用,会使解题更加快速和准确。

2. 论据。分析论据。首先要明确文中列举的句子或段落运用了什么论据,然后联系论点具体分析其作用。议论文常见的论据分为事实论据和道理论据:①事实论据:包括事例、史实、统计数据等。作用:真实有力地论证了观点,增强文章的说服力。②道理论据:包括经过验证的真理、名人名言、格言、谚语,自然科学的原理、定律、公式。作用:具有权威性和科学性,使论证更具说服力。另外,使用多个事例论据或道理论据,一般情况下会使论证更加具有说服力,也更充分。答题格式:这是……论据,在文中起着论证……的作用(或引出论点的作用)。

补写论据。首先,要审清题目,看是要补充事实论据还是要补充道理论据。如果补充事实论据,最好举名人事例,但一定要写准确人物、事件,切忌张冠李戴、无中生有。其次,一定要围绕论点去写。论据补写“三要”:①要准确,必须依据论点将论据本质特点把握住,然后用准确的语言进行表述。②要真实,材料虚假或张冠李戴,都不能有效地证明论点。③要简洁,凡与论点没什么关系的情节过程都是多余的。写道理论据时,论据要与论点一致,所写的名言、格言应有一定的权威性。警句、谚语、诗句等直接引用时要与原文对照,认真核对,不能断章取义;间接引用时不能曲解原意。

3. 论证方法。有时一段文字中不止运用了一种论证方法,作答时要找全。阅读思考时按举例论证、道理论证、对比论证、比喻论证的顺序排查就可避免缺漏。

4. 论证思路。对于论证思路的把握,注意从以下四个方面入手:(1)明确问题中提及的中心论点或分论点是什么;(2)结合文章,根据论点、论据的具体内容,分析先说了什么,后说了什么;(3)明确使用了什么论证方法对论点进行论证;(4)考虑论证的角度,是正面论证还是反面论证。答题步骤:一是通读全文(有时候是语段),勾画能提示论证方法、引出主旨或结论的符号、关键字词,划分层次;二是按照顺序分析每个层次,对论据可从论证方法入手,或举例、或引用、或对比,并指出论证了什么;三是对于结论、观点之类的文字,在分析时可直接引用,也可以概括。

5. 内容理解。从以下三方面着手:(1)分析题干,锁定区域。从题干中找寻关键字眼,确定范围和方向,即题干中关于阅读全文或某一段的提示。(2)通读全文,划定段落,提取要点。在此之前,先将全文内容迅速通览,明确文章大致内容,之后再对题干划定的区间进行细致的阅读和分析,过程中可对重点内容,特别是与答案相关内容做特殊标记,便于提取要点。(3)整理要点,规范作答。对筛选出的重要信息进行提炼或概括,根据要求“整理”答案,在语段中,有概括该段内容的词语或短语,可以直接引用。有的则需要把握住内容间的联系,归纳重点,分点作答。

6. 句子含义及作用。一般有以下几点要注意:(1)阅读题干,明确设问要求,是理解句子含义还是分析句子作用。(2)结合文章内容具体理解、分析。理解句子含义,侧重句子的本义和语境义,并结合文章中心论点或句子所在段落的分论点进行。分析句子作用,侧重结合句子的表达方式产生的效果,句子是否使用修辞手法,句子的内容反映的实质问题,句子与文章中心论点有无关系等。(3)整理答案,简洁表述,注意答案尽可能要与文章的中心论点联系起来。

7. 语言特点。议论文语言的特点一般有以下几点,在对应到文章中具体分析时,一般只需根据文章表述上的鲜明特征对号入座即可。准确严密,用词准确,科学推理,表述严密。鲜明生动,观点明确,运用修辞,形象说理。通俗易懂,平易通俗,简洁明了,议论清晰。严谨文雅,文质兼备,用语考究。说理性强,叙述概括简洁,议论以理服人。

8. 拓展探究。可以从以下几点去思考:(1)紧扣作者的正面观点,与文章的价值取向一致;(2)从容易作答的角度表明自己的观点、看法,不能模棱两可;(3)从原文中提炼支持自己的观点、结论的论据,表述要简洁;(4)思路条理清晰,有说服力。

鉴于以上情况,结合中考议论文的复习,谈几点建议:

1. 要注重学生对议论文基本常识的强化训练。我们发现许多学生连一篇议论文的中心论点都不会找出来,着实让人扼腕叹息,其实答案在文本中已多次出现,平时肯定要求学生了解,还需要多训练。语文教学要强调文体特征,在答卷中很多考生分不清文体,暴露出平时的语文教学中文体知识的缺失,是一个软肋,要有文体意识,虽然初中以记叙文为主,不能只重视记叙类的文章,议论文文体也要了解,不可偏颇,确实要引起重视。

2. 要注重学生语言概括能力的训练。答题中很多学生普遍存在语言不简练,答题要点不全的问题。加强学生概括提炼能力的训练,提高学生理性思维能力、抽象思维能力和思辨能力。

3. 文体特征把握不准,辨识不清。学生从整体上来说,掌握的情况并不是很好,常规文体的特征辨识不清,由于文体特征把握不准,导致的后遗症很多,比如考生在记叙文的答案中有“作比较”“对比论证”等,这是语文教学过程中忽视文体所致。

4. 要加强学生汉字书写基本功的训练。阅卷中我们发现书写工整、字迹清楚、卷面整洁的试卷得分情况就是好一些,书写不规范,字迹拥挤,密密麻麻,让人难以分辨,这绝不仅仅是5分卷面分的问题。

5. 要增强题型辨析意识。首先要搞清楚题目问的是什么,才能有针对性的回答,然后再用语文术语回答,简练明确。

6. 要强调审题的重要性。阅读题目整体看来难度适中,但因学生审题意识不强,往往审题不清、表述不明,成为考试的丢分点,失分情况严重,导致议论文阅读考试成绩不甚理想。议论文的审题能力有待加强,平时教学阅读训练不能只重视记叙类的文章,议论文也要落到实处。

说明文阅读教学规律之寻踪

说明文阅读注重传递科学知识、培养科学态度、养成科学方法、树立科学精神,在此基础上,考查学生的理解、分析综合、表达应用能力。安徽近10年6次考查说明文,选材涉及自然资源、传统文化,字数在700—1000字。考点有划分文章层次、说明方法及其作用、说明对象及其特点、分析说明顺序、概括说明要点、主观表达、句段作用、品析说明文语言、词语理解。要求学生能读懂文意,在读懂文章的基础上能归纳内容要点,概括文意、段意和层意;能品析重点词语、句子的含义及其表达作用;能理解说明的内容,明确说明的对象,把握说明对象的特征或本质,准确概括中心意思;了解说明的顺序,领会说明顺序的综合运用;了解说明的方法,能从文中找出重要的说明方法,并能简要说明它们在文中的作用;了解说明文语言的特点,主要体会语言的准确性。准确筛选、提取文中的信息并进行归纳概括。联系实际生活,根据文章内容进行推断和想象。

一、说明文知识点的梳理

定义:说明文是以说明为主要表达方式来解说事物、阐明事理而给人知识的文章体裁。它通过揭示概念来说明事物特征、本质及其规律性。说明文实用性很强,它包括广告、说明书、提要、提示、规则、章程、解说词、科学小品等。

分类:1. 从说明对象的角度分为:事物性说明文、事理性说明文。2. 从说明文语言特征的角度分为:平实的说明文、生动的说明文。说明事物要抓住说明对象的特征,所谓特征是一事物区别于它事物的标志。一般来说,从形状、性质、方位、构造、类别、功能等方面进行说明的文章,其说明对象是事物;从概念、原理、成因、规律、联系等方面进行说明的文章,其说明对象就是事理。

说明的顺序:1. 时间顺序,按照事物的发展先后次序来安排说明的条理,可以清晰地把握事物发展变化过程。说明事物发展变化的文章常常采用这种顺序。2. 空间顺序,按照事物的形状、结构,各部分之间的关系,由外到内,由上到下,由远及近,由前到后,由整体到部分,由中间到两边,使读者一目了然。3. 逻辑顺序,依据事物内部的联系和人们认识事物的规律进行说明。阐明事理的说明文多采用这种顺序。具体包括由原因到结果,由现象到本质,由特点到用途,由整体到局部,由主要到次要,由一般到个别,由表及里,由浅入深等。说明事物的文章常采用空间顺序和时间顺序,说明事理的文章常采用逻辑顺序,有时一篇文章,可能兼用几种说明顺序。

说明结构:说明事物按空间顺序或由上到下,或由外到内,或由整体到局部,常采用并列式结构。说明事物发展过程，工作程序，以时间为序，前后相互承接，常采用承接式（连贯式）结构。另外还有总分式结构，它大致有三种情形：总—分，分—总，总—分—总，它常用于从概括到具体或从整体到部分的说明。

说明的方法：1. 常见的说明方法有：举例子、分类别、作比较、作诠释、打比方、摹状貌、下定义、列数字、列图表、引用说明。2. 常见说明方法的作用。举例子：通过举具体的实例对事物的特征加以说明，从而使说明更具体，更有说服力。分类别：对事物的特征分门别类加以说明，使说明更有条理性。作比较：把________和________加以比较，突出强调了事物的特征。作诠释：对事物的特征加以具体的解释说明，使说明更通俗易懂。打比方：将________比作________，从而形象生动地说明了事物的特征。摹状貌：对事物的特征加以形象化的描摹，使说明更具体形象。下定义：用简明科学的语言对说明的对象加以揭示，从而更科学、更本质、更概括地揭示事物的特征。列数字：用具体的数据对事物的特征加以说明，使说明更准确、更有说服力。列图表：用列图表的方式对事物的特征加以说明，使说明更简明、更直观。引用说明：①引用具体的事例（作用同举例子）；②引用具体的数据（作用同列数字）；③引用名言、格言、谚语（作用是使说明更有说服力）；④引用神话传说、新闻报道、谜语、轶事趣闻等（作用是增强说明的趣味性）。

说明文的语言：语言的准确性是说明文的最基本特征，表现在对说明对象进行精确的修饰、限制、补充，甚至以模糊词语来达到准确说明的目的。在准确的前提下语言可以平实见长，也可以生动活泼见长，平实和生动就是说明文语言的两种不同风格。在有些说明文尤其是科学小品文中，作者会运用优美词语、描写性语句和修辞手法，使本来枯燥的事物变得生动形象。

二、说明文考点及解题技巧

考点一，概括说明对象特征。方法为：1. 看标题，抓说明对象修饰语。以标题直接为说明对象的，标题中的修饰语往往具有暗示或揭示说明对象的特征；有的标题用设问句的形式，以引导考生有针对性地把握说明对象的特征；有的标题用形象生动的比喻、拟人的方法来说明事物的特征。2. 抓关键句和中心句。①文段的首句、末尾句或者文章的开头段，往往点明了说明对象的特征。因此在通读全文的基础上，分析文章的结构（总—分、分—总、总—分—总三种形式），细读段首和段尾，找出与题目中修饰性的词语相似的内容、总结性的句子，整合概括。②划分段落层次，抓中心句。从材料入手，一般说明内容是按照说明对象的特征依次展开，考生需逐段分析作者介绍了有关事物的哪一方面的特征，层层揭示，然后归纳总结，即可得出说明对象的全部特征。有的事物的本质特征，作者已经在文中明确指出来了，阅读时找出关键句即可。注意标志性词语，如首先、其次、还、此外等。

考点二,说明文语言。其特点为:1.准确严密性。通常从以下角度设问:①“××”一词好在哪里?答题规范:词义(是否含修辞)+生动形象地……+事物特征。②“××”一词能否删去?为什么?答题步骤:A.表态:不能删去的;B.解释词语本义以及语境义,词语在程度、状态、性质、范围等方面对句子进行的修饰或限定作用;C.比较:比较删去这个词语和不删的区别,结合具体内容说明不能删去的原因;D.结尾一定要有这样的表述:这体现了说明文语言的准确性、严密性与科学性的特点。答题规范:不能删+解释词(句)意思+体现了说明文语言的准确性+若删去,……不符合实际(太绝对化)。③“××”一词能否替换为“××”,为什么?答题步骤:A.表态(不能);B.分别解释原词和替换词的意思;C.结合文章内容分析替换后句意发生的变化(与实际不符);D.这个词语体现了说明文语言的准确性、严密性和科学性。答题规范:不能。原文“××”词语是……的意思,而替换的“××”只有……的意思,如换成“××”,就与原文内容不相符,不能体现说明文语言的准确性、严密性和科学性。2.生动形象性。说明文语言的生动形象性是指说明文语言轻松活泼、幽默风趣的特点,一般会运用比喻、拟人、夸张等修辞手法,或字词、短语、句子描写生动、优美之类。作答时,结合句子所运用的修辞手法,回答句子是如何遣词造句,如何进行生动、形象的说明即可。

考点三,文意转述。此类题常用解题步骤:一了解、二标记、三比较、四判断。一了解:了解文章大意,即说明的对象、说明内容、各段之间的联系等。二标记:在原文中找到与选项对应的句、段(一般是句),并且给这些重要句子和关键词做上记号。三比较:比较原文句、段文意与选项表述是否一致。四判断:根据比对结果最终确定答案,常用的方法是排除法。注意:正确解答这类题还需要培养细心的审题意识。明确题目的要求,看清是选择“不正确的一项”,还是“正确的一项”;比较异同时,要特别注意,看似相同的说法可能相去甚远,貌似无关的说法可能本质相同。

考点四,说明方法及其作用。第一步:锁定题干要求的句子或段落,根据判定的标志性语言(词语)判断其所运用的说明方法。第二步:要体现出说明方法作用的关键词,如打比方形象生动;作比较是突出、强调××的特征。第三步:结合具体说明对象或说明内容,分析说明方法的作用。

考点五,内容理解与概括。第一步:审清题干要求,明确答案需要“提取”还是“概括”。第二步:通读全文,在文中找到相关语句,并做好标记。第三步:把握文章内容,整理有用信息,并进行分析归纳。“概括”时,具体可用以下方法:①摘抄缩写法。对有关内容、段落摘取关键词进行缩写,言简意赅。②合并段意法。将不同段意整理为一个表意完整的句子。③提取中心法。在文(段)首或文(段)尾,“提取”中心段或中心句,常为概括性的句子,注意力求简洁准确。④树立“答案就在文中”的理念。第四步:用准确简洁的语言加工整合。

考点六,段落作用。解答语段在文章中的作用,一般需从内容、结构以及表达效果上考虑。1. 内容:需结合文章的说明内容进行具体分析,看语段在整体内容上起什么作用,具体说明了什么,强调什么意思等。2. 结构:(1)开头语段的作用:①引出(或交代)本文的说明对象(或说明对象的××特点);②增加说明文的文学色彩(或故事性),激发读者的阅读兴趣;③结构上总领全文,引出下文。(2)中间段落、句子的作用:承上启下,总结前文并引出下文的说明内容。(3)结尾段落的作用:一般有总说的作用,或与开头的说明相呼应,使结构更严谨。3. 表达效果:若有说明方法,则从说明方法及其作用上作答。另外,分析句子作用时,需观察句子是否使用了修辞方法,再回答作用。

考点七,标题的作用。说明文的标题一般有两个作用:1. 内容上,点明说明对象,或说明对象的特征,揭示(概括)说明内容。2. 表达效果上:(1)运用比喻、拟人等修辞,或化用诗句、成语等,生动形象、新颖别致。(2)运用问句的形式(设问、疑问句;含"为什么""什么""为何"等词语、标点)设置悬念,引发思考。(3)话题新鲜奇特,超出人们认知常识,激发读者阅读兴趣。(4)引用热门话题,贴近生活。注意:以上作用,在答题时,切记不要盲目罗列,要具体问题具体分析。联系文章具体的内容以及标题运用的手法进行分析。

答题规范:①直接用说明对象作标题;②主要特征(修饰或含感情色彩的词)+说明对象。

考点八,说明顺序。具体方法:1. 辨别说明顺序:(1)明确说明文类别。事物说明文一般采用时间顺序、空间顺序,也会采用逻辑顺序,事理说明文一般多采用逻辑顺序。(2)寻找语言标志。时间顺序一般会有朝代、季节、早晚等标志性的词语;空间顺序一般有方位名词作标志;逻辑顺序有"首先、其次、然后、最后""为什么""原来""因此"等标志性词语。一般情况下,如果一篇文章找不出明显的时间、空间顺序的标志词时,便是逻辑顺序。(3)分清主次,综合归纳。有时候一篇说明文会以一种说明顺序为主,并兼用其他说明顺序,故辨识时,要以主要的说明顺序为主。2. 结合说明顺序,概括说明思路。解答此类题目,可按以下步骤进行:(1)明确选文的说明顺序或说明结构有时题干已给出,有时题干并未明确说明,需要对说明顺序或说明结构进行辨析。(2)按说明顺序或说明结构将原文内容进行概括梳理。答题规范:首先,说明(介绍)……然后(再、其次)介绍……最后,介绍……

考点九,拓展探究。第一步:审清题干,明确作答要求。弄清是否需要结合文章内容作答,以防答案不全面或脱题。第二步:分析材料,把握主要内容或者材料的共性(多则材料时)。所给材料一般是列举事实,所以这就需要把握材料所列举的事例说明了什么事理或道理，若是有多则材料则需找出这些材料之间的联系，看共同阐述了什么事理或道理。第三步：结合全文所说明的事理或对象，找出材料与全文内容之间的联系，根据题干问题准确作答。

说明文教学应注意以下几点：1. 引导学生静心阅读。做到真正理解文本，而不是只学答题技巧；在把握文章内容的同时，关注文章结构，特别是关键句段在文章结构上的作用、与上下文的关系问题，答题才能更为全面。比如，既要让孩子不仅关注段首句，又要关注中心句，因为有些段首句并不是文段的中心句。2. 把握说明文文体特征。要求学生熟知常用说明方法的内涵，能准确判断句子、文段或全文所使用的说明方法。要求学生能正确书写每一种说明方法，做到正确表达，不写错别字，不与其他文体的专有名词混淆。要求学生掌握说明方法的表达效果，并能联系具体内容指出说明方法的作用。3. 指导规范答题模式。答案要根据分值条分缕析来写，比如答题步骤：①不能删去……②因为……（先配合实际语境分析加点词意思和在句中所表达的作用），若删去，就变成……的意思，不符合实际。③加点词体现了说明文语言的准确性、严谨性。另外，注意每个要点要有关键词。

（刊登在《名冠金典》，安徽师范大学出版社，2015 年 11 月）

第五章

思索 · 实践 · 回望

充满思辨性　富于灵活性

——复杂的非连续性文本阅读复习课究竟怎么上

如何上好复杂的非连续性文本阅读复习课？笔者设计了“识—读—思—探—练”的教学思路，意在引导学生通过阅读文本来探究非连续性文本的概念诠释、相关知识、基本特点、常见类型、阅读方法、典型试题、课堂演练、备考策略等方面内容。这样的设计简单、有效、有针对性，可操作性强，对于复杂的非连续性文本阅读的复习而言，具有一定的借鉴价值。

一、识——诠释概念，了解知识

1. 辨识文本特点。我出示几篇材料让学生学会辨识文本基本特点。选取以下几种：(1)图文转换类。将图表(图片)转换成文字，我们在阅读非连续性文本时会经常遇到图片、表格，有时便需要用文字将其中的主要内容表述出来。这类需要我们仔细观察图表，然后直接提取图表的显性信息，并根据信息进行推断总结、概括并且用简明扼要的语言来表达。(2)图示图标类文本。示意图、宣传海报、手抄报等是形式上更为纯粹的、简单的非连续性文本，也更为实用。2015 年安徽中考题，就有一篇典型的图标类“非连续性文本”试题，需要将图示转换成文字。因此要仔细观察图示的信息，根据要求表述，不要忽视左上角的图标和“从学校前往目的地”的提示，根据路线图上的目标点，按顺序说清方位即可。(3)图画类阅读。单一图画的阅读基本上是由标题、主体以及注释这三个部分构成。在阅读这类文本的时候要注意以下几个方面：①浏览全图。可以先对整个画面做一个大致的了解。分清画面的主体和背景，在此基础上进行初步判断，但不要掺杂主观想象。②分析细节。如图画中的标题、注释以及图画主体中的细微之处。再如色彩搭配、线条粗细、下笔力度等，或者是画面人物的表情、动作、语言等，还有画面中的文字这些都需要我们注意。③推测信息。根据细节的分析，进行理解、综合判断，结合问题设置的要求，在此基础上进行推测。④准确描述。根据题目的要求，恰当完整地表达。(4)漫画类文本阅读。题目要求仔细观察下边的漫画，说说它的含义。考查的是读图分析的能力，体悟含义。漫画经常会用不同的表现手法如拟人、夸张、对比等来反映生活，因此在揭示含义的时候要由表及里，联系生活，挖掘其中的深刻含义；要看懂“漫画”，应抓住这个关键句，由此分析出的结论才更为妥帖。

2. 诠释基本概念。所谓“非连续性文本”，是相对于以句子和段落组成的“连续性文本”而言的阅读材料，它基本是由数据表格、图表和曲线图、图解文字、凭证单、使用说明书、广告、地图、清单、时刻表、目录、索引、图像、图示等形式组成，我们在学习、生活中，常会遇到这种既有文字又包含图片和表格等形式的阅读文本。这些材料从不同角度呈现事物或主题，单独看是完整的，合在一起又能够综合地表达出某种意义。

二、读——阅读文本，知晓题型

1. 读懂读透文本。教师要指导学生仔细阅读非连续性文本材料，并且研究中考非连续性文本阅读的典型题型和命题意图，笔者认为学生在阅读过程中所需具备的阅读能力，大致可以呈现为如下三点。第一，准确获取文本信息的能力。主要指学生能够根据非连续性文本的特征、时间、背景等基本元素，迅速找到自己所需要的信息。连续性文本注重学生为获得文学体验而阅读，而非连续性文本的特点决定了其必须以迅速确定相关信息，获取有意义的材料为首要。第二，解释文本信息的能力。非连续性文本的阅读不是简单直观地呈现文本信息，需要学生进一步对文本信息进行加工、整合，这当中包括学生对于文本内容的说明、解释和讨论的过程。第三，反思和评价文本内容的能力。

在阅读材料时要注意以下几个方面，以图画类文本阅读为例。(1)画面的连贯性。我们阅读的很多图画书以及图文材料都有一个叙事主题，围绕这一个主题来展开阅读，许多画面连贯起来就形成了完整的故事，但是也有部分的图画书需要靠读者的想象力把它们连起来。所以我们在阅读的时候不能破坏这种连贯性，才可以掌握故事表达的主题。(2)表达的节奏性。图画讲述的故事如果一直都是同一种基调，很难激发读者阅读的兴趣，在图画书中也存在很强的节奏性，有平稳舒缓，有紧张恐惧，有幸福快乐，有悲伤难过等。不同的节奏组成的整个故事才可以有张有弛，吸引读者阅读。在阅读的时候也要注意这种节奏。(3)颜色的搭配和色调的变化。不同的颜色蕴含着不同的含义，用颜色来诠释情感是再好不过的了。一般在图画作品中，红色代表快乐，蓝色代表忧伤，绿色代表希望，多用暖色调有兴奋、喜悦的含义，多用冷色调有宁静、忧伤的意义。颜色的明暗变化也代表不同的情感，甚至有的时候还可以利用不同颜色的对比来引起视觉上的冲击。每种颜色都是一种象征，可以引发人们不同的联想。(4)画面的视角。画面的视角是最特别的部分，它可以配合情节，让故事更加跌宕起伏。我们的眼睛就如同摄像机，用不同的角度来观察画面就可以感受到不同的意境。(5)隐藏的细节与留白的艺术。在图画中经常会有一些隐藏的细节，需要读者去关注。图文结合类的阅读，我们接触过的图画、漫画都是以画面为主，文字极少，文字的运用多是为了补充单纯凭借画面无法表达的思想，一般以标题或者图画说明的形式出现，具有解释性。所以在阅读的时候尤其要注意图画中的文字。在阅读的时候不仅要运用连续性文本的阅读方式，还要结合非连续性文本的阅读方式，找到两种不同文本的联系，综合两种文本信息进行解读。

对于几种常见的非连续性文本类型，要有适合此类文本的阅读方式，找到不同文本的联系，综合文本信息进行阅读，基本方法如下。

第一，识别重要特征。例如，不同形式的图表有不同的构成要素，也有不同的作用。柱状图可以显示一段时间内的数据变化和用来比较不同项目之间的变化，折线图可以显示一段时间间隔下的数据变化的趋势，饼图则可以直观表示各部分所占有的比例，条形图适用于进行各个数据的比较。在阅读的时候如果可以识别不同图表的作用，就可以更好地帮助学生理解。

第二，理清内部结构。在阅读的时候要把图表、表格的特征和图表中传递的信息相联系，注意图表特征的几个因素。例如在分析柱状图的时候，可以看横纵坐标代表的因素，具体分析数据的变化。

第三，筛选关键信息。认真阅读题目，要看标题和注解，阅读表格、图表中的数字或字词，从横向、纵向、横纵结合、整体局部进行比较阅读，获取关键的信息，转换信息。

第四，注意体悟细节。如图表的形式、颜色、比例、单位等都会影响我们对图表的理解。

第五，准确理解归纳。表述完整清晰，找出关键信息，拓展思维，明确内在表达的意义，进行解释和推论，可以适当联系当下热点话题提出自己的见解。

2. 分析典型试题。教师平时要关注这类试题的考点，知晓命题意图，再选择几个典型题目，从考查知识点、题型以及命题所蕴含的意图等给学生讲解。例如：

【材料一】2014 年年初，一封习近平总书记给全体留德学子的回信传遍全球。“走，回中国！”一时间归国成潮。这是一个国家崛起于世界舞台的“磁场效应”：良好的政治环境、强劲的经济实力和庞大的市场份额，对留学生形成了强大的吸附力。清华大学施一公教授的肺腑之言就道出众多海外学子的心声：“在外国做得再好，也总觉得自己是一个旁观者。回到国内，我会成为祖国变化的一部分。”与此同时，来中国求学的海外留学生数量也在迅猛增加。

【材料二】下表是“归国潮”的有关数据。

“归国潮”经历三段式发展期

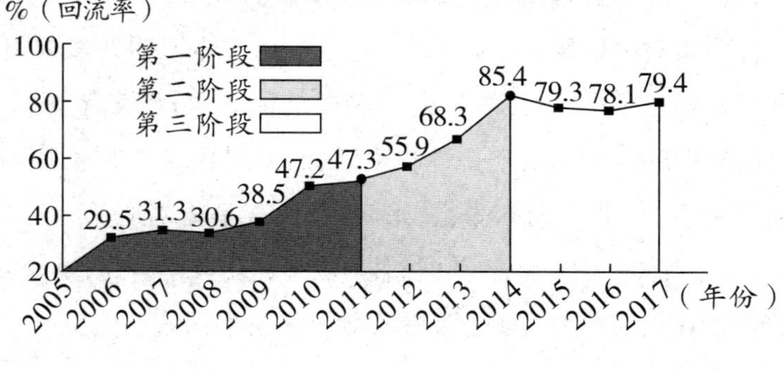

【材料三】国家重点项目学科带头人中,超过七成是有留学背景的"海归"。目前,全国共有留学人员创业园300多个,近8万名留学人才创建了一大批如环保、新能源、生物等领域的高新技术企业,为中国经济注入了新的活力。量子物理学家潘建伟与高徒陈宇翱、陆朝阳先后回国,他们组建了一支令世人倾慕的中国物理界的"梦之队"。"打破体制壁垒,制定优惠政策,诚纳天下英才",在"归国潮"风起云涌之际,国家有关部门敏锐地把握住中国的发展大势,适时做出了加快人才建设的诸多战略决策。

题目1:阅读【材料二】,请分别概括"归国潮"三个阶段"回流率"的特点。(3分)

这题考查考点是筛选信息、探究概括特点的能力。学生从材料中提炼、归纳可以得出结论:第一阶段,稳步上升;第二阶段,快速增长;第三阶段,保持在高位。

题目2:阅读【材料三】,请简要概括"归国潮"为我国带来哪些积极影响。(4分)

此题考查"领会由多种材料组合、较为复杂的非连续性文本的意思,得出有意义的结论"这一考点。学生通过阅读就能概括要点:促进国家重点项目的建设;为中国经济注入新的活力;增强中国科技队伍的实力;推动国家做出加快人才建设的战略决策。这一题是典型的多种材料组合题,面对不同的材料,我们在阅读时,首先是要提取出材料的关键信息;其次我们要进一步将这些材料进行对比、整合即求同存异,提炼出观点;最后根据题干再回扣材料,规范作答。

归纳方法:一是细读材料,求同存异;二是把握共性,提炼观点;三是组织语言,准确表达。教师要指导学生根据不同文本类型以及不同的应用情景,灵活机动地采用相应的策略去解读、挖掘生活中的复杂的非连续性文本。

三、思——明确特征,把握主题

由于"非连续性文本"本身具有的特点和其在现实社会中的广泛应用,进入试卷的非连续性文本素材,必然紧贴日常生活,聚焦时代热点。我们要深入思考以下几点。(1)明确考查内容。了解主要内容有:①传承传统文化,展示民俗风情;②凸显地域特色,传递海峡深情;③体现生活实践,培养人文情怀。(2)归纳主题类别。纵观全国、省试卷,可以归纳出主要有5类:生活百科、热点话题、读书学习、传统文化、先进科技。这些主题往往都涉及考查内容。(3)素材文体组合。教师在分析、讲解复杂的非连续性文本阅读试题时,注意素材文体组合三种情况:一是单一文体说明性素材组合;二是多种文体复杂性素材组合;三是单一文体议论性素材组合。(4)明晰考题特征。非连续性文本阅读考题的特征学生要熟悉:一是紧扣生活,凸显时代;二是主题统一,且有标题;三是形式多样,碎片组合;四是材料丰富,来源广泛;五是篇幅适量,有难有易。教师必须把指导学生阅读较为复杂的"非连续性文本"当作重要课程研究,要充分认知"非连续性文本"及其开展教学的必要性,通过课内教学内容与生活素材勾连整合,积极探索行之有效的阅读策略与方法，让学生在科学规范的指导下提高阅读素养与能力。

四、探——答题方法，掌握策略

对常见的非连续性文本阅读类型，要探究学生应该怎样进行答题，教师重点指导学生复习常考的知识点和题型，多媒体出示例题，学生自主讨论，教师归纳，并且强调要有四个意识：一是材料意识，紧扣文本，寻找答案；二是题干意识，看清要求，找寻思路；三是语言意识，整合信息，语言表述；四是答题意识，明确分值，严守规范。

在此基础上指导学生阅读步骤及答题方法：(1)读懂读透材料，阅读、比较每部分内在联系。(2)审清题干的关键词或隐性信息(题目)，例如：题目"根据图表，简要概述对网络课程教学效果的调查结果"。(4分)就要细读图表从中获取有价值的信息，即"各年级学生对网络课程效果评价不同，小学1~3年级学生近六成表示网课教学效果不好，高中学生比例近半数，初中生对网课效果评价情况最好"。(3)筛选并整合文中信息，加以分析、提炼。例如：面对紧急疫情而建设的收治医院是如何体现"中国速度"的？请阅读材料一、二简要分析。(3分)这题既要阅读文字材料，又要阅读表格，分析后才能答出以下关键几点：①皆在第一时间动工建设；②医院规模大，建设用时短，参建人数多；③功能齐全，建造技术新。据此概括整合即可。(4)扣准文本内容，思考后概括文中的观点。例如：材料二的中心论点是什么？其中第③段主要运用了哪种论证方法？有何作用？(6分)要求学生能够从以下几点来答：居家学习"慎独"正当时。道理论证(或引用论证)，通过引用《大学》和《中庸》里的话阐述"何谓慎独"，使论述更具说服力。当然，意思对即可。(5)清晰地表明自己的观点或态度，结合自己的生活体验，用简练语言表达出来。例如："你的自律，决定着你的一生"，你同意这个观点吗？结合以上材料，联系生活实际说说你的理由。这题是主观性试题，学生易错，可以给以下示例：同意。自律的人能够控制自己的情绪，约束自己的行为，自律是对社会的尊重和担当。如在进行线上学习的时候，不能做到自律就很难将老师布置的学习任务落实到位，甚至用线上学习的时间进行游戏、聊天，荒废学业，虚度人生。不同意。决定人生的因素还有很多，如性格、习惯、态度，只有综合均衡各因素，才能让人生更加精彩。(6)留意分值分配，踩点得分，要答全面。(7)注意书写工整、清楚，条分缕析答要点。

这样的做题顺序，会指导学生形成应考的答题思路，在遇到非连续性文本阅读题时不会毫无头绪。教师还要强调学生在阅读过程中，可以从检索提取信息、整合解释信息、表述评价信息等三个方面，来培养学生复杂的非连续性文本阅读能力，学生只有熟悉和掌握试题的一般规律，做到精讲精练，才能应对自如。

五、练——师生联动，自主命题

1. 课堂演练。课堂要让学生动起来，采用师生联动，发放课前预习材料，请学生深入研读文本,让学生找出命题规律,按照所学习的方法尝试自主命题,命制3道试题并作出参考答案,学生独立出题,教师巡视,相机指导。

2.师生分享。教师呈现典型题,明确命题的考点、命题意图、答题思路、难易程度等方面有针对性地讲解,如:①分析文章结构,概括中心意思;②筛选并整合文章中的重要信息;③根据文章内容,尝试探讨实际问题。能综合比较、分析、归纳多种信息,得出有意义的结论。总结出在课堂中落实复杂的非连续性文本有实效性的复习课,需要我们不懈的努力。面对当下现实情况,攻克难关,势必就要让学生掌握一定的答题技巧,特别是考场时答题要牢记:(1)读:读题目,提关键词;(2)找:找定位,回归原文;(3)想:想问题,提炼整合;(4)答:答周全,紧扣题目。凡事只要掌握了一定的规律和方法,就可以达到事半功倍的效果。

对于规范的、复杂的非连续性文本阅读教学策略实属不多,本课设计的"识—读—思—探—练"的教学思路,仅供参考。其实,非连续文本的特点之一就是材料组成的关联性,与现在初中语文教材以单元为单位进行编排相契合,把单元中的每一篇文章当作非连续文本的材料,既能全面实现教学目标,又能使得课文教学各有侧重,还能将文本进行整合,从而提高学生的阅读能力。在日常的教学中,关注热点问题、搜集资料、调查访问、相互讨论,能用文字、图表、图画、照片等展示学习成果,提升学生对复杂的非连续文本的阅读能力。

(2020年6月获第九届全国初中语文教师教学基本功展评优秀课例评比一等奖)

坚守思远态度　秉承求专精神

这些年的教育教学工作经历，让我逐渐理解教育精髓，寻求精神支柱和价值追求，反思自我沉甸甸的收获，真可谓和教师成长过程中一起付出着、收获着、快乐着、进步着。包河区教育发展不够均衡，语文教学教研之路也很不平坦，经历了从合肥郊区到城市的变迁，中学语文进入了全新的领地。我从心底里呼喊，愿我们去潜心研究成为研究者，愿我们去深度思考成为思考者，愿我们去实践探索成为实践者，愿我们去广泛阅读成为先行者，愿我们去乐于写作成为写作者，愿我们去真抓实干成为善教者。

探思路力求创新。从远郊的落后面貌，到以创建全国教育强区为目标，以提高教学质量为核心，包河区中学语文教研工作，坚持以教科研为先导，以课题研究为抓手，以课堂教学研究为主体，以狠抓中考指导为突破口，以学术活动为载体，以提高教师专业发展为重点，服务教学，服务师生，积极开展各种形式的中学语文教研活动，有效地促进了教师的专业成长和学生的全面发展，在务实中创新，在特色中提升。

五梯级齐头并进。教师的研训模式从原先的散打式到“五梯级”齐头并进，建立健全对新教师、青年教师、教学能手、学科带头人、专家型教师等不同层次教师的培养制度。分梯级、成序列的研训模式促进教师专业发展，挖掘资源并创造机会，实行“分层”研训模式，教研活动向“三级”延伸：一向中老年教师延伸，鼓励他们积极参与各种教研活动，转变教学观念，改变教学行为；二向新招聘的教师倾斜，多为他们创造锻炼、展示的机会，促进他们尽快成长；三向青年教师铺开，提高青年教师课堂教学水平，促进青年教师专业迅速发展，整体提高青年教师的专业水准。

驻点支教有突破。教研员从最早的发号施令、上传下达的行政事务中，到基层学校蹲点支教，更有效地指导基层学校教育教学工作。教研员到校广泛听课，是教学研究的核心。关注薄弱学校发展，笔者从2006年蹲点56中学主抓农村学校阅读指导，把这所学校的阅读推广到全国，使之成为全国中语会阅读基地学校。我还经常去薄弱学校搞教研活动，提升学校领导和教师教学理念；2010年至2017年在阳光中学实验校区进行阅读实践研究，针对学校的特色进行指导科研课题研究；2018年9月笔者在包河区教研员“进校驻点包科跟班一线教研”活动中驻点合肥市第四十八中学望湖校区，坚持到中学进行广泛听课、开设讲座、问卷调查、座谈交流等实践活动，实行跟进式教研指导制度。具体做到“六个一”：读一本书，做一个课题，开设一场讲座，培养一名新秀，建立一种课堂教学模式，建设一个精良的教研组。驻点教研实现六突破，与学校共同谋划发展,共同研究教学,共同解决教学中存在的问题,共同探讨学生发展的策略,切实加强对蹲点学校的扶持和指导,促进学校全面发展。通过进校驻点,不仅可以了解基层学校教育教学实际情况,为主管部门决策提供依据,更能有效地指导基层学校教育教学工作,同时也提高教研员自身的素养。

五行动初显成效。薄弱学校教师和青年教师发展是包河区教研的两大难题,特别是青年教师的业务水平亟待提高。我们围绕"培养青年教师,促进专业成长,打造包河区中学语文青年名师"的主题,发现和挖掘新人,创建各种平台,如参加命题、上公开课、听课评课、参加各类大赛、外出学习交流等,提高青年教师的素质。"青年教师优质课评比",组织开展包河区青年教师课堂教学评比,以赛代训,培养全区青年教师;"青年教师外出学习",鼓励教师外出学习、参赛、培训,给予物质上、精神上的全力支持;"教师三年发展规划",每位教师都要进行自我分析定位,拟定三年专业发展总目标,落实实施方案;"新教师岗前培训""绿色通道引进教师"的再培训等,采取一系列措施,实施青蓝工程,充分发挥团队协作功能,有效形成"系统思考、团队学习"的品牌意识,营造了和谐进取的氛围,奏响了青年教师进取的音符。

学术助教师成长。包河区过去底子薄,学术活动层次不高,我们进行了大胆的探索与尝试,打破区域界限,采用多种形式拓展教育资源,成功举办了各级各类研讨会,以促进教师教科研水平的提升。先后承办长三角语文教育论坛"散文教学内容的确定"主题研讨会,聚焦长三角,共话散文课。来自全国各地2000多名语文教师代表,以及沪、浙、苏、皖四省语文专家和高校知名教授齐聚滨湖,提升包河区语文教研的品牌,也给教师创造了尖端的学术平台。包河区中学语文教学研究专业委员会第一届年会隆重召开,这是包河区语文教学的一次盛会,是一次高规格、高层次、高品位的学术活动,是语文教师展示才华的舞台。包河区两名青年优秀教师与著名特级教师余映潮同台献艺,奉上了两节优质语文课——《散步》《孤独之旅》,教案设计角度精致,过程完美,展示了包河区青年教师的优秀素质、发展潜力和教学热情。包河区中语会纪实报道文章《彰显教育强区,共享教学盛宴》发表在《中学语文教学参考》2012年第十二期。包河区还承办了"首届中国新生代语文名师教学观摩研讨会暨语文报杯课堂教学大赛20年回顾活动"。65中李玉芬老师在教学观摩研讨会上展示《与朱元思书》一课,受到好评。

四类型展示风采。包河区教育虽有发展,但优质资源匮乏,教研平台不够开放,如何促进教师的专业发展?立足课堂,狠抓教学效率,我们开展了"青年教师课堂教学评比",引领教师聚焦课堂,改进课堂教学行为,提高课堂教学效率;"教师基本功大赛"评比活动,让教师基本功和业务能力得到提升;"领雁型课堂教学评比",为全区35周岁以上的教师提供舞台,展示丰富的教学素质,以此为契机历练中老年教师,发挥他们的领头作用；校长（园长）课堂教学评比，为打造教育强区，促进中小学校长在管理和专业发展有长足的提升，引导校长们关注课堂，培养“教育家型”的管理者。

五特点彰显特色。包河区教研方式从教研员单打独斗到团队合作的特色，具体体现在以下几个方面：1.“实”，坚持推门听课制度，教研员定期深入学校听课、评课、议课，促进教师成长。2.“特”，深化推进“分片联校、城乡共进”教研模式，促进城乡教师专业共同发展，通过创新活动形式、丰富活动内容加强片区交流。3.“精”，通过骨干引领、典型示范、专题指导、教学评比等系列活动，引领和指导各学科教学出精品。4.“广”，拓宽教研渠道，积极探索网络教研模式，拓展教研空间。充分利用“包河教研网”和“包河教育网”，开展网络教研，拓宽教师研修途径，促进教师发展。5.“深”，实行教研活动“分层”延伸，面向全体教师，促进每一位教师不断成长。教研活动将向“三级”延伸，一向中老年教师延伸，二向新招聘的教师倾斜，三向青年教师铺开，以达到整体提高教师的专业水准。

四途径喜获丰收。曾经的包河区在合肥市教科研成果可以说几乎空白，自 2009 年起，我们痛下决心，苦干加实干，注重培养出过硬的教师队伍，自此以后，每年包河区在课堂教学大赛中屡获殊荣，据不完全统计，包河区教师获得全国、省市级一、二等奖高达 56 人次。全国获奖的有：2019 年指导合肥市储谦“迦陵杯”诗教中国讲解大赛获全国一等奖；2016 年 5 月在全国初中语文教师教学基本功展评暨教学观摩研讨会中，合肥市第 65 中学李玉芬荣获大赛一等奖；获“优秀指导奖”；65 中杨道科获安徽省初中语文说课比赛一等奖，参加全国优秀语文教师选拔大赛获二等奖；29 中学贾秀英的德育精品课获安徽省一等奖，并推选到教育部参加评比；实验滨湖校区刘根娣、48 中滨湖校区陈栋获合肥市初中语文优质课一等奖；合肥市 46 中学陈锋老师代表安徽省在第六届“教育艺术杯”全国中小学语文教师课堂教学大赛中荣获初中组一等奖第一名。近年来，包河区培养了一批语文骨干教师，锻炼了一批优秀青年教师，打造了一批名师，形成了一批有教学思想的专家型教师队伍。

教育科研结硕果。长期以来，我们实施科研课题带动教研发展的策略，根据本区语文教学的实际情况确立科研课题，并制定具体的实施措施和实施计划，中学语文教研员主持的研究课题中有三项省级、四项市级，取得省级课题成果奖二、三等奖，市级成果一等奖等。过去教研经费紧张，教育科研实力不强，进行研究困难重重，我们咬紧牙关，坚持做课题研究，中学语文教研始终以教科研为引领，调动广大教师参与课题的积极性，提高了教师分析、研究、解决教学实际问题的能力。具体如下：1. 安徽省级重点课题“在新理念下语文课堂教学评价的研究”（2006 年 3 月至 2013 年 1 月）经教育厅评选审定获奖。该课题还获得安徽省第六届教育科学研究优秀成果三等奖，并在安徽省第六届优秀教育科研省级课题成果交流会中进行交流，课题负责人作了《教学研合一，构建语文评价体系》的经验交流报告，受到与会者的肯定和称赞。2. 安徽省省级重点课题“中学写作教学序列性的实践与研究”于 2013 年 11 月 29 日结题，长达五年的省级重点课题“中学写作教学序列性的实践与研究”取得硕果，主要核心成果是探索写作教学课堂模式，解决教师教学的无序和学生写作的无趣问题，采取“123 模式”，即围绕一个主题，两节课例研究，三种评价体系。该课题在安徽省第九届优秀教育科研成果评选中荣获二等奖。3. 安徽省重点课题“写字教学的指导方法与策略”(2009 年 3 月至 2013 年 1 月)已结题，该课题与太湖路小学合作研究。4. 主持参与 2013 年 3 月至 2016 年 1 月，合肥市课题“散文教学内容确定及有效实施”研究，合肥市第四届优秀教育科研成果评选一等奖(2018 年 6 月)。5. 主持参与 2016 年立项合肥市规划课题“传统经典课文阅读与指导——以《民国经典国文课》为例”，至写此文时正在研究(2012 年 3 月至 2014 年 9 月)。6. 2017 年立项合肥市规划课题：“基于传统文化的初中语文课堂教学实践研究”正在研究中，取得阶段性研究成果。7. 2017 年 7 月在十三五科研课题“中华传统文化与现代语文课堂教学实践研究”子课题“基于传统文化的初中语文‘四课型’实践研究”正在结题。这些研究成果，彰显包河区教师对中学语文教学的一片深情，凝聚着执着于中学语文教学研究的教师们的心血，让教师们的科研意识发生了较大的变化。

原创课型开先河。积极探索写作教学专题研究之路，以课堂教学为核心，形成包河区写作课堂教学模式。《唐风汉韵润篇章——撷取古诗文英华助推写作教学》，从古诗文阅读与写作教学相结合的角度，探寻了如何在写作中引用、化用和仿用古诗文的技巧，尝试帮助学生走出语言贫乏、内容单薄的困境。《围绕中心，精选材料》则从记叙文如何选材的角度，通过不同层次的课堂实践活动，带领学生掌握记叙文写作的选材方法。《让作文语言神采飞扬》，用对比的方法组织教学材料，运用大量例证，让学生在课堂练笔中，动起来，更精彩，从细微处见华彩。“状物类教学研讨课”将方法的点拨与语言的训练紧密结合，让学生的语言表达能力得到实实在在的提升。“写景类教学研讨课”从写景的角度，尝试教会学生多角度观察景物的方法，探索带领学生在写景之中融入情感的写作途径。本书中基本为初中语文教研实践。《让心灵说话——如何进行心理描写》《巧用妙招——让人物语言更精彩》，令教师深受启发。这些研究课活动植根于中学语文实践，因为有一线教师的实践，又因为有一流专家引领、指导，在专题研究中一大批教师有长足的进步和发展。

特色活动显品位。包河语文教研组采用“研究课”“座谈会”“沙龙”“讲座”“论坛”“专题研究”等多种形式，开展丰富多彩的特色教研活动。诸如：“师生同写同题作文”大赛，全区的初中毕业班语文教师与学生，在同一时间内，写同样的作文题目，并当场评奖,既检验了教师的作文功底,又促进了写作教学的有效提高,取得了良好的效果。“名优师展示课”,充分发挥名师的示范和引领作用,专家盛赞这是富有生机的、特色味十足的包河语文的教研模式。“同课多上”课堂擂台赛,名师与学员同上一课,在比赛中切磋、提高,让课堂教学更优化。“语文教师古诗词朗诵大赛”,提高教师的欣赏品位、审美情趣,带动学生亲近古诗词,体验古诗词,运用古诗词,培养语感,丰富想象,提高语文素养,这是本色的语文教研。“中学语文教育论坛”,首届围绕“新课程理念下如何提高课堂教学效率”的主题,探讨中学语文教师课堂教学的高效之策略;第二届包河区中学语文教育论坛,结合学校实际、学生实际、自身的教学实践等,突出了“教育是行者的宗教”的主题,教师用行动诠释了教师的成长过程。“新课改展示课和送教下乡课”,展示了新课程改革的成果,从美丽的滨湖来到东南边的巢湖之滨,为学生们献上一堂别开生面的示范课,进一步推进中学语文新课程改革。“散文教学内容的确定”主题沙龙活动,不仅为教师的教学指明了方向,同时引发了笔者关于散文教学新的思考。“中学语文教师散文诗歌朗诵大赛”,教师们用自己的笔书写心灵,抒发情怀,展示了教师们的文学素养,为包河区中学语文教育创设一片诗意的天空。这一系列精彩的活动奉献了一道丰富的精神大餐,形成浓郁的教科研氛围,包河区将继续谋划一项项有品位、有创意的、有特色的教研活动。

职业操守铸师魂。彰包河教育强区,享语文教育盛宴,近年来中学教研风生水起,每一个包河语文人都恪守着“教研不言苦,追求无止境”的人生格言,本着“务实、求真、探索、创新”的宗旨,常怀感恩之心,满怀工作激情,牢记教研职责,坚定人生信念。包河语文人努力耕耘,不断开创新的佳绩,争做合肥市乃至安徽省中学语文教研的探索者、先行者,在包河教育的大发展中,奋勇争先,书写新的辉煌。“改革教学研究方式打造专业教师队伍——包河区教研工作纪实”等新闻专题报道已在《新安晚报》刊登。

名师引领新举措。2019 年为了落实教育局实施的教师队伍建设工程,包河区教体局发文成立“王一枝中学语文名师工作室”,突出名师工作室的功能,发挥名师、学科带头人骨干教师的示范、辐射、引领的作用,形成了“教师个体努力—学校教研组帮扶—名师专业辅导—教研员跟踪指导”的协作途径,有效促成“系统思考、共同提高”的团队协作功效,营造了青年教师和谐进取的氛围。中学语文名师工作室博客设置了“我们的团队”“科研课题”“特色活动”“教育科研”“科研成果”“专题论坛”“友情链接”“教师文苑”“公告通知”“计划总结”等 10 个栏目,开辟了老师之间交流的新途径,拓宽了教师交流的渠道,打造优秀教师队伍,搭建较高发展平台,发挥核心团队作用,培养了一大批新秀和名优教师,促进了全区中学语文教师的专业发展。

八中心凝心聚力。为了包河语文教研走上更加专业化、学术化高端化的发展道路,成立包河区中学语文教学专业委员会八个研究中心：写作教学研究中心、阅读教学研究中心、科研课题研究中心、课堂教学艺术中心、命题研究指导中心、教学质量研究中心、教师专业发展中心、高端艺术研究中心。许多教师长期以来，坚定教书育人的信念，已成为语文教育领域的研究者和专家，形成了鲜明的教研特色、教研文化及教学策略。今后需更加关注教科研发展新动向，瞄准教研发展最前沿，继续做到“诚心服务、用心做事、潜心研究、静心读书、热心写作、专心科研”，引导教师广泛读书，多撰写教学论文，多参加学术交流，多出教学成果，成为学识广博、勤于探索、业务精湛的优秀语文教师。

天行健，君子以自强不息；遇困难，吾心应不骄不躁。我们比以往任何时候都更需要思考，我们有信心去面对未来的教育教学教研艰巨任务，用我的全部热情去浇灌我深爱着的教育事业，力求成为研究型教研员，力争取得丰硕成果，追求教育品牌效益。

平凡而又幸福的教育教研生活

我的语文教育教学教研之路，走过了40年，平凡而幸福，务实而创新。包河区的中学语文教研水平不断稳步上升，教科研发生了天翻地覆的变化，作为教研员，立足教研岗位勤探索，赤诚一片献教育，是我永恒的追求和坚守。

一、以德为先，牢记教研宗旨

以德为先，牢记教育宗旨，自尊、自信、自立、自强。以教研为己任，积极参加各项学术活动和教研培训，不断提高思想认识和业务水平。笔者长期一如既往地服务学校，关心教师，热爱学生，服从教研室工作安排，与同事团结协作，工作尽心尽责，态度端正，努力完成教体局交给的各项工作任务。2014年本人因带领教师参加大赛意外摔倒，手术后养病期间卧床坚持工作，未痊愈就拄着拐杖到学校开展教研活动，从没有耽误教研工作。本人作风正派，廉洁从研，为人真诚，有强烈的事业心和高度的责任感，爱岗敬业，性格开朗，爱好广泛，亲和力强，热心教研工作，善于合作，严于律己，宽以待人，在教师中有很好的公认度。始终把教研工作摆在首位，兢兢业业，忘我工作，甚至牺牲自己正当的假期也在所不惜，出勤率高，勇挑重担，不计较个人得失。以教书育人为己任，积极参加各项教研活动和课改培训，不断提高思想认识和业务水平。

二、潜心教研，探索教育真谛

胸怀大爱做小事，志存高远踏实地。我长期潜心教学研究，积极投入到教学改革中，也长期活跃在省、市中学语文教研领域，始终坚持以提高教学质量为核心，以教科研为先导，以课题研究为抓手，以课堂教学研究为主体，以学术活动为载体，在务实中创新，在特色中提升。我开拓创新教研方式，在教研工作中，积极谋划特色活动，抓队伍、抓活动、抓成果、抓特色，抓实效，思考教学、深入教学、指导教学，发现问题，提炼规律，形成特色。

三、敬畏岗位，充满热爱之情

作为教师带头人，我敬畏教育教学岗位，激情投入语文教研工作，让教师在语文教研之路上幸福地行走，带给学生快乐。教研员的智慧，才能让教师有成就感，以自己对语文学科的热爱，点燃教师的工作热情，以自己对事业的豪情，激发教师的学术研究兴趣与上进心。我多年来坚持给学生开设中考复习讲座，据不完全统计有180多场次，2004—2018年为薄弱学校学生举办讲座，连续十多年给学生作中考专题讲座，先后在48中、64中、阳光中学、寿春中学、铁四局中学、65中、包河中学、58中、王大郢中学、61

中、南园学校、烟墩中心校等，开展中考系列学术活动，包括现代文教学、作文教学、文言文教学、阅读训练指导、古诗词积累、作文指导、综合实践等专题。

四、立足基层，竭诚服务师生

我积极去薄弱学校蹲点，2006 年至 2010 年，极力关注薄弱学校发展，蹲点 56 中学时主抓农村学校阅读指导，把这所学校的阅读推广到全国，成为全国中语会阅读基地学校。由于我经常去薄弱学校搞教研活动，促进了学校领导和教师教学理念的转变。2010 年至 2017 年在阳光中学蹲点支教，2018 年 9 月在 48 中望湖校区，按照教体局的要求“进校驻点包科跟班”一线教研，2013 年我与西递中学（原 64 中）教师杜中凯结对，担任杜中凯专业发展指导教师。驻点支教期间主要是提升学校领导和教师在教学理念、教学方式、教学设计、教学技能、教学研究等方面的水平，促进蹲点学校教育教学内涵的发展。

五、坚持修为，提升自身涵养

不断的读书学习，好学不倦。读书、积淀、思辨是成为优秀教研员必不可少的生活方式。我应像专家一样投入到读书学习的活动中去，让读书学习也成为我生命活动中不可或缺的组成部分。特别是要引导广大的教师广泛读书，不断提高综合素质，提升生命质量，适应教育的形势发展。作为一个教研员，更加坚定诚心待人，用心做事，潜心研究，静心读书，专心写作，热心科研的信念。我深知教育工作的不平凡，学习培训更增添一份压力和动力，为此，我要力争追求卓越，拒绝平庸。

六、常怀感恩，营造和谐氛围

教师的专业发展和提升，不是一蹴而就的。我时时告诫自己要心怀感恩，欣赏教师，尽己之力帮助教师，推动教育进步。我很理解一线教师，常怀着感恩与包容的心态，待人就会更加谦卑谨慎，如听课评课时，换位思考，常常以自己在当教师时的不易，帮助教师提振信心，改进教学中的不足，切不可以研究员的身份挑刺打击教师的自信。我在教研工作中大都能用平和的心态开展活动，得到教师的认可与尊敬，能平心静气运筹帷幄、规划教研、服务师生、谋求教研新发展。

七、追求理想，拥有教育情怀

在中学语文教研这个领域里，没有声色俱厉，只有和颜悦色，没有猜疑争斗，只有包容欣赏，没有指责嫉妒，只有互爱互助，人人乐观向上，个个真诚善良；时时感恩惜福，处处欢乐祥和。我要胸怀大爱，与教师情同手足，师生亲如一家；既重视教学质量，更关注诗与远方；既立足于当下现实，更放眼教育未来。我一直视自己为教师，坚守自己的教育情怀，满怀对教育与使命的敬畏之心。努力做一个行动的思想者，贴地而行的追梦人，愈挫愈奋的教育理想主义者。近几年来，我致力于课堂教学艺术的研究，指导不少教师参加全国、省、市课堂评比获各种奖项，培养了一批学科名师、骨干教师。以名师工作室为平台，提供给众多的青年教师学习和锻炼的机会，但包河区的教师整体水平有待提高，还应给予教师更多的信任、理解、关心和支持，多一些人文关怀。

八、苦心教诲，历练青年教师

作为教研员，我培养、发现和挖掘人才，搭建各种平台，提高教师的素质，用全部的心血和汗水培养青年教师。包河区初、高中教师先后参加全国省、市比赛，指导期间我每天睡眠不足5小时，呕心沥血、想方设法帮助教师备课，由于过度疲劳，导致耳鸣，久治不愈，倍感欣慰的是，包河区在全国、省、市教师获一、二等奖48人次，他们皆成了名师、学科带头人、骨干教师，成为包河区教育教学的中坚力量。自豪的是，我和青年语文教师一起成长。我用非常特别的艺术手法培养青年教师，将培养、提高年轻语文教师的课堂教学水平和艺术作为教研工作的重中之重，一批一批地培养着教师，多年坚持不懈。指导、培养青年教师的层次比较高，带领教师进行教学方式的变革，引导教师实践、反思、共同提高教学研究。

我是这样培养中青年语文教师

在社会的转型期,各种新思潮、新观念汹涌而来,各种腐朽思想也沉渣泛起,浮躁、功利、享乐思想流毒甚广,教育也早已不是一方净土。在一些地方,钻研业务,埋头工作、无私奉献已变得不合时宜,甚至早已失去了市场。在这种畸形的社会风气下,教研员的思想必然会受到一些消极影响。有些教研员也就耐不住寂寞,受不了清贫,不安心教研工作,更不用说全力以赴、无私奉献了。但是教学研究的职业特点恰恰要求教研员要淡泊名利,宁静致远。"板凳要坐十年冷,文章不写半句空。"教研员必须有这种定力,才能踏上职业的正途,登上学术的高峰。在全社会营造尊重科研,重视教研的社会氛围,才能保证教研人员潜心研究,踏实工作,充分发挥其专业引领、服务教学、创新知识的作用与潜能。

一、追求卓越,务实创新

教研员的工作是专门从事教学研究,因其特殊性,要求教研员应该具有如下品质:善于合作,具有人格魅力。要与所有教师打交道,若没有真才实学,难以服众。假使教研员自身水平不济,谦虚点也成,集思广益,靠群众的智慧来弥补一人之力的不足。不能目空一切,唯我独尊,应少一些"官"气,少一些"霸"气。勤于学习,不断充实自我,挑战自我,这一点尤其重要性。教研员承担着一个学科的教学水平,所以首先应该是一个好的老师,其次是一个好的学科带头人。在教学的指导上应该有自己独到的见解,在教学的研究上应该有自己独到的建树。同时教研只应是一位"学者",是教师的教师,是教师的楷模。因为其一言一行直接影响着下面的每一位老师,其指导方向的正确与否,直接影响着该学科的教育质量。故而教研员不但要在业务上作指导,而且要在做人上引路,教研员应具有较强的教育科研能力,和较强的创新意识、创新能力。

二、乐于奉献,甘为人梯

比起在一线工作的广大老师们,教研员可谓见多识广。所以身为一门学科的教研员,理应乐于分享,把自己的所闻所学所看所想与一线的教师们交流,使自己的才智成为广大教师的才智,以自己的心血铸就名优教师。教研员应当甘为教师成长的人梯和铺路石。"幕后英雄也是真英雄",教研员只有时刻不忘自己的责任感和使命感,才不失为一个好的、受人欢迎的、受人爱戴的教研员。我深入教学第一线,了解教学中的实际困难,关心专业化成长中的实际问题,倾听教师的呼声,结合听课、调研,与教师展开对话,了解教师的所思、所想、所疑、所惑,以一种积极互动的方式,与教师平等交流,共同切磋,与教师一起成长,为教师提供服务。教研员不是以“专家”“领导”“检查者”的身份出现,而是以组织者、参与者、合作者、研究者出现在第一线。不断引入活水,是我们的幕后英雄。他每年利用寒暑假把全区教师召集在一起,把他一年来在外地学到的新招术、新变化与一线的教师们共同分享,以取人之长、补己所短,使自己的才智成为广大教师的才智,以自己的心血铸就名优教师,通过横向比较,结合自身实际找差距,汲取新经验、新理论,探求共识,使我们一线教师由被动走向主动。在每次指导老师时自己先上公开课,然后对自己的课进行说课,教后对自己的课进行反思,亲自体验科学教学的得失,才能获取鲜活的第一手信息。然后深入课堂听课,再有针对性进行评课。我相信,善于听课或听别人言谈的教研员,肯定会在聆听中得到很多工作的智慧和灵感,也会带领出我们科学教学的“雁群”。只有这样,教研员才能从教师的教学工作中吸取实战经验,以完善对课程理论的理解、证明和修正,以进一步指导更多教师的教学实践。

三、转换身份,扎根基层

教研员身份转换,首先要更新观念,要用新理念替代旧的应试教育思想,这当中难度最大的是克服多年来形成的居高临下的指导者心态。教研员要实现身份转换,当务之急是提高“两种意识”:一是问题意识,面对纷繁复杂的教学现象,要能够有一种敏锐的职业意识,善于从一般的现象中捕捉到存在的问题,从表面的繁荣中透视出教育的本质;二是解决问题的意识和研究指导意识,教研员要能高屋建瓴,找出问题所在,在理论与实践的结合点上,为教师寻求解决问题的突破口,帮助他们解决教学中令他们感到困惑的问题。教研员必须深入课堂,用眼睛去看,用耳朵去听,用心去理解,从鲜活的教学中汲取营养,只有这样,我们的教研工作才有扎实的根基。

四、立足课堂,敬业勤学

教研员应深入到课堂,更多地进行具体指导、创造条件、提供资讯,最大限度地引领基层学校在不同的起点上获得自主、和谐、持续的发展。随着教研室职能的转变,教研员的研究空间、研究内容、研究方式乃至个人的价值趋势必然产生质的变化。对教研员提出了以下新要求:一要将服务作为专业生存状态的首要职责。“先做师之生,再做师之友,后做师之师”。二要有自己的思想。要把学习和交流作为专业水平的支撑,由以教材教法为中心的文本教研转向以研教和研学为中心的教研。三要深入一线解决实际问题。教研员要提倡树立服务意识、发扬民主作风,面向基层,融入课堂,使自己的双脚踏在实践的土壤上。要走近一线教师,倾听他们的困惑,发现并解决现实问题。认真研究课程标准与教材的关系,工作绝非单纯研究学科教学,而是研究教育。我们应把研究的重点放在教师如何“带着学生走向知识”,而非“带着知识走向学生”;研究如何“用教材教”,而非“如何教教材”。用教材教的教学思想,即灵活地,创造性地使用教材。教学模式也是我们要研究的一个重要内容。不仅适当采用传统的集中讲授的方式，更要运用亲身实践、现场观摩、及时反馈、小组研讨、录像分析等培训方法，以确保培训达到最佳效果。在处理教研与培训的关系时应该注意以下几个问题：第一，教学要以人的发展为本关注人的发展，是新课程的一个重要理念。对于教研员来说就是既要关注学生的发展，也要关注教师的发展。过去教研员听课和评课主要注重教师对大纲要求和教材内容的把握是否准确，重点是否突出，难点是否突破，教法是否适宜等。第二，教研员应改变服务方式。上传下达、赛课评奖以及评选论文等只是教研工作的一部分，教研员的工作应向更高的层面提升。当前，教研工作使教师在教学实践中逐步形成自己的教学风格。培养的不仅是教学能手，更应是个性突出和风格鲜明的教育教学专家。第三，树立面向全体的教研观念。第四，引导教师进行教学反思。教研中，教研员要引导教师对自己的教学进行反思，使教师在教学反思中不断提高。教研员本身也应经常反思自己的教研工作，总结经验，发现问题，以便更好地指导教师改进教学。

五、专业引领，深度反思

诲我良多，授人以益，正因为以这样的人为友为师，我们全区的教师才表现出始终如一的敬业勤学的精神，也才有所收获和建树。从实践层面谈谈教研员应如何践行专业引领的新职能？应带着疑问、困惑和理性先行，将专业引领有机地融合在基层实践中。首先，为专业引领打好“底色”。从一定意义上说，读书就是打“底色”，教研员打好这一“底色”尤为重要，读书理应成为教研员专业引领的内源性需求，在与经典对话中、在大师的引领下，可以走出狭小、走出平庸，走好专业引领之路。其次，要把尊重作为专业引领的“支撑”。一些教师开始不能适应新课程，感到有压力，是完全可以理解的，在从观念到行为的转变过程中，教研员应多为一线教师创设一个信任的、允许犯错误的氛围，不应过多地指责教师，要让教师得到尊重和期望，获得心理上的解放。最后，要通过反思使专业引领更为厚重。教研员在听课评课、座谈研讨、对话交流等调研活动中开展反思，借助问卷调查、成绩测查、教育日志、教育故事、教学随笔等方式搞好反思，使反思成为专业生存的新状态，使专业引领变得更为厚重。

六、呼唤活力，迎难而上

应怎样提升研究的内涵？主要包括三个方面：一是为了学校的研究，二是在学校中研究，三是基于学校的研究。“独学而无友，则孤陋而寡闻”，还要增强合作意识和研究意识，以“教师就是合作者”的觉悟去共同分享经验，互相学习，彼此支持，共建共进。教育科研过程中存在的突出问题是什么？存在“活动多实效少、课题多结题少、成果多推广少、重复多创新少”的现象，“平日里看得见、互查时摆不出”的工作干劲和敬业态度。第一，教研员是教师行动研究的组织者。顾名思义，教研员当然要做教育研究工作，教育的研究离不开教师，离不开学生，离不开课堂，因此，教研员要走进学校、走进课堂、走近教师、走近学生。教研员又有了审定研究课题可行性、拟订研究框架与计划、指导研究进程、评价研究效能的职能。教研员是课堂教学的指导者、研究者、组织者和管理者，而其工作的重点就是研究课堂教学。首先，我认为教研员应当统观全局，登高望远，必须清楚为何教（学）、教（学）什么、该怎样教（学）、教（学）得怎样，只有这样，才能胸有成竹、高屋建瓴，遵循教育规律，解决实际问题，与一线教师一起推动教学工作不断迈上新台阶。第二，教研员应有相当丰富的教学实践经验，并注重理论修养，始终站在教学的最前沿，只有这样才能赢得广大教师的尊重和信赖。教研员不仅要学习政策、学习理论，还要向一线教师学习，向同行学习，把先进的理论转变为具体的教学行为，把实践中涌现出的鲜活的“珍珠”编织成美丽的“项链”。我认为，教研员只有把握住较高的理论、站得稳讲台，只有把教师当作真正的朋友，才能切实发挥引领教师、指导教学的作用。第三，教研员应该针对课程改革中的重点和难点，选择一些共同关心的问题，组织形式多样的学习、交流、研讨活动，将教学研究的主体地位还给一线教师，让广大教师不迷信专家，不被动接受，不消极等待，积极主动地全身心投入，从而达到真正提高教师素质和教学水平的目的。

如何开展形式多样且又富有成效的教研活动？以学习提高认识和水平，以研究推动进步和发展，提升教研活动有效性的具体做法是：培养教师队伍中的骨干，让差异推动进取，利用好教师队伍中的骨干，使骨干教师和教研员一样产生“母鸡效应”，引领更多的教师成长。在工作思路上，注意从教师需求出发，一是“议题聚类，分类研讨”，二是“以点带面，整体推动”，三是“利用网络平台，实施指导”。“议题聚类，分类研讨”，就是同类教师跨校聚合，选择同一层面的议题开展研讨。骨干教师组成“指导中心组”，分别认领不同的议题，实现分类引领，以此解决不同教师的不同需求。什么是“以点带面，整体推动”呢？包河区小学分为上、中、下三片，我选定每一片区域内的重点，进行跟踪教研，每星期抽出半天时间和老师们一起听课、说课、议课，直面课堂，解决课堂教学中的实际问题，对如何提高学生成绩，提高课堂教学质量进行指导。在此基础上“以点带面”组织开展长期的片内研究会，进行交流和示范，达到“整体推动”。再说“利用网络平台，实时指导”。在教师培训方面，我坚持“面向全体、突出骨干、追求实效”的原则，做到“教研训三位一体”“全员、青年、骨干三位一体”，分层推进，全面提升。具体说来就是做好“四抓”：一抓备课。我自己带头备课，利用网络平台，把自己思考成熟的教学设计及时发布在教育网上，供区内教师们参考。二抓课堂。我经常深入各个学校随机听课，发现教师课堂教学中的症结，了解教师的教学需求。三抓研究课。每学期，我都会组织全区的教师进行研讨，对语文教材做深入了解，不但从整体上把握了教材的特点和语文知识训练的重点、难点，并通过具体的单元和课文，掌握语文教学目标所呈现的方式和要求达到的程度，还从前轮实践者的“备课要点分析”和“教学注意点”中，获得了许多宝贵的经验。这样，全学期教学显得纲目分明，教师教学时才会运筹帷幄、游刃有余。四抓骨干培养。对区内的优秀骨干教师，我积极为他们架梯子搭台子，组织骨干教师开展“主题式研训沙龙活动”，围绕主题开展研究和沙龙研训活动。

七、追求理想，耐住寂寞

没有理想的教育，不是好教育；没有情感的课堂，不是好课堂；没有生命意义的语文教学，不是真正的语文教学，我愿以全部的智慧诠释理想的教育，用生命热情与老师们一同演绎教育的理想。我从事语文教学和研究多年，形成了“情、实、活、轻、趣”的教学风格。抓住语文教学的“根”，让学生更有灵性。语文教学是情感的教学，是重塑生命的教学，是焕发人文情怀的教学。简单地说，语文教学就是要让学生越学越有灵性！换言之，语文教学就是要着力发展学生对语言的感受能力，进而培养学生的言语智慧——这是语文教学的“根”！因此，我们要让语文课堂洋溢着浓厚的语文情趣，弥漫着醇厚的语文气息，让孩子们在自自然然中，在潜移默化中融会、习得。

如何抓住语文教学的“根”？在我们的语文课堂上，应当做到“三个充分，四个努力”，即：充分调动学生的情感体验，充分引导学生品读感悟，充分尊重学生的个性化解读；努力营造民主和谐的课堂氛围，努力创设语文学习的情境，努力搭建师生与文本对话的桥梁，努力夯实语言文字训练的基石，培养学生对语言的感受能力。作为教研员，除了指导教师备课、上课、教学研究外，我坚持每学期在基层学校上示范研究课。每一次备课，我都会被文章中的情感打动。课上，通过以情激情，以情促思，以情悟文，我同学生们一道，在人文情怀的感受中习得积累语言，形成了自己一套独特的教学风格，并将这种风格传递给身边的老师，帮助他们提升教学技艺，不断地进步。真正做到扎扎实实品文字，实实在在练语言，语文教学就要这么教，才能教出“语文味”来。

此外，教研员要耐得住寂寞。我曾担任一线教师，现任区教研员秉持热爱生活、真诚待人、认真做事的理念。担任一线教师时，对待学生，我总是以真挚的情感去关爱、教育学生；现任区教研员，面对老师，我总是用自己热爱生活的态度去感染老师，以自己严谨的做事态度、科学的研究作风去影响他们，用自己的真情、真心对待老师。从教研员的角度看，我认为一位出色的教研员要能耐得住寂寞，他一定要有助师成功的奉献意识、甘为人梯的宽广胸襟和淡泊名利的平和心态，把教师的成长看作是自己最大的成功，把教学质量的改进和提升当作是自己最好的回报。教研工作任重而道远，我们教研员要甘为人梯，使自己的新技术才智成为广大教师的才智，以自己的心血融于名优教师的辉煌创造之中。在教育改革的大潮中，我愿与广大教师一道，在语文教学这片沃土上，去营造一片朗朗晴空，耕耘一方茵茵绿洲，这是我的理想和愿望。

八、培植团队，合作共进

为了包河区语文教研走上更加专业化、学术化、高端化的发展道路，成立包河区中学语文教学专业委员会八个研究中心，命题研究指导中心、课堂教学艺术中心、写作教学研究中心、教师专业发展中心、阅读教学研究中心、科研课题研究中心、教学质量研究中心、高端艺术研究中心。“命题研究指导中心”的工作职能包括包河区期中、期末考试，毕业班模拟考试试卷的研制，组织全区统一阅卷，对试卷成绩进行分析，组建中心研究团队，讨论并制定中心工作方案。邀请中考命题专家、包河区资深命题研究教师对中心成员研制的试卷进行评点和指导，反复打磨九年级一模二模试卷，以命题研究为平台帮扶优秀教师参与教研，促进包河区教师专业发展。“课堂教学艺术中心”，负责组织区内各项语文课堂教学评比、基本功大赛等活动，指导区内教师参加国家、省、市等各级课堂教学评比、展示、观摩活动，先后开展了包河区“生本智慧课堂”“美丽课堂”教学评比，包河区“引导自学”课堂教学评比，包河区初中语文优质课评比，包河区初中语文教师基本功大赛，包河区统编教材优秀课例评选等。“写作教学研究中心”研读部编版作文教学新体系，推广包河区省级课题“中学写作教学序列性的实践与研究”的研究成果，促进写作教学的实践和研究，指导教师教研论文的写作，促进包河区教师论文写作能力的提高。为学生搭建自我展示的平台，组织学生参加省、市活动征文和写作大赛活动，展示包河区作文教学风采。邀请编辑、名优教师对包河区中学语文教师进行论文写作的培训指导，组织语文教师参加合肥市和安徽省中学语文论文评比活动，做好区级论文指导工作，指导学生参加合肥市暑假“读一本好书”征文活动，开展好安徽省校园读书创作活动暨中学生作文大赛。“教师专业发展中心”，为全区初中语文教师专业发展做好服务工作，负责统编教材培训工作，收集、整理全区语文各类教研活动通知、新闻发布、奖状及文件等，组织中国中学生作文大赛，包河区统编教材培训工作，及时发布全区语文教研工作会议通知、重大新闻等，根据教研员要求制定课堂教学比赛等获奖文件、制作荣誉证书等，及时梳理全区中学语文教研工作成果。

教研员驻点支教的实践与思考

教研员是一个特殊的群体，在基础教育中起到重要作用，为了充分发挥教研员的研究、指导、服务和教学业务管理的职能，也为了提升教师的教育教学和研究能力，提高教学质量，包河区教体局实施教研员驻点工作机制，大力推进包河区教育均衡发展，打造全国教育一流名区。本人于2006年至2010年在合肥市56中学蹲点支教；2010年至2017年在阳光中学驻点实验基地学校，2018年至今在合肥市48中学望湖校区进校驻点包科跟班一线教研。通过多年的驻点支教工作，不仅可以了解基层学校教育教学实际情况，为主管部门决策提供依据，还能更有效地指导基层学校教育教学工作，提高教研员自身素养，有利于队伍建设，促进学校管理和教学质量的提高。

一、对教研现状的阐述

现阶段包河区教研活动作为顺利推进课程改革和促进教师专业发展的关键举措已形成共识。学习理论、转变观念正在成为教研的灵魂；深度调研、实践探索是完善与重建教研制度的切入点；教研制度与活动创新开始出现多样化的发展态势；城乡联动的教研机制给区域教育的均衡发展带来了契机。然而，一些学校的校本教研制度建设虽有进展，但后劲不足，主要是学校缺乏有效的推进措施。学校的计划和制度，有些停留在文本上，跟教师的认识与实践尚存在距离，存在“两张皮”现象；教研组活动缺乏常态化、自主性和规范化。目前学校和教师的工作负担较重，教研的时间、空间难以保证，资源不足，推动课程改革，让校本教研真正走向常态化、制度化还任重道远。

现实状况不容乐观。现有的人员不多的教研员队伍中，也是鱼龙混杂，其中不乏教学经验丰富、专业功底扎实、理论素养高、工作能力突出、深受一线教师爱戴的教研员；但也不可否认，有相当一部分教研员不具备教研工作的基本素质。或者身体不好，或者水平不行，或者工作消极，根本不能胜任劳动强度高、专业性强、需要奉献精神的教研工作。本地教研室是教体局的二级机构，在几十多年的发展历程中，已经形成了一整套稳固的工作机制、工作方法和工作习惯，教研员身处其中，当然摆脱不了这种旧机制的烙印。比如工作的思路是“自上而下”的组织、指挥、管理、评价，教研员虽不属于行政人员，却往往被称为“领导”。工作的常规方式就是“发文件、下通知、开会议、作报告、听汇报”，一级一级地传达，一级一级地落实，一级一级地汇报，工作的常态就是坐办公室。不是行政部门，却使用行政部门的工作方法；教研员不是行政人员，却有类似于行政人员的工作习惯和工作作风。但随着时代的发展教师不再是被动支派的对象，而是需要教研员服务的对象、倾听的对象、研究的对象、交流的对象、学习的对象。比如，现行的出勤制度，就不大适合教研员的工作性质。教研员理想的工作状态应该是在任务目标管理下的充分自主与自由。正如袁隆平的工作场所在田间地头，在实验室，而不是在“办公室”；教研员的工作场所，大部分时间应该在学校，在课堂，在自己自主的空间里；脱离了活生生的课堂，教研必然成为空中楼阁。没有独立自主的空间，教研员怎能潜心研究？对专业教研员的管理，应该参照对专业作家的管理，除集体活动统一要求外，其他大部分时间，应由教研员自主支配，教研室只需对其提出明确具体的工作任务、工作要求和工作目标，即实行目标管理即可。现行的教研员工作评价机制，也不利于调动教研员的积极性与创造性。

二、采取有效的系列措施

教研员驻点支教主要是提升学校领导和教师在教学理念、教学方式、教学设计、教学技能、教学研究等方面的水平，共同打造专业学习、学术交流、教学实践、教学管理的共同体，促进蹲点学校教育教学内涵的发展。教研员教研重心进一步下移，切实加强对薄弱学校、薄弱学科的扶持。我们采取以下措施：

1. 积极研究符合驻点学校的课堂教学模式。探讨《课程标准》与新教材的精髓，研究让一线教师满意的教学、成长、成才规律，尽快帮助成长一批理念新、业务硬、能够发挥专业引领作用的骨干教师。如语文备课组组长汪书萍，原本是一名普通教师，通过对新课程的学习和培训，逐步成为一名教学骨干，继而成为年轻的备课组组长。她带领全体教师摸索出一套“有效备课”的教学模式。

2. 开展“研训”的学习、研究、指导工作。通过我们开展的教学研究和命题研究，指导驻点学校进一步搞好试题分析和学情质量分析，促进驻点学校教育教学质量的稳步提高。为提升驻点学校的教学和教研水平，我们组织学校有经验的教师，举办语文中考板块式专题讲座，做到有计划，有目的，有主题，有丰富的过程，有扎实的效果，有深刻的总结，有创新的活动。杜绝盲目活动、重复活动、低效甚至无效活动，切实提高教研活动的计划性、针对性、有效性和科学性，真正提高教师的研究能力。

3. 打造一批具有较高的研究能力的教师队伍。为了努力建设一支具有先进的教学理念、优化的知识结构、扎实的教学基本功、良好的教学方法、较高的科研能力的教师队伍，我们提出了这样的教师队伍建设的思路：指导新教师站好讲台、加强青年教师培养、中年教师打造为骨干、老教师经验和技能的推广普及。让不同年龄、不同层次的教师都能找到自己的价值，让新教师、青年教师、中年教师、老教师发挥各自的特长。如56中的汪军是招考的教师，我们多次让她参加省、市、区教研活动，她逐渐对课堂教学技能有效熟悉和掌握，在一次区教研室的教学督导中上课深获好评。老教师赵玲喜爱读书，在区里举办的师生同写作文大赛中获一等奖。马晓红是一个成熟的中年教师，对中考作文很有思考，对安徽省近五年的中考作文研究较深。

4. 精选优秀骨干送教下乡上示范课。送课下乡，加强校与校的横向联系，实现以点带面，促进均衡发展。合肥市教坛新星凌强，从美丽的滨湖46中来到东南边的56中，为该校初一学生们献上一堂别开生面的课。来自全区各校的部分语文教师与该校的语文老师一起认真观摩了授课全过程。课后，大家进行了精彩的评课，并对送教下乡活动提出了一些中肯的看法。

5. 强化教师教学基本功训练。为了促进教师专业成长，指导语文教研组开展“钻研课标，合理使用教材，进行创新设计、命制中考模拟试卷”的教研活动，强化教师教学基本功训练。例如：48中望湖校区的固蓓老师，与我在驻点期间建立了稳定的联合机制，积极参与并合理安排、组织各项活动，定时间、定地点、定主题等开展驻点系列活动。

6. 以课堂教学为主阵地，实行推门听课。利用蹲点的机会，采用不同形式的活动，实行推门听课的方法，随机访谈、随时交流，总结教学过程中的经验或不足，逐步调整改进下一步工作。

7. 加强对学校教学工作的宏观调控。通过全区的初中期中、期末及模考等质量检测工作，及时与驻点学校进行学情反馈分析，帮助教师解决教学中存在的问题，诊断教情、了解学情，促进经常性教学评价，发挥检测对课堂教学的导向和监控作用，以达到大面积快速提高教学质量的目的。

8. 全面启动“捆绑带动”教研的机制。坚持和完善教研员蹲点联系校本教研基地学校和教学片制度。同时教研员要身体力行，深入学校指导，我先后给教师讲“教师如何上课”“如何有效备课”等专题报告。56中和46中结对子，实行捆绑制，以强带弱，做到定时间、定地点、定专题、出成果。推动校本教研工作走向普及，走向常态，提升教学工作底线。以优化常态课为目标，提升学校常态教研的品质。

9. 狠抓教学质量，推动中考复习指导水平。为了推动教学质量持续攀升，针对调研中发现的问题，聘请市学科专家进行对症指导。我先后多次在48中望湖校区、阳光中学、56中学给毕业班学生做了“语文中考复习讲座”。召开中考质量分析会，加强过程指导与服务，保持各个学段教学质量稳步提高。同时要特别对中考的新情况和新问题进行认真细致的分析与研究，提出更加科学可行的教学对策与措施，使教学质量继续保持高位发展，帮助教师认真分析，合理安排复习计划，提高复习效率。进一步加强中考命题研究，指导学校正确备考，同时发挥中考对课堂教学创新的导向作用。

10. 规范课题研究工作，提升科研绩效。进一步完善各项课题管理制度，学校积极开展课题研究和实践论证工作，并及时进行阶段性成果展示及经验总结。教研员要带领本学科中研训班和中心备课组成员，深入研究课题，组织课题交流研讨，进行课题实验跟踪、检查与指导。例如56中围绕“有效教学的实践与研究”的立项课题，深化对课堂主体性教学模式的实践研究，尽快建立适合驻点学校教学实际的备课模式。指导并带领实验基地阳光中学于2016年3月，申报合肥市课题研究项目《培养初中学生经典阅读习惯的研究》，让教师们走上教科研之路。

11. 开展校长和教师同台上课活动。教研室要力争在观念和方式上更好地起到引领和带动作用。要组织好学校管理者上教学展示引领课，每学年安排一次校级领导公开课展示活动。实施名师培养计划，建立健全对新教师、青年教师、教学能手、学科带头人、专家型教师等不同层次教师的培养制度，建立分梯级、成序列的教师专业发展计划，促进教师专业素质的全面提高。

12. 狠抓学校常规教育教学管理工作。实行教研员蹲点扶持薄弱学校制度，对学校教学和教研工作进行跟踪指导。掌握各校学生学业成绩的收集、管理、处理、分析状况，并研究科学的能体现过程动态和个体差异的质量评价体系。敦促学校安排好教师进修、教育理论学习、业务培训、教学研究活动以及教师的备课、上课、辅导、教研组活动等情况，特别是教师的课堂教学实施情况，以发现问题，然后提出相关的解决问题、改正行为的措施和方法，从而帮助薄弱学校全面提升教育教学管理水平，提高农村学校教师把握教材、理解教材、呈现知识的技能。

简言之，我认为，驻点调研的教研方式是指导农村教师提高业务水平的非常有效的措施，形成了“确定学校、下乡蹲点、布置任务、定期回访”等的基本模式。多年来的驻点调研实践表明，教研员深入基层，走进农村学校对教师进行面对面的指导效果确实不错，深受农村学校教师的欢迎，对农村学校教师的成长起到了非常有效的作用。据不完全统计，在驻点调研过程中开课教师达50多人次，教研员在学校听课达100多节次，部分教师在教研员的指导与个人的努力下迅速成长，成为学校的骨干教师。

三、主要工作经验及反思

一些经验之谈：(1)注重行动研究、案例研究。项目实施中重在指导教师撰写案例、研究教学，有效提升教师专业水平。(2)重视课题设计和专家论证。56中申报了国家级课题“有效教学的实践与研究”的子课题“有效备课的策略研究”。为了更好地对课题进行论证，我与学校的校领导、骨干教师、教研组组长一起去江苏庐东中学考察参观。邀请专家对课题名称、研究规划、操作设计和成果设想等进行论证指导。严格按照课题研究方案实施研究计划。教研员在实施驻点课题之前，都能制订周密的计划，并能根据了解到的驻点学校实际情况，和驻点学校的领导、教师一起，修正计划，调整研究目标和方向。(3)关注过程，聚焦课堂。在整个项目研究中，教研员每周深入课堂，了解课堂教学现状和课堂教学改进计划的落实，关注教师的改进过程，为教师提高课堂教学效能提供指导和支持。(4)全面了解驻点学校的教育教学。通过驻点，教研员对学校的教育教学情况有了较全面、真实的了解，积极关注学校教育教学的内涵，并为学校的再发展提供合理的建议和意见，改变了过去教研工作蜻蜓点水式的状况。(5)总结反馈驻点学校教育教学面临的困难、问题和成功的经验，为上级有关部门了解教育现状提供了第一手材料，为教育决策服务。

几点反思之处：1. 通过教研员驻点支教后，我们深知教师课程意识还要增强，成长速度还要加快，还要帮助其养成善于思考、敢于实践、不断反思和及时总结的良好习惯，逐步掌握科研方法，引导部分教师从“经验型”向“研究型”教师转变。

2. 驻点支教实施后，教研员虽然带着明确的目的和计划定期到学校指导，但是通过听课、评课活动毕竟不能全程参与教研组的活动，提升教师的教学理念也是较难的，还应增强教师的主动反思能力，学校要营造良好的研究氛围，提高教研活动的实效性。

洒下的是汗水 收获的是喜悦

我将教研工作的重点放在课堂教学艺术研究上,提高年轻教师的课堂教学水平作为重中之重,培养一批一批的年轻教师不断成长。多年来我坚持不懈,曾经洒下的是汗水,而今收获的是喜悦。

一、教师队伍成长快

青年教师的能力能在专门的学术活动中得到提升。从1990年到2019年,我连续多年召开了包河区初中语文课堂教学艺术研讨会,连续五年的试题研究会,多年的中考语文研讨会,多次开展语文积累、现代文阅读、文言文阅读、综合性学习、写作等专题研究会,强调了学习、研究课标的重要性和必要性,让教师提出了自己的真知灼见,打造优秀的教师队伍,搭建较高的平台,发挥团队作用,促进全区的中学语文教师的专业发展。为了加快年轻教师的成长,语文名师工作室7位成员和22名学员之间实行师徒结对,采用一师多徒制,建立一种新型的师徒关系。这种新型的师徒关系是发现型的,师傅善于发现徒弟的长短,而后扬长避短;是互补型的,徒弟学习师傅驾轻就熟的教学技巧,师傅学习徒弟新的教学理念和运用自如的现代教学技术;是交流型的,师徒之间相互切磋、交流、研讨、争辩;是合作型的,师徒之间共同承担课题和教学任务,分工合作,共同提高,这是每次教师获奖后用文字表达的心声。

二、教师专业发展规划好

为了培养青年教师,引导教师开展教学方式的变革,引领教师实践、反思,共同提高教学行动研究,也为了发现和挖掘新人,我还努力创建各种平台,让教师积极参加各类讲座、上公开课、听课评课、参加大赛、外出学习交流等,整体提高包河区青年教师的素质。

三、教师外出学习要求严

我让青年教师连续多年参加学术会议,培养了一批语文骨干教师,锻炼了一批优秀青年教师,打造了一批名师。在教学实践中,挖掘和发现优秀人才,形成一支有合力、有能力的语文教师队伍。教研室组织学术活动,然后选派教师走出去,取经学习,之后完成三个一:一篇学习心得体会或反思,一篇课堂实录,一篇课例研究。每人参会时都要写论文、交论文,我召开的所有会议,没有一个不是如此。

四、教师大赛获奖的层次高

作为教研员,指导教师成长是必不可少的工作。青年教师李玉芬是合肥市第65中学一名普通的语文教师，经过区级到市级优质课的层层选拔，最终有幸参加省级优质课的评选大赛，并获得一等奖的好成绩。2013 年 11 月 18 日，接到参加“安徽省语文优质课大赛（文言文专题）”的通知，她百感交集。2014 年 11 月，她在“长三角语文教育论坛‘小说教学内容的确定’”中成功展示示范课《芦花荡》。十六篇文言文，四篇作文，篇篇解读，篇篇构思，篇篇落实到位，这股实干风一直把她吹到了省级比赛的平台。带着美好愿望，带着众多期盼，她来到了省优质课大赛的比赛现场，《出师表》长文如何短教？重点如何选择？内容如何确定？文与言如何并重？研读文本是关键，通过字词句的检查来落实文言文的“言”，以“表”为媒介，紧扣“陈情言事”来展开文章内容和情感的评析。指导学生通过诵读涵泳的方式体会诸葛亮内心的感激之情、忠贞之心和期盼之意。抓住“感激”这一古今异义词把握梯度式的情感，让学生理解文中的“感激”兼有感动和激奋之意，为何感动，又缘何激奋，弄清了这两个问题才能真正地走进作者的内心世界。这也是我所期待的“言”与“文”的相互融合。最终李玉芬获得大赛一等奖的好成绩！

五、给学生中考专题讲座多

十多年来我坚持针对薄弱学校开设专题讲座：现代文阅读、中考作文、文言文复习、应考指导、古诗词积累、名著指导、综合实践等专题，先后在 48 中、64 中、铁四局中学、65 中、包河中学、58 中、王大郢中学、61 中、66 中、南园学校、烟墩中心学校等举办讲座。在 65 中讲完讲座后，一位学生说：“老师，您什么时候还来？”有些时候我只是偶然去学校上课，学生却如同礁石上的灯塔能照亮我前方的道路，甚至会影响我的教研人生。

六、言由心生、师生情真

“一个人遇到好老师是人生的幸运，一个学校拥有好老师是学校的光荣，一个民族能源源不断涌现出一批又一批好老师则是民族的希望”，这是习近平总书记的嘱托，而我要说一个教研员培养一些好老师是人生的幸运，更是学校的光荣，也是教育的希望。

七、师徒结对情意浓

2014 年 12 月 30 日这一天对我来说是一个意义非凡的日子，我成为合肥市第 64 中杜中凯老师的师傅。那天，我拄着双拐参加了学校的“师徒结对”活动，一朝师徒日，几度桃李情。“作为一名语文老师，一定要多读书。”我这样告诫我的徒弟，他把读书当作丰富自己文学素养的法宝，把阅读看成提升自己专业发展的台阶。他在课余时间，不仅阅读名家名著（《道德经》《古文观止》《季羡林全集》《品三国》《汪曾祺全集》《沈从文全集》《梁实秋全集》《千年一叹》《郁达夫散文》等），还涉猎专业书籍（《语文教学通讯》《中学语文教学参考》《名家六十讲》等）。这些精神食粮的滋养，让他对语文教学渐渐地有了新认识。我提供给他学习的机会，也手把手地指导他怎样写课稿，从教学设想到板书设计，从文本解读到细节处理，从语言表达到课堂驾驭等。“采得百花成蜜后，为谁辛苦为谁甜。”在我2年多的精心指导下，他取得了一些成果，综合奖项上获得合肥市“优秀教师”称号，2015年获得学校“十大精业教师”之首称号，同时如愿考取了南京师范大学在职研究生。我相信徒弟会不断地学习，不断地进步，对语文教学有新认识，对专业发展有新想法，对为人处世有新变化，我都无比欣慰。

作为语文教研员最大的愿景是和教师一起，对于中华博大精深的文化传承，能做到透彻理解，深刻领悟，内化修为，涵养品行。重新站在三尺讲台，和学生一起，品读优秀传统古诗文，领会杜甫“国破山河在，城春草木深”的忧国忧民的思想，范仲淹“先天下之忧而忧，后天下之乐而乐”的旷达胸襟和远大抱负，周敦颐的“出淤泥而不染，濯清涟而不妖”的高洁岸傲的情怀，陆游的“王师北定中原日，家祭无忘告乃翁”的绵绵报国之情，欧阳修“醉翁之意不在酒，在乎山水之间也”的与民同乐的高尚情操。幸哉！乐哉！

后　记

今夜，我对着一盏台灯，听着窗外淅沥的雨声，品尝着清香的猴魁，抑制不住此刻激动的心情，我的第二本个人专著《山茶低语》就要正式出版了。

2020 年是我从事教育教研工作 41 周年。41 年的时光仿佛双手捧起的清泉，珍珠一样的水珠从指缝间落下来，太多的声音回响在我的脑海里。这些年里，我一直秉承着对中学语文教研的执着，对语文教育进行思考和研究，对教师饱含真挚的情感，对学生满怀热爱和责任，在执着中坚持一场身与心的修行。我寻思着，作为教育研究者，我不能蜕变为封闭的自怜自恋和慵懒不安之人，精神的成长还应该充实，才能避免人生的虚无感，这就意味着我要反思、悦纳、超越僵化的自我。当我老了的时候，回首走过的道路，我不会后悔当年没有持续努力，坚持自己的信念。当梦想之翼萌生，光明之心点燃，内心的声音督促着我尽快出版本书，于是，我决定把它呈献出来，从而能够真正感受我教育生命的意义，教研人生给我带来的幸福感。

本书从选题策划、写作文稿、遴选文章、整理修改、编写体例到如今出版，见证并记录了自 2012 年至今整整 8 年的教研之路上的点点滴滴。出版这本专著，是我多年的夙愿，其中的辛苦、压力不言而喻，困难不可尽述，同时这也是学术、学识更上一层楼的需要。

为了写好这部专著，我已到废寝忘食甚至痴迷的地步。有多少个夜晚别人在梦中酣睡，我书房的灯还亮着，深夜的苦心耕耘，虽让我倍感疲倦，但很欣慰，这是第二本属于自己的专著，是多年来的心血和汗水凝结而成的。如今，了结了一个心愿，圆了一个梦想，作了一个总结，我将步入新的人生之路。

这本书从构思到成书，经历了两年，多次潜心修改，几易其稿，由于本人水平有限，难免存在不足之处，敬请指正。如今《山茶低语》刊印，记录了我这些年教育教研成长历程中的种种艰辛，成为我个人教研生涯的一个新的里程碑，也为广大中青年教师的专业成长提供一个看得见、摸得着的辛勤劳动成果。

特别感谢中国教育学会中学语文教学专业委员会副理事长杨桦女士能为本书作

序，让我感到万分荣幸，真诚地感谢她一直以来对我的支持和帮助。

特别感谢“王一枝中学语文名师工作室”汤汝昭老师在繁忙的教学中，帮我确定选题，整理、校对书稿，和我一起编写体例，查漏补缺。

特别感谢黄山书社为该书的出版给予精心编辑和出版服务。

王一枝

2020.3.18

写于合肥知一居